U0960214

大学生创新创业教育

主　编　孙得春　韩明辉

副主编　杨玉东　艾雪微　王雪冰

天津大学出版社
TIANJIN UNIVERSITY PRESS

内 容 简 介

本教材是创新创业团队关于吉林省重点科研课题《职业院校创新创业教育的理论与实践》和吉林省 2018 年、2022 年教学成果奖《践行创新驱动发展战略、构建创新创业教育体系是实践探索》《基于创新驱动发展战略的“135”创新创业教育模式探索与实践》的标志性成果之一。

本教材以提升学生创新精神、创新意识、培养创业能力为核心，借鉴、吸纳了近年来中外高等院校创新创业教育成功的理论与实践，厚积薄发，深思慎取。时代精神鲜明、教育理念先进；案例鲜活生动，编写体例新颖；突出实践教学、注重任务引领，行知合一，教学做一体。实例启发、方法训练，认识归纳、技能能力提升几个方面有机融合，符合“双创”型人才成长规律和高等院校“双创”型人才培养需要。为大学生积极投身社会、主动就业、开展创业奠定良好基础。

图书在版编目(CIP)数据

大学生创新创业教育 / 孙得春, 韩明辉主编 ; 杨玉东, 艾雪微, 王雪冰副主编. -- 天津 : 天津大学出版社, 2024.2

ISBN 978-7-5618-7686-2

Ⅰ. ①大… Ⅱ. ①孙… ②韩… ③杨… ④艾… ⑤王… Ⅲ. ①大学生－创业 Ⅳ. ①G647.38

中国国家版本馆CIP数据核字(2024)第035369号

出版发行	天津大学出版社
地　　址	天津市卫津路92号天津大学内（邮编：300072）
电　　话	发行部：022-27403647
网　　址	www.tjupress.com.cn
印　　刷	运河（唐山）印务有限公司
经　　销	全国各地新华书店
开　　本	787mm×1092mm　1/16
印　　张	15
字　　数	376千
版　　次	2024年2月第1版
印　　次	2024年2月第1次
定　　价	45.00元

凡购本书，如有缺页、倒页、脱页等质量问题，烦请与我社发行部门联系调换

编委会

主　编： 孙得春　韩明辉

副主编： 杨玉东　艾雪微　王雪冰

编　委： 陈玉民　孙思蒙　熊爱娟　许丽丽

前　　言

习近平总书记在《致2013年全球创业周中国站活动组委会的贺信》中指出，“青年是国家和民族的希望，创新是社会进步的灵魂，创业是推动经济社会发展、改善民生的重要途径。青年学生富有想象力和创造力，是创新创业的有生力量。”进入21世纪，创新是世界经济的长青话题，是一个国家和民族发展的不竭动力。创新创业教育已成为当前国际教育高等教育发展改革的新趋势，得到了世界各国普遍认同。联合国教科文组织提出高校必须把创业能力和创新精神列为高等教育的基本目标，并将创业教育作为继文化教育、技能教育之后的“第三本教育护照”赋予其与学术教育、职业教育同等的重要地位。

2010年，教育部下发《关于大力推进高等学校创新创业教育和大学生自主创业工作的意见》专门成立“教育部高等学校创业教育指导委员会”; 2015年国务院办公厅出台《关于深化高等学校创新创业教育改革的实施意见》，分年度明确高校创新创业教育的实施目标; 2021年国务院办公厅在《关于进一步支持大学生创新创业的指导意见》中明确提出：将创新创业教育贯穿高校人才培养全过程。优化环境、建设平台、政策帮扶、资金支持、成果转化一项项有力措施相继落位。以创新创业人才培养作为高校办学的重要价值引领，把大学生队伍打造成为具有创新创业意识、创新创业思维、创业就业能力，积极担当，勇于挑战的社会生力军。围绕就业这个主题，引导他们以最主动、最积极的方式进入社会、服务社会，创造社会价值，创造辉煌人生。

为强化高校创新创业体系建设，深入推进高校创新创业教育，更好地承担起培育具有创新精神和创业能力的高素质人才的使命，我们编写了《大学生创新创业教育》这部教材。本教材由五个项目组成，分别是走进创新创业教育、领会创新创业、认识创新、创办企业、做有魅力的创业领导者。这部教材总结了我国近年来创新创业教育的经验，将创新创业领域最新的政策、实践和案例吸纳进来，突出以下四方面特色，分别为站位高远，理念先进；内容鲜活，案例新颖；模块编排，项目引领；理实一体，行知合一。本教材既可以作为高校创新创业教育教材，亦可以用于企业创新创业培训和继续教育。

孙得春、韩明辉负责教材整体策划统筹、统稿和定稿，杨玉东和许丽丽负责项目 1 的编写，松原市宁江区第一小学熊爱娟负责项目 2 的编写，艾雪微负责项目 3 的编写，王雪冰负责项目 4 的编写，孙思蒙负责项目 5 的编写，陈玉民、杨玉东负责教材体例设计，艾雪微和王雪冰负责书稿校阅。

教材编撰过程中，得到了同类院校专家和领导的关注和支持，参阅了大量国内外的文献资料，在此向相关专家和学者表示深深谢意。本教材出版过程中得到了天津大学出版社的大力支持，在此一并致谢。由于作者水平所限，书中难免有不妥和疏漏之处，敬请专家和读者朋友批评指正。

编者

2024 年 1 月

目　录

项目 1　走进创新创业教育

子项目 1　了解创新创业教育

【智者警句】

周虽旧邦，其命维新。

——《诗经·大雅·文王》

【内容提要】

- 创新创业教育的内涵与地位。
- 创新创业教育发展的背景与概况。
- 国内外创新创业教育的发展趋势。

【经典分享】

珠三角地区高校创业教育调查与思考（选摘）

佛山科学技术学院教育科学学院 李丽芳 盘健 戎海武

珠三角地区凭借其独特的区域文化优势，有力地塑造了浓厚且富有活力的社会创业氛围；与此同时，创业精神与文化的培育和弘扬，正逐步内化为校园文化不可或缺的组成部分，使得创业文化在校园中得以蓬勃发展并深入人心。

珠三角区域文化以岭南文化为主，岭南文化其冒险精神、务实进取的鲜明特色是创业者创业素质的核心特质，代表着敢于冒险，勇于创造的创业精神。因此在广东地区广泛推崇的是积极的创业精神，开放的思维，勤奋务实的现代商业理念等所形成的良好的社会创业文化环境，这些因素是开展创业社会教育的有力支持。创业教育乃培养高素质的创业人才的一项系统工程，不仅仅是单纯的学校行为，而且还是政府、社会、学校和家庭的共同行为，在广东经济发展过程中体现得尤为明显。如广东省各级政府部门专门设置创业服务中心，为大学生开展创业提供信息咨询、简化审批手续、贷款优惠等方面的支持和鼓励。同时，社会企业积极为大学生开展创业实践活动提供技术、咨询乃至设施等方面的支持，并与高校建立稳定的合作关系，为高校提供富有创业经验的兼职教师。在家庭教育方面，岭南地区有传统的经商价值观念，许多家族依靠自主创业并成为本土创业者，他们普遍重视创业精神和创业行动的传承，能充分理解、引导、支持学生的创业活动，对学生的创业精神和信心产生积极的影响。

良好的区域社会创业文化是高校实施创业教育的重要前提，在创业文化氛围中，创业者的自主创业精神和创业行为受到社会的鼓励和支持，创业文化延伸至高校文化之中，大学校园中大力宣传创业者的先进事迹，营造一种推崇创业、鼓励冒险、宽容失败的宽松自由的环境，让学校充满浓郁的创业文化气息，促进学生及早树立创业意识。广东不少高校已设立专门创业管理机构，为大学生提供各种创业支持，通过开展丰富多彩的实践活动，营造一个创新开拓、勇于进取的学习环境，培养学生不甘失败、不惧失败、不畏挫折、勇于创业的精神。

（资料来源：李丽芳，盘健，戎海武.珠三角地区高校创业教育调查与思考 [J].鄂州大学学报，2015，22（7），61-63.）

自改革开放以来，广东省凭借其深厚的历史底蕴，集地理位置、科技实力和人才优势于一体，始终在我国经济发展中处于领先地位。广东高校的创业教育根基扎实，特色鲜明，从现有的资料分析，该省高校创业教育起步早、实施到位，并且紧密对接区域经济与产业结构需求。

广东省各层次高校针对创业教育分别制定了差异化的培养目标，尤其值得一提的是，广东省已经构建了由高校、政府、企业和社会多方参与的创业联盟体系，积极培育富有特色的校园创业文化，并使之成为人才培养战略的重要导向。

我们应当借鉴广东省形成的政府、高校、行业企业和社会共同参与的联动机制，在创新创业教育中坚持求真务实的原则，旨在提升大学生的创新思维能力，锻炼他们的创业实践技能，鼓励他们敢于创业、善于创业、乐于创业，并最终实现成功创业的目标。

【认知归纳】

一、创新创业教育的内涵

（一）什么是教育

教育是培养人的社会活动，是有目的、有意识地对受教育者身心施加影响，促进人向社会要求的方向发展的一种社会实践活动。教育的任务是把原本作为自然人而降生的儿童培养成合格的社会成员，满足社会延续和发展的需要。教育是人类延续和文化传承的基本行为，没有教育，人类社会就难以延续和发展。这里的教育包括家庭教育、学校教育和社会教育，范围很广，一般称为广义教育。狭义的教育是指在专门设置的教育机构中实施的教育，主要是学校教育。如幼儿园、小学、中学、大学，以及为某种培养目标而特别组织的教育。无论是家庭的哺育、社会的文化熏陶还是学校的培养，无不是承载着国家的使命，服务一定社会的政治和经济需求。这种服务性主要体现在教育的目的和内容上。例如中国古代为了培养君子而进行的六艺教育和以四书五经为主要内容的教育，今天为了培养国家的建设者和接班人而进行的德智体美劳全面发展的教育。

（二）什么是创新创业教育

创新创业教育是当今国际教育领域的重要趋势，发达国家均将培养国家核心竞争力的战略焦点集中在具备创新素质人才的培养与教育上。党的十九大报告指出，经过长期努力，中国特色社会主义进入了新时代，这是我国发展新的历史方位。我国社会主要矛盾已经转化为人民日益增长的美好生活需要和不平衡不充分的发展之间的矛盾。新时代带来了新的使命，开启了国家发展的全新征程。在此背景下，教育承载着重大的新责任与历史使命——面对日益激烈的国际竞争环境，致力于培养具备创新创业能力的高素质人才，以适应并推动经济社会的发展进步和国家竞争力的提升。党的二十大报告指出“坚持科技是第一生产力、人才是第一资源、创新是第一动力，深入实施科教兴国战略、人才强国战略、创新驱动发展战略。开辟发展新领域赛道，不断塑造发展新动能新优势。”落脚于我国创新创业教育的发展，即注重创新型人才培养、转变创业教育教学范式、重视科技型企业发展等。从未来宏观角度进行创新创业教育的发展分析，传统创业的核心是创建新企业并从中获取利润，而当代创业概念的内涵更多是将想法付诸行动的能力，让人学生更具创造力和自信心。

创新创业教育既包含创新教育又涵盖创业教育，两者既有区别又密切相关。国外学者对创新创业教育的看法主要涵盖创新教育和创业教育两个方面，重点放在创业教育上，更加强调其在国家经济发展中的创新驱动和就业带动作用。而国内学者对创新创业教育的理解并不统一。

从我国政府文件表述和当今研究重点来看，我国的创新创业教育可以被定义为以培养具有创业基本素质和开创型个性的人才为目标的教育。这种教育不仅注重培养在校学生的创业意识、创新精神和创新创业能力，还面向全社会，专注于那些计划创业、已经创业或成功创业的创业群体，通过分阶段分层次的创新思维培养和创业能力锻炼来实施教育。在《2015 年国务院政府工作报告》中，提出了“大众创业，万众创新”的口号，并将其列为经济发展的“双引擎”之一。2016 年，中共中央、国务院发布了《国家创新驱动发展战略纲要》，为加快实施国家创新驱动发展战略制定了法规。该纲要突显了产业技术体系创新、企业创新以及大众创业、万众创新等当下的重点工作，并确定了几十年内创新驱动战略实施的远景规划。将创业创新提升至前所未有的战略高度，鼓励个人和企业积极从事创业创新。由此可见，创新创业教育在本质上是一种面向国际竞争和中国社会发展实际需求的实用教育。

二、创新创业教育的背景

创新创业教育的提出与知识经济的时代背景密切相关。在知识经济的浪潮下，创新创业人才对各国经济的发展起着巨大的推动作用。作为培养创新创业人才的重要途径和手段，创新创业教育正日益受到各国高度重视，并在各国迅速发展。理清创新创业教育的发展背景、内涵和未来趋势，有助于我们准确把握创新创业教育的特点和规律，从而有效地开展创新创业教育，培养创新创业型人才。

国外的创新创业教育最早产生于 1947 年哈佛大学商学院开设的第一门创新创业课程“新企业管理”，并逐步从商学院扩展到其他学院。其后，创新创业教育受到高度重视并开始蓬勃发展。在 1989 年，联合国教科文组织在北京召开的“面向 21 世纪教育”研讨会上提出了创业教育，强调教育要培养学生开拓事业的精神和能力，进一步推动创新创业教育的发展。1999 年 6 月，《中共中央国务院关于深化教育改革全面推进素质教育的决定》明确提出：“全面贯彻党的教育方针，以提高国民素质为根本宗旨，以培养学生的创新精神和实践能力为重点，造就有理想、有道德、有文化、有纪律的、德智体美等全面发展的社会主义事业建设者和接班人。”这一决定强调将“创新精神和实践能力”作为适应二十一世纪现代化建设需要的社会主义新人的重要素质指标，使创新创业教育逐步成为教育的重要内容并备受关注。

国内学者对创新创业教育存在以下三种理解，一种观点是将创新创业教育理解为创新教育与创业教育的结合；第二种观点是将创新创业教育理解为创新教育；第三种观点是将创新创业教育理解为创业教育。在大多数国内文献中，第三种理解为主要潮流。总体来看，我国创新创业教育的发展是在引进和吸收西方创业教育理念的基础上，结合自身情况和时代发展的需要而发展起来的。政府在其中扮演了重要的主导角色，经历了由政府自上而下的推动，试点高校积极响应实践探索，政府对试点高校的成熟经验在全国推广的过程。

三、开展创新创业教育的意义

联合国教科文组织提出，21 世纪的现代人应该具备三种护照，一是文凭类的教育护照，二是技术类的“职业资格认证护照”，三是创业知识和技能的“创业护照”。

第一，创新创业教育是促进当代大学生成长成才、面对竞争社会，实现人生价值的需要。大学生不仅要学习和掌握扎实的科学理论知识，还要有创新思维和创业意识，勇于投身到社会主义现代化建设事业的伟大实践，涵养积极的创新精神、具备创业的知识技能，在创业中成长成才，在创业中成就事业发展，在创业中开创自己的成功人生。通过创新创业教育的开展，不仅增强了大学生自主创业的信心，培养了大学生创新思维和创业能力，还提高了大学生的实践能力，创业带动就业，扩大了面向社会各个领域的就业机会。

第二，创新创业教育已经成为我国教育体系中不可或缺的重要成分。1999 年 6 月，全国第三次教育工作会议强调，“教育是知识创新、传播和应用的主要基地，也是培育创新精神和创新人才的重要摇篮”。此后，创新教育和创业教育的理念逐渐融合到我国教育的发展实践中来。2015 年 5 月，国务院办公厅下发《关于深化高等学校创新创业教育改革实施意见》，对高校创新创业教育改革做出了部署，创新创业教育成为高等教育深化改革的重要内容和突破口，在大多数高校纷纷开始重视起来。但整体来看，创新创业教育仍然是“软肋”，例如专业学习与就业相关度不高、科研成果的转化率不高、创新人才培养力度不够等。尽管如此，创新创业教育已经成为高校改革的重要组成部分。在管理制度、课程体系建设与跨学科课程融合、实践探索研究、大学生创新创业的政策支持、创新创业时间空间拓展等方面，实践性的举措越来越多，大力推进高校“大众创业，万众创新”的步伐。逐步形成良好的创新创业教育氛围，逐步完善创新创业培育体系。

第三，创新创业教育是一个国家面对全球竞争的战略举措。进入 21 世纪，在全球发展的大趋势中，创新人才在未来全球发展中具有强大的竞争优势，国家的创新发展能力对社会经济的贡献越发明显。资料统计表明，越是发达国家或地区，创新指数越高，瑞士、瑞典、英国、美国、荷兰等国家创新指数稳居世界前列。新加坡、日本、韩国等地是亚洲创新的佼佼者。中国的创新指数相比以上国家仍有较大差距，但近年来呈逐步上升的势头。这充分说明我国创新能力有较大的潜力，同时也面临着巨大的挑战。要提高国家创新指数，重要的途径就是加强创新创业型人才的培养，而开展优质的创新创业教育是一个关键步骤。

相关国家都在不断加强创新创业教育，以推动和深化社会经济发展的转型和升级，将创新创业教育提升到国家战略的高度。通过制定国家政策法案的形式不断改善创新创业教育的外部环境。例如，美国在 2004 年提出了报告《创新美国》，提出了国家创新倡议，建立国家创新系统，对创新方面的机制不断加以完善。由此可见，重视创新创业教育不仅是全球化的知识经济时代社会经济文化发展转型的需求，也是世界高等教育综合改革的重要趋势，更是世界各个国家应对全球竞争客观需求。

四、我国创新创业教育的现状

如前所述，我国的创新创业教育发展经历了起步、兴起、广泛传播等时期，经历了一个渐进的过程。在这个过程中，我国学者不断摸索，提出了许多有价值的教育新思路，政府和教育行政部门一个个有力措施相继出台。根据《大学生创业调研报告》的统计显示，目前大学生创业活动主要集中在家教、电商、直播零售和服务等技术含量较低的行业，而对于技术含量较高的网络、软件等高新科技行业的创业选择比率仅占 5.3%，科技创新性严重不足。在大学生创业项目中，有 95% 缺乏创新。我国大学生创业教育还面临一系列问题，如“创业人才储备不足，创业成功率不高，创业融资难，校企合作体制机制不完善，创业支持未成体系”等。因此，国务院办公厅《关于深化高等学校创新创业教育改革的实施意见》(国办发〔2015〕36号)文件特别提到创新创业教育下一步的重点工作，包括健全创新创业教育课程体系、推出一批资源共享的慕课、视频公开课等在线开放课程，以及各高校要优化经费支出结构，多渠道统筹安排资金，支持创新创业教育教学，资助学生创新创业项目。这显示了一种国家与政府主导并强力推动的自上而下的趋势。2019年7月，教育部下发《国家级大学生创新创业训练计划管理办法》提出“兴趣驱动、自主实践、重在过程”原则，对高校创新创业教育课程建设、教学改革指明了清晰的方向。2021年9月，国务院《关于进一步支持大学生创新创业的指导意见》扶持大学生创业实践的各项工作任务具体落实到具体部门。高校、政府、企业、家庭、学生等多系统之间相互联系、相互作用、相互支撑，构成一个完整的创新创业教育培育体系。

【拓展阅读】

国务院办公厅《关于深化高等学校创新创业教育改革的实施意见》

国办发〔2015〕36号

各省、自治区、直辖市人民政府，国务院各部委、各直属机构：

深化高等学校创新创业教育改革，是国家实施创新驱动发展战略、促进经济提质增效升级的迫切需要，是推进高等教育综合改革、促进高校毕业生更高质量创业就业的重要举措。党的十八大对创新创业人才培养作出重要部署，国务院对加强创新创业教育提出明确要求。近年来，高校创新创业教育不断加强，取得了积极进展，对提高高等教育质量、促进学生全面发展、推动毕业生创业就业、服务国家现代化建设发挥了重要作用。但也存在一些不容忽视的突出问题，主要是一些地方和高校重视不够，创新创业教育理念滞后，与专业教育结合不紧，与实践脱节；教师开展创新创业教育的意识和能力欠缺，教学方式方法单一，针对性实效性不强；实践平台短缺，指导帮扶不到位，创新创业教育体系亟待健全。为了进一步推动大众创业、万众创新，经国务院同意，现就深化高校创新创业教育改革提出如下实施意见。

一、总体要求

(一)指导思想。

全面贯彻党的教育方针，落实立德树人根本任务，坚持创新引领创业、创业带动就业，主动适应经济发展新常态，以推进素质教育为主题，以提高人才培养质量为核心，以创新人才培养机制为重点，以完善条件和政策保障为支撑，促进高等教育与科技、经济、社会紧密结合，加快培养规模宏大、富有创新精神、勇于投身实践的创新创业人才队伍，不断提高高等教育对稳增长促改革调结构惠民生的贡献度，为建设创新型国家、实现“两个一百年”奋斗目标和中华民族伟大复兴的中国梦提供强大的人才智力支撑。

（二）基本原则。

坚持育人为本，提高培养质量。把深化高校创新创业教育改革作为推进高等教育综合改革的突破口，树立先进的创新创业教育理念，面向全体、分类施教、结合专业、强化实践，促进学生全面发展，提升人力资本素质，努力造就大众创业、万众创新的生力军。

坚持问题导向，补齐培养短板。把解决高校创新创业教育存在的突出问题作为深化高校创新创业教育改革的着力点，融入人才培养体系，丰富课程、创新教法、强化师资、改进帮扶，推进教学、科研、实践紧密结合，突破人才培养薄弱环节，增强学生的创新精神、创业意识和创新创业能力。

坚持协同推进，汇聚培养合力。把完善高校创新创业教育体制机制作为深化高校创新创业教育改革的支撑点，集聚创新创业教育要素与资源，统一领导、齐抓共管、开放合作、全员参与，形成全社会关心支持创新创业教育和学生创新创业的良好生态环境。

（三）总体目标。

2015 年起全面深化高校创新创业教育改革。2017 年取得重要进展，形成科学先进、广泛认同、具有中国特色的创新创业教育理念，形成一批可复制可推广的制度成果，普及创新创业教育，实现新一轮大学生创业引领计划预期目标。到 2020 年建立健全课堂教学、自主学习、结合实践、指导帮扶、文化引领融为一体的高校创新创业教育体系，人才培养质量显著提升，学生的创新精神、创业意识和创新创业能力明显增强，投身创业实践的学生显著增加。

《关于深化高等学校创新创业教育改革的实施意见》全文

国家教育事业发展“十三五”规划（节选）

（二）培养学生创新创业精神与能力。

从中小学做起，注重激发学生学习兴趣、科学兴趣和创新意识，加强科学方法的训练，逐步培养学生逻辑思维与辩证思维的能力。研究制定中小学生科学素质标准，充分利用各类社会科技教育资源，大力开展校内外结合的科技教育活动，加强对学生科学素质、信息素养和创新能力的培养。鼓励高等学校和职业学校建设学生创新创业服务平台，完善创新创业教育课程体系和管理制度，引导鼓励学生积极参与创新活动和创业实践，强化毕业论文、毕业设计的创新创业导向，开展创新创业竞赛，营造创新创业校园文化。支持本科生和研究生提前进入企业开展创新活动，鼓励高校通过无偿许可的方式向学生授权使用科技成果，引导学生创新创业。鼓励各省级政府统筹区域内高校、企业、产业园区、孵化基地、风险投资基金等资源，扶持大学生创业。

子项目 2　探询国外创新创业教育

【智者警句】

天才的主要标记不是完美而是创造，天才能开创新的局面。

——亚瑟·柯斯勒

【内容提要】

- 国外创新创业教育的现状。
- 国外创新创业教育的体系特色和实践特色。

➢ 国外创新创业教育的特点和趋势。

【经典分享】

德国高等院校创业教育模式探析（节选）

四川文化传媒学院思政部 欧庭宇

（一）基于问题和项目的学习模式之代表：盖尔森基兴应用科学大学。盖尔森基兴应用科学大学（GUAS）的教学模式是“基于问题和项目的学习”（PPBL）。在导师的指导下，学生带着“问题导向”的思路来启发学习，经过团队沟通与合作而完成项目的调查与研究工作。他们通过集体思考与分析项目相关的实际问题、探讨“如何解决问题”解决“如何评估项目”等过程来研究问题，以报告形式呈现项目成果。如果报告结果合格，即完成每学期期末的答辩任务。

（资料来源：欧庭宇. 德国高等院校创业教育模式探析 [J]. 广东技术师范学院学报，2018，39（01），44-48.）

GUAS 模式实施过程中突出问题引领、实践导向和集体协作，引导学生在解决实际问题中进行创新创业的实践锻炼。组织过程体现系统化和制度化，政企两级、社会科研团队以及社会各领域组织作为专家成员予以协助和支持，为大学生创业教育的国家政策分析和实践工作提供建议。课程理论与实践相结合，丰富多样，为我国职业教育教学模式提供了诸多经验借鉴。

（二）基于多方合作模式之代表：慕尼黑工业大学。慕尼黑工业大学（TUM）作为德国顶级的高等院校，是技术创业教育的重要代表，其大学创业中心是重点关注企业孵化方向、创业创新研究及多方合作领域的创业教育平台。TUM 首先保障的是创业孵化基地的管理运营环节，在内部构建一套完整的、科学的高等院校创业教育管理制度体系和部门的相关规章，并借助企业管理的成熟管理制度帮助创业教育的更好更快发展。

（资料来源：欧庭宇. 德国高等院校创业教育模式探析 [J]. 广东技术师范学院学报，2018，39（01），44-48.）

该模式是技术创业教育的代表，突出的特点是建立多方合作的创新创业教育平台，搭建了跨产业、跨高校的合作网络，甚至将合作范围拓展到全球视野。整个平台实现了“产 - 学 - 研”一体化，拥有成熟的管理制度和创业孵化基地作为保障，从而使创业型人才的培养体系更加健全完善。这一方面在全球都具有引领意义。

（三）基于经典教学为主、创业学习为辅助的模式之代表：柏林自由大学。柏林自由大学（FUB）作为赢得德国首批精英称号的大学，其校训为真理、公平、自由。它的校训不仅影响着自由大学的座右铭，而且影响着创业教育模式，即经典教学为主、创业学习教育为辅的模式。对于经典教学模式，FUB 的教师主要传授的是针对大学生情况而设立的创业教育理论知识，帮助大学生分析实际情况而做出恰当的创业选择。一旦他们进入大学就需要预先设定所学课程，其要求十分严格，不允许犯任何错误、抄袭他们的内容。对于创业学习模式，FUB 的学生不像传统的“你讲我听”的接受者，而是发挥主观能动性的参与者，主要内容依旧是预先选择的项目，但是没有指定的创业教育教材，直到创业实践发现问题的时候而自主去查找相关的学习内容。

（资料来源：欧庭宇. 德国高等院校创业教育模式探析 [J]. 广东技术师范学院学报，2018，39（01），44-48.）

该模式严格来说是一种经典的创新创业教学模式，以经典教学为主、创业学习教育为辅。经典教学即通过进入大学开设的预设课程，学习创新创业的理论，从中获得创业项目方面的启示和思路，继而学生发挥主观能动性，通过完善预先选定的创业项目提升创业实践能力。科学方法融入创业过程，创新理念深入创业学习，对于我国高校的创新创业教学是一个值得借鉴的模式。

【认知归纳】

一、国外创新创业教育现状

国外创新创业教育起步于欧美发达国家。随着国际经济形势的发展，越来越多的高校教育者意识到一场大变革的发生，认为人类创造力和创新精神的胜利将深刻地影响 21 世纪。创新创业教育的实践在美国最早起步，在全世界受到普遍关注和重视。1947 年，美国哈佛大学率先开设了“新企业管理”课程，标志着高校创新创业教育的开端。此后，1953 年，美国纽约大学的耶鲁克教授开设创业教育讲座，再到 1967 年，美国斯坦福大学推出了现代 MBA 创业教育课程体系。在 1968 年，百森商学院率先在本科教育中开设了创业方向的课程，成为创新创业教育领域的领跑者。英国、德国、加拿大、荷兰、日本等国相继推动了本国创新创业教育发展，并形成了各自的特色。

以美国为例，美国是发达国家中创新创业教育开展具有代表性的国家。美国高校从 80 年代开始纷纷构建创业课程体系。截至 2005 年，美国有 1600 所高校开设了 2200 多门创业课程，有 40 多种创业教育相关学术刊物以及 100 多个创业教育研究中心。除了高校创业课程体系的发展与建立，美国的创新创业机制建设也逐步完善。出现了大量的孵化器和科技园、创新创业培训中心、创业者校友联合会等机构。这些机制的建立为大学创新成果转化为商品产品铺就了便捷的道路，使美国不少大学成为全球顶尖科技公司的诞生地。

国外的创新创业教育研究发展速度快，其各高校对创新创业教育的体系构建已趋成熟，经验极其丰富，值得吸取和借鉴。从 1947 年至今，已发展有 1800 多所高校，其创新创业教育理论也形成了一个相当完备的体系。加拿大、英国、德国、日本、新加坡等国的创新创业教育共同之处是都得到了各级政府的重视。理念与目标虽然表述各异，核心之处都重视培育具有企业家精神的创新创业品质、创新创业人才和创新创业文化，培育国家发展的驱动力与竞争力。创新创业教育的组织形式与实践操作模式因各国情况不同而风格多样。英国至少有 45% 的大学开设创业教育课程。澳大利亚也非常重视创新创业教育教学，很多教师是受过高等教育的既具有扎实的理论基础又有丰富实践经验的企业家。另外，日本、新加坡已逐步将创新创业教育纳入国民教育体系中，能提供多项基金让学生开展创新创业实践体验活动；加拿大、新西兰等国家的创新创业教育也正如火如荼地发展。

二、国外高校创新创业教育的特色

（一）国外创新创业教育的体系特色

美国将创新创业教育纳入国家战略，建立了相对完备的创新创业课程体系、师资体系、创新成果转化体系和支持体系。英国将创新创业教育视为提升经济发展驱动力的重要手段，实施高等教育创新规划，以培养创新创业精神、素质、能力为教育目标，以创业型大学为发展导向。由政府、高校、企业和民间社会团体共同推进创新创业教育发展进步。德国在“教研合一”的理念指导下，以“创业者的熔炉”为主要目标，成立了创业文献数据库和设立创业教育教授席位制度等创业研究和创业基础框架，营造创新实践平台，集聚政府、企业、高校等关联性创新主体，形成创新创业生态圈体系。法国将创新创业教育纳入国际发展层面顶层设计，融入国民的职业技能教育和终身教育之中，设立《国家创业观察报告》，通过加强创业课程和培训建设、设立创新转化和创业中心等多项措施，积极推进创新创业教育的发展。荷兰以培养创新创业意识和能力为教育目标，通过多种方式建立了政府政策主导的终身创新创业教育体系。以色列突破了资源限制，以培养与国家密切相关科技创新人才为目标，注重团队精神的培养和实施高效的科技成果转化机制，以孵化器扶持创业团队著称。日本将创新创业教育与职业教育相结合，强调创新精神职业素养的培养，建设了小学到大学一体化全民创新创业教育体系。

（二）国外高校创新创业教育的实践特征

在各国政府和社会各界高度重视创新创业教育的整体形势下，发达国家的高校结合国情校情，积极探索，形成了独具特色的创新创业教育实践模式。

美国百森商学院以强化创新创业意识为指导思想，课程目标以培养创新精神为主，师资具有丰富的企业实践经历。将学生的创业知识技能学习与创业实践活动深度融合，采取以问题为中心和模拟创业的教学方式，被誉为全美高校创新创业教育的基本范式。美国斯坦福大学重视基础研究和交叉学科的创新，以科技工业园为纽带实现开放互动式“产学研”一体化创新创业教育模式。美国卡耐基梅隆大学重视通过尖端科研成果转化服务社会，整合校内资源，构建师生和校友创新创业“一站式”服务平台，最终达到实现创业的目的。以色列理工学院围绕技术创新，以职业为导向，通过技术转移办公室搭建实验室与市场的沟通桥梁，与各地大学合作，设立创新创业教育学院，服务当地经济的发展，形成了市场与当地经济紧密结合的技术创新创业教育发展模式。日本大阪商业大学重视教育的连贯性，以大学创业先锋班为基础，向高中生开设创业基础课程，面向社会人士举办产学交流，将创新创业教育向高中生和社会人士进行有效延伸，形成“高中、大学、社会”三段延伸教育模式。

三、国外高校创新创业教育发展过程特色

就各国高校创新创业教育的发展过程来看，美国百森商学院领跑在前，英国、加拿大、德国、荷兰、日本紧随其后，尽管在发展过程中各具特色，综合起来呈现出以下四个方面的共同特征。

（一）自下而上的内源性发展过程

国外创新创业教育最初由商学院发起，例如 1947 年哈佛大学商学院开设的第一门创新创业课程“新企业管理”是创新创业教育的起源。随后，由商学院逐渐扩散到全校各个学院，从而上升到高校战略层面，再由高校战略层面上升到国家战略层面。这种自下而上的发展过程使得高校内部各院系、各专业能够充分酝酿和互相协调，容易获得高校内部教师内源性支持，从而较好地将创新创业教育与人才培养有机地结合起来。

（二）由功利化的教育观向非功利化的教育观转变

目前，国外的创新创业教育已经由最初以创办企业为目标的功利性教育理念演变成以培养企业家精神和创业意识的非功利性教育理念。美国在 20 世纪 80 年代就提出创业教育的目标在于为大学设定“创业遗传代码”，并将创业教育纳入国家创新体系。英国在 1987 年提出“高等教育创业”计划，将创业教育视为提升“国家经济发展驱动力”的重要手段，鼓励大学朝着创业型大学方向发展。

（三）由精英化教育向全校性教育转变

随着教育目标的非功利化，国外创新创业教育的对象也由少数商学院学生拓展到全校学生，精英化教育逐渐演变成全校性教育。依托全校资源，覆盖全校学生，注重全体学生创新精神和创业能力的培养。全校性的创业教育已在欧美等国得到快速发展，53% 的欧盟高校表示其创业教育目标是“为所有学生提供创业教育机会”。1989 年，联合国教科文组织在北京召开的“面向 21 世纪教育”研讨会上提出创业教育，强调教育要培养学生开拓事业的精神和能力，进一步推动了创业教育由精英化向群体性转变。

（四）内创业、社会创业教育日益受到重视

“内创业”是指现存企业中个体或团队进行的新业务创造或多种创新活动。创新创业与专业教育结合、与普通岗位劳动者结合，融入高校创业人才培养过程，创新创业教育的内涵更加丰富。社会型创业关注的是培养学生在社会创业领域所需的创新精神、创业意识和创业才能。“内创业”教育和社会创业教育的共同点是两者都不强调以创办企业为教育目标，而是强调培养个体的创业精神、创业意识和创业能力，都强调与专业教育的融合，都属于非功利教育观。

【拓展阅读】

美国高校创业生态系统对我国创业教育的启示（节选）
——以麻省理工学院为例

深圳信息职业技术学院 李一

作为世界大学排名前10的美国麻省理工学院（Massachusetts Institute of Technology，以下简称“MIT”）在创业教育方面取得了突出的成就，MIT所建立的“创业生态系统”成功地培育出一大批极具创新思维的MIT创业企业家。MIT校友已在美国创办了2万余家企业，每年收益总计超过20000亿美元，此外每年新办企业数百家。

（一）创业中心：MIT创业生态系统运行的核心

MIT的创业中心成立于1996年，它的具体功能包括：

一是直接对学生创业提供支持和指导。

二是为学生提供有关创业方面的学术课程。

三是从事外部拓展活动以及教师开展创业领域方面的研究。

自成立以来，创业中心组织和开展了各种教育计划，培养了大批卓越的成功创业者。

MIT以创业中心为辐射中心，不断加强与市场及政府之间的交流与协作，使自身的智力资产、创业人才以及外部资金有机地结合在一起，逐步形成了一个吸纳了各种创业活动的创业聚集体。MIT的创业中心将科学研究与创业教育进行了对接，将理论学习与实践历练进行了对接，同时将校内人才与校外资源进行了对接。在此过程中，高校的商业化的科研成果与校外商业资本实现了交换，创业中心也从外界获得了资金、政策法规、技术需求等各种支持，保证了高校的科学研究和创业活动能够不断进行，最终形成了高校创业教育推动社会经济发展，社会经济反哺高校创业教育的良性循环的运作机制。

此外，浓厚的创业文化作为MIT创业生态系统运作的一个关键要素也在创业人才的培育方面发挥了重要的作用，创业文化不仅激发了大学生的创业热情，而且在社会上营造了一种支持创业、宽容失败的良好环境氛围。MIT的创业教育突出体现了校企之间密切合作，特别注重知识创新和成果转化，使高校、企业、政府与大学生之间形成彼此关联、彼此促进的可自持的良性“生态系统”。

（二）创业教育机构——校方组织、学生社团和社会机构“三管齐下”

……

（三）创业教育课程——全方位立体化的课程体系构建

MIT 创业教育课程体系涵盖了与专业相关的创业知识普及课程、创业计划类课程、创业实践体验类课程，覆盖了创业从知识到理念，从创业设计和规划到创业实施的全过程，具体包括以下内容。

一是与专业相关的创业知识普及类课程：此大类不仅包括“公司创业”“社会创业”“创业营销”“设计和领导创业组织”“创业金融”等创业知识普及课程，还包括“创业管理者法律知识”等有关创业法律知识的普及课程。

二是创业设计与规划类课程：该类课程主要教授大学生如何将创意形成创业计划，包括“商业计划的具体细节”等课程。

三是创业实践体验类课程：该类课程将来自于不同学院不同专业的学生组成团队，参与高科技企业管理，使参加成员亲身体会如何成立与运作一个新创企业。此外，MIT 还设立和发展了大量的文理交叉、理工交叉的跨学科课程，并允许学生跨专业、跨学科、跨学院学习。一方面强调科学和人文的联系，加强理工科专业的人文（包括经济）科学课程的比重，培养了学生从工程科学与社会人文两个方面的综合处理问题能力；另一方面，MIT 还跨学科聘请教师，向学生提供大量知识新颖、交叉性强、水平较高的课程和讲座，不断丰富和更新学生的知识结构，培养其前沿意识和创新能力。

例如，MIT 成立了“科学、技术与社会规划（STS）”学院（Program in Science, Technology, and Society），实现了在自然科学、技术科学与人文科学、社会科学等学科领域进行跨学科交叉的创新创业教育。

（四）创业活动——以竞赛形式激励创业人才在竞争中历练成长

MIT 组织了丰富多样的创业活动，特别是以竞赛的形式激励创业人才在竞争中历练成长。MIT 每年一度的 10 万美元创业大赛是 MIT 最有影响力的赛事，该大赛自 1990 年创办以来，每年有 5 到 6 家企业诞生于此，在美国表现最优秀的 50 家高新技术公司中，有 46% 出自此项比赛。可以说，10 万美元创业大赛已经成为“创业生态系统”中重要的一环。1990 年开始的 MIT 创业大赛由斯隆管理学院新型风险投资协会（MIT Sloan New Ventures Association）和以工科学生为主的创业俱乐部

（MIT Entrepreneurs Club）联合创立。这一基于工科产品创意与斯隆管理运作经验相结合的创业竞赛，在校友和社会资源的支持下，不仅实现了奖金从 1 万到 5 万再到 10 万美元的跳跃，培育了高存活率、高技术含量和高利润的企业，而且通过完善的比赛程序、有力的组织结构和强大的支持网络，打造出独特的创业教育平台，构建了与世界一流大学相匹配的创业文化。

（资料来源：李一. 美国高校创业生态系统对我国创业教育的启示：以麻省理工学院为例 [J]. 继续教育，2015，29（8），19-21.）

资料表明，美国社会重视创新创业和务实进取的精神。在麻省理工学院，“手脑并重”的教育理念得到充分体现，其 200 多年的发展历程表明，作为世界性的学术研究、知识传播与创造机构的麻省理工学院将创新创业教育和实践活动视为推动人类社会发展和经济增长的有效手段和途径，深入社会发展的各个领域，把学校的技术优势迅速转化为产业优势，构建了全面的创新创业教育生态系统，为全球高等教育机构赋予了新的使命和价值追求。对于当前国内高等院校全面、深入开展创新创业教育而言，麻省理工学院创新创业教育生态系统建设的经验具有重要的启示价值和意义，主要体现在五个方面，一是厚植校园创业理念，浓厚创新创业氛围，培育校园创业文化；二是以开展创业活动作为连贯各学科知识的平台和载体，与专业学科发展、技术研究紧密结合；三是营造创业教育生态体系，实现各类资源的有机整合；四是跨学科课程设计理念、通过竞赛激励创业；五是学校与政府、社区、企业良性互动以及开放性的全球视野，这些经验为我国高校开展创业教育提供了良好的借鉴。

子项目 3　熟悉我国创新创业教育

【智者警句】

手和脑在一块儿干，是创造教育的开始；手脑双全，是创造教育的目的。

——陶行知

【内容提要】

- 我国创新创业教育的现状。
- 我国创新创业教育发展的特点与趋势。
- 我国创新创业教育的模式。

【经典分享】

中国创新创业教育发展大事记

颁布时间	颁布机构	文件名称	要点	标志意义
1998 年	清华大学		针对 MBA 开设“创新与创业管理方向”课程，并在本科生中开设“高新技术创业管理”课程	中国高校首开创业类课程。
1998 年 5 月	清华大学		借鉴美国商业计划大赛（business plan competition）举办清华大学第一届创业计划大赛	第一所将大学生创业计划竞赛引入亚洲的高校
1999 年	共青团中央 中国科协 全国学联		第一届“挑战杯”中国大学生创业计划大赛	至今历时 13 届，氛围日益浓厚。
1999 年 1 月	教育部	面向 21 世纪教育振兴行动计划	加强对教师和学生的创业教育，采取措施鼓励他们自主创办高新技术企业	首次在政府文件中出现创业教育的概念
2002 年 4 月	教育部		确定中国人民大学、清华大学、北京航空航天大学、黑龙江大学、武汉大学、南京财经大学、西安交通大学、西北工业大学、上海交通大学九所创业教育试点高校	由点到面，扎实而有效地在我国全面启动创新创业教育
2005 年	共青团中央		引进 KAB（Know about business）创业教育项目	开启中国创业教育师资培训之旅
2010 年 5 月	教育部	关于大力推进高等学校创新创业教育和大学生自主创业工作的意见	提出创新创业教育要面向全体学生，结合专业教育，融入人才培养全过程；首次将创新概念融入创业教育中；并且成立国家高等教育指导委员会	2010 年政府工作报告中提出加快转变经济发展方式，调整优化经济结构
2010 年 6 月	教育部	国家中长期教育改革和发展规划纲要（2010-2020）	将“强化实践教学环节，推进创业教育”作为提高人才培养质量的重要举措	提出我国创新创业教育实践模式

续表

颁布时间	颁布机构	文件名称	要点	标志意义
2012年8月	教育部	普通本科学校创业教育教学基本要求（试行）	高校面向全体学生开设创业基础必修课	创新创业教育成为本科高校必修课
2015年3月	国务院	关于发展众创空间，推进大众创新创业的指导意见	部署推进大众创业，万众创新，一大批众创人群和众创空间涌现出来	确定“双创”为“双引擎”之一
2015年6月	国务院	关于深化高等学校创新创业教育的实施意见	提出深化创新创业教育的具体九大任务	明确了高校创新创业教育的任务
2017年1月	教育部	国家教育事业发展“十三五”规划	把“培养学生创新创业精神与能力”“强化高校创新体系建设”作为重要主题主线	提出创新创业教育实施的长远目标和规划
2019年7月	教育部	国家级大学生创新创业训练计划管理办法	明确提出“兴趣驱动、自主实践、重在过程”原则，深化高校创新创业教育教学改革	创新创业教育开展的基本原则
2021年9月	国务院	关于进一步支持大学生创新创业的指导意见	为支持大学生创业实践，各项工作任务具体落实到具体部委	创新创业教育体系逐步得到完善

【认知归纳】

一、我国创新创业教育的现状

创新创业教育逐渐受到各国的重视，在美国等经济发达国家逐渐走向成熟，相比西方国家，我国创业教育发展还处于初级阶段，尚未形成完备的创新创业教育结构体系。2015年以来，高校创新创业教育取得了积极进展，对提高高等教育质量、促进学生全面发展、推动毕业生创业就业、服务国家现代化建设发挥着重要作用。

由于起步较晚，创新创业教育发展的完善程度非常低。虽然现在很多高校都已经开始重视这个话题，但是创新创业教育还没有真正普及。进入21世纪，我国开设了创新创业教育的试点课程，随后渐渐地推广了起来。近几年来，我国相关单位出台了一系列政策，为大学生创业提供各种帮助，给他们提供特别的创业环境，在法律上对他们的创业工作也进行了保障。

就我国现状来看，创新创业教育被分为了广义层面和狭义层面。广义上的含义是把提高学生基本创业素质作为基本目标的，在进行课程教学的时候再按照基本课程设置进行内容的改革。狭义层面的含义是培养学生创办企业的能力，通过各种资助方式让学生建立自己的企业和公司。

我国1998年公布的《关于深入教育改革全面推进素质教育的决定》文件开始了对创业教育理念的正式回应，文件指出“高等教育要重视培养大学生的创新能力，实践能力和创业精神，普遍提高大学生的人文素养和科学素养。”1999年开始我国高校扩大招生规模，大量毕业生面临就业危机，促使创业教育在普通高等教育领域得到高度重视。

进入21世纪，中国政府对于创新创业教育的战略也不断加强。2002年十六大报告中指出，千方百计扩大就业，不断改善人民生活、就业是民生之本；2007年十七大报告提出，实施扩大就业的发展战略，促进以创业带动就业；2009年《国务院办公厅关于加强普通高等学校毕业生就业工作的通知》中声明，把高校毕业生就业摆在当前就业工作的首位，鼓励和支持高校毕业生自主创业，鼓励高校积极开展创业教育和实践活动。

教育部为了响应国家推进创业教育的号召，2002年初，教育部高等教育司将9所高校列入“创业教育”试点学校，分别为中国人民大学，清华大学，北京航空航天大学、上海交通大学、黑龙江大学、南京经济学院、武汉大学、西安交通大学、西北工业大学，至此唤起了高等教育系统对创新创业教育的重视。同时我国教育部也提出了具体要求，2004年《2003—2007年教育振兴行动计划》指出要加大创业教育的工作力度，实现高校毕业生自主创业人数逐年增加；呼吁全面加强高等学生创业教育，成立“高校创业教育指导委员会”，并积极建设高校学生创业实践及孵化基地，加强对高校毕业生自主创业的政策扶持。2010年国家提出的教育改革发展纲要，把人才培养观念的更新和人才培养模式的创新，贯穿人才培养体制改革的始终。

二、我国创新创业教育的发展过程

我国创新创业教育是在引进和吸收西方创业教育理念的基础上，结合自身的情况和时代发展需要一路探索过来的，政府在其中起到重要的主导作用，由政府自上而下推动，试点高校积极响应，继而把成熟经验推向全国。我国创新创业教育的发展历程大致可以划分为以下四个阶段。

（一）启蒙时期

启蒙时期主要是1998年以前。这一时期，我国关于创新创业教育理论研究和实践探索较少，1989年胡晓风在《创业教育简论》借鉴陶行知先生“人生志在创业”的观点，站在整个教育体系高端认识创业教育。同时胡晓风提出了创业教育的两项原则，一是科技、教育、经济三结合，二是德育为先，创业为用。两项原则对我国高校创新创业教育的开展具有积极的借鉴意义。还有一些学者撰文介绍国外创新创业教育概况，主编了创业教育丛书，为后来的创新创业教育提供了认识引领，同时建立了粗略的框架。

（二）萌芽时期

萌芽时期主要是 1998—2001 年期间。世界范围内知识经济初现端倪，联合国教科文组织 1998 年在世界高等教育会议上发表了《高等教育改革和发展的优先行动框架》《21 世纪的高等教育：展望与行动世界宣言》提出，为应对知识经济的挑战，应把培养创业精神和技能作为高等教育的目标。1999 年，国务院批转教育部《面向 21 世纪教育振兴行动计划》的通知中提出“要加强对教师和学生的创业教育，采取措施鼓励他们自主创办高新技术企业”。国内一些高校开始借鉴国际经验，自发探索创业教育。清华大学、上海交通大学、中国人民大学、北京航空航天大学等高校结合各自学校人才培养特点，开设了创业教育类课程。共青团中央、中国科协、全国学联共同举办的两年一次的“挑战杯”中国大学生创业计划大赛拉开序幕。这一时期，我国的重点高校已经把创新创业教育作为探索综合教育模式的重要内容。

（三）探索时期

探索时期主要是 2002—2009 年期间。2002 年 4 月，教育部将中国人民大学、清华大学、北京航空航天大学、黑龙江大学、上海交通大学、南京财经大学、武汉大学、西北工业大学、西安交通大学等九所高校作为创业教育试点，给予资金和政策支持。目标定位更加清晰，整体氛围日益浓厚，自此，我国创新创业教育进入多元发展探索期。

2003 年 10 月，教育部在北京航空航天大学举办第一期创业骨干教师培训班，这是国家创新创业教育师资培训的开端，创业师资不足的问题得到缓解。

2005 年，面对高校面临的就业难问题，共青团中央联合全国青联和联合国国际劳工组织，在国内开设 KAB 创业教育项目，开设“大学生 KAB 创业基础课程”，提高学生就业创业能力。探索“以创促就”的创业教育之路，KAB 项目的大力开展，对国内创业教育起到极大的推动作用。

2008年，教育部联合财政部在全国设立了30个国家级人才培养模式试验区，连同2002年以来创建的清华大学等试点院校，对创新创业教育起到了很好的辐射和示范作用。

（四）发展时期

发展时期主要是2010年至今。2010年5月，教育部高等学校创业教育指导委员会成立，把高校创新创业教育融入人才培养全过程，探索多样化的创新创业教育模式，加快创新创业教育的发展。2010年6月，教育部颁布《关于大力推进高等学校创新创业教育和大学生自主创业工作的意见》，2012年8月，教育部颁布《普通本科学校创业教育教学基本要求（试行）》要求高校必须面向全体学生开设创业基础必修课程。2015年随着“大众创业，万众创新”的号召在政府工作报告中提出，国务院颁布《关于深化高等学校创新创业教育改革的实施意见》，进一步明确人才培养质量目标、创新人才培养机制，健全创新创业教育课程体系等九大任务和措施，标志着我国创新创业教育进入“大众创业，万众创新”的新时代，创新创业教育的内涵得到进一步的延伸和拓展。2019年，教育部印发《国家级大学生创新创业训练计划管理办法》，要求各高校要秉承“兴趣驱动、自主实践、重在过程”的原则，深化高校创新创业教育教学改革，加强大学生创新创业能力培养，全面提高人才培养质量。2019年，教育部印发《国家级大学生创新创业训练计划管理办法》深化高校创新创业教育改革，提高大学生创新创业能力，培养造就创新创业生力军，加强国创计划的实施管理。2021年，国务院办公厅下发《关于进一步支持大学生创新创业的指导意见》，为大学生开展创新创业实践提供资金、服务等各方面支持。这一时期，我国创新创业教育的任务目标越发具体，保障措施更加得力内涵得到进一步的拓展和延伸。

三、我国高校创新创业教育的模式

自1998年清华大学举办第一届创业计划大赛以来，我国创新创业教育在充分吸收借鉴国外创新创业教育经验的基础上，结合自身特征和形势需要，积极探索，形成了具有中国特色的创新创业教育模式，具体有以下三种。

第一种模式以中国人民大学为代表。提倡把第一课堂和第二课堂结合起来开展创新创业的教育模式。该模式强调创新创业意识的培养和知识的构建，以完善学生的综合能力。主要通过开展创新创业教育专题讲座，创业计划大赛等活动，为第一课堂依托，同时以创业项目和社会组织教育实践活动，鼓励和引导学生积极投入社会实践。

第二种模式以北京航空航天大学和浙江大学为代表。提倡创新创业知识和技能培养与实践的教育模式。该模式认为创新创业基本素质的培养是帮助学生提升个人能力、迅速成长的良好途径。在基础教学的基础上进行商业化运作，指导学生如何在社会中站稳脚跟，创新开辟发展空间。

第三种模式以清华大学和上海交通大学为代表。提倡创新创业综合实践的教育模式。该模式更加系统科学，在专注培养大学生创新精神和创业能力的同时，为学生提供创业所需的资金和必要的技术咨询服务。这类模式提倡学生在实践环节中，学习并培养创新创业基本素质。

从我国高校创新创业教育的探索实践来看，部分高校结合自身的办学定位、人才培养目标，构建了特色鲜明、成效显著的教育模式。但就总体状况而言还存在不少问题，具体有以下六点。一是理念滞后，重视不够，未能从学校层面统筹规划、整体推进大学生创新创业教育。二是创新创业教育课程体系不健全。三是创新创业教育的师资队伍较为薄弱。四是创新创业教育与专业结合程度不够。五是创新创业教育条件保障和扶持政策措施不够完备。六是对学生自我潜能挖掘不够充分。

国外高校创新创业教育理论与实践相比我们较为成熟，对我国高校开展创新创业教育具有一定的借鉴意义，主要体现在以下四个方面。一是注重培养校园创新创业文化理念。二是构建创新创业教育多级组织框架。三是保证课程内容体系的完善性。四是坚持以市场为导向，走产、学、研结合的道路。

【拓展阅读】

双创教育：重创新还是重创业（节选）
——重庆邮电大学走出人才培养特色之路

高校双创教育如何做？高校毕业生创新创业如何避免低端创业培养？重庆邮电大学将创新创业教育贯穿人才培养的全过程，重在激发学生创新精神，提升人才培养质量，走出了一条极具自身特色的创新创业人才培养道路。

大学生团队帮果农创收 24 亿

近日，在重庆第六届创新创业大赛总决赛上，来自重庆邮电大学的"互联网＋

智慧小镇"团队获得了一等奖。这个"互联网+智慧小镇"团队是一群由本科生组成，项目以APP为主，微信+网站的智慧水务云公共服务平台。2017年团队负责营销整个重庆奉节县的脐橙，帮果农创收24亿。目前，互联网+智慧小镇已在重庆龙沙镇、白帝镇试点，2017年实现盈利336万元。

为何一个学生创业团队能取得市场上的如此佳绩，团队的主要负责人黎杨杰说，这得益于学校的创新创业教育。目前，他们制定了2018年的发展宏图——今年底将完成60个示范村的打造，形成从互联网+乡村的重庆模式到服务全国百县千乡，打造互联网上的村庄名片。

2月2日，“中国高校创新人才培养暨学科竞赛评估结果”公布，重庆邮电大学在2017年全国普通高等学科竞赛评估中位列48位，重庆市属高校中排名第一。近3年来，重庆邮电大学获得国际和全国各类创新创业大赛奖励近500余项。

毕业生成了企业"抢手货"

在重庆邮电大学，创新创业教育课程是门必修课。学校打通了相近学科和专业的基础课，强化了学科专业间的交叉课。坚持实施大类培养和分类教育，注重跨学科、跨专业的育人模式改革。建立了创新创业学分累积制度，设置了3~12个创新创业学分。学生的创新创业活动和成果可按规定累积转换为学分。课题成果可申请为毕业设计（论文），能力突出的学生可优先推荐免试研究生。

“不过虽然每个学生都要上创新创业课，但不是要求上了课的学生都去创业。”重庆邮电大学创新创业教育学院副院长、学生创新创业中心主任李红波说。他们在人才培养上探索“雁阵培养模式”，因材施教，针对每个学生的不同特点进行不同层次的双创教育。“雁阵培养模式”面向全体学生开设创新方法、学科前沿、批判性思维、创业基础与实践、“互联网+”等课程。头雁面向创新创业精英，培养团队核心和领导者，以创新创业实验班为载体，专门打造了“创新创业案例分析”等8门核心课程。将头雁与群雁组成雁阵团队，结合各级竞赛，在实践和竞赛中锻炼学生的创新创业能力。

李红波表示，创新创业教育的实施很好地弥补了工科院校在其他专业上的不足，提高了学生的“商情”，该校的毕业生不仅创业脱离了低端创业，在就业市场上也大受欢迎。据统计，该校本科毕业生进入"世界500强"企业就职三年来均超过20%，研究生更是供不应求，进入国有大中型企业事业单位的保持在50%左右。

（资料来源：雍黎. 双创教育：重创新还是重创业 [N]. 科技日报，2018-02-27（08）.）

重庆邮电大学把创新创业教育贯穿人才培养全过程，更新育人理念，研发出“五位一体”的创新创业育人新模式。加强学生人格品质、头脑思维和能力素质的培养，提升学生创新素养和适应社会发展的能力，有效提升学生的可持续发展能力，不仅保障学生成功就业，还避免了学生低端创业。创新创业教育已经成为该校的发展特色和面向未来发展的核心竞争力。

子项目 4　落实高校创新创业教育

【智者警句】

抓创新就是抓发展，谋创新就是谋未来。

——习近平

【内容提要】

- 高校开展创新创业教育的重要性。
- 我国高校创新创业教育现状。
- 我国高校创新创业教育的展望。

【经典分享】

创新创业教育融入培养体系

清华大学校长 邱勇

近年来，清华大学重点打造“兴趣团队”“创客空间”“x-Lab”和“三创”平台，不断完善创新创业教育体系。为推动高校创新创业教育改革，清华大学提出深化创新创业教育改革的“融合”计划，将创新创业教育融入培养体系。

一是冲破院系藩篱，建立学科交叉的辅修专业，探索跨院系培养创新人才的新机制，实现跨院系“融合”。今年开设了互联网金融与创业辅修专业，成为学校首个创新创业本科辅修专业，已招收78名学生。启动了跨院系交叉的技术创新创业辅修专业，首批有智能硬件（信息学院和美院合作）、机器人（机械系和信息学院合作）、智能交通（信息学院和汽车系合作）3个方向。在美国建设全球创业学院（GIX），已启动的首个双硕士学位中，由中美双方跨院系设计培养方案。

二是与传统专业“融合”。首先是创新创业教育的通识化，今年面向全校开设了通识课“创业导引”。目前建设了14门挑战性示范课，如“跨学科系统集成设计挑战”，这类课程围绕当前全球挑战性问题设计，采用小班上课。此外，今年5月，学校推出学业评价体系改革方案，变百分制为等级制，分12个等级，鼓励学生将课程选择的着眼点重新放回到对自身发展真正有益的能力和素质上。

三是统筹第一和第二课堂，推进创新创业教育可持续发展，代表性的活动和赛事有清华创客日和校长杯创新大赛。

（资料来源：“深入推进高校创新创业教育改革座谈”发言摘编 [N]. 中国教育报，2015-10-22（07）.）

创新创业是推动社会进步和经济发展的重要动力，也是提升国家竞争力和综合实力的关键因素。高校作为培养人才、科学研究和创新资源的重要基地，肩负着培养具有创新精神和创业能力的高素质人才的重要使命。清华大学作为我国最先启动创新创业教育的典型高校，从完善创新创业体系入手推动创新创业教育改革，把创新创业教育课程纳入通识课程，把创新创业课程融入人才培养体系，对我国高校具有领航意义。

《教育部关于大力推进高等学校创新创业教育和大学生自主创业工作的意见》

【认知归纳】

一、创新创业教育——我国高校的责任与使命

（一）创新创业教育是高校教育深化改革的突破口

对大学生进行创新创业教育是高等教育提高人才培养质量的重要内容，也是提高他们自主创业能力的重要途径。大学时期是培养创新人才的关键时期，这是由大学教育阶段学生的生理和心理特点、人才成长规律、大学具备的各种优势和特点所决定的。加强对大学生就业观、创业观的教育，对他们进行就业创业指导和服务，是大学义不容辞的责任。培养创新人才是高校使命和职责的重要体现，也是建设一流学科的重要内容。在“双一流”建设和应用型大学建设的背景下，高校应深入推进科教融合，努力将高校丰富的科研资源及科研成果有效地转化为优质教学资源，构建优良的制度环境，重视实践环节的育人功能，搭建国际化教育平台，营造优良校园文化，在建设一流学科专业的进程中，努力培养创新型人才。

（二）创新创业教育是大学生成才、就业的内生需求

通过创新创业教育，让学生更加了解企业的构成，为学生以后的发展奠定坚实的基础，能够把学生引入正确的创业道路。在学生创新创业教育的过程中，培养他们积极的创业精神，让他们在就业的过程中摆正自己的位置，做到有效的就业，提高学生的就业率。创新创业教育在一定程度上是对学生自立能力的培养，是学生了解社会的关键步骤，也可以使他们掌握一些生活技能。社会需要的是有能力为社会发展作出贡献的人才，而不需要社会负担，开展创业教育可以提升学生的社会责任感，知道生活的不容易，更加体谅家长，为家长减轻负担，也可以培养他们应对突发情况的能力。

现在的很多高校毕业生不仅在生活上依靠父母，还在思想上依赖父母。这并不是社会的原因，而是他们认识不到自己的责任，不清楚自己能够做什么，也不知道社会缺什么样的人，开展创业教育刚好可以在一定程度上对学生的依赖心理进行治疗，增强他们的社会生存意识和生存能力。对社会经济的发展、社会的繁荣稳定都有非常明显的促进作用。

（三）创新创业教育是学生适应未来社会竞争的有力保障

除了要具有创新意识、创新思维、创新能力以外，在就业或创业的工作岗位上能否取得创新性的成果以及开拓性的业绩，也是我们评价创新人才的基本依据。从这个角度讲，大学生毕业走入社会后，所在工作单位的小环境，以及社会政策、舆论、文化的大环境，对他们能否脱颖而出至关重要。因此，培养创新人才也需要教育外部的各个领域提供良好的条件，包括政府、社会、家庭、用人单位形成合力，为我们的孩子成长为创新人才、彰显个性和特长提供良好条件，助力他们在为全面建成小康社会、全面建设社会主义现代化国家作出贡献的同时实现个人的自我价值。在国家大力提倡“大众创业、万众创新”的大形势下，政府部门应该从政策导向、资金支持等方面进一步鼓励和引导大学生开展创新创业实践，建立健全教育、实践、服务和保障体系，支持学校培养创新人才。

（四）创新创业教育是高等教育的时代使命

随着高等教育普及程度的提高，我国高等教育的主要矛盾已经转化为人民群众对高质量高等教育迫切需求与优质高等教育资源供给严重短缺且发展不均衡的矛盾，一些深层次的矛盾更加突出，一些瓶颈问题愈加凸显。要破解这些教育发展难题，提升创新创业教育水平，培养创新创业人才，根本出路在于教育创新，而提高教育质量是教育创新发展的时代主题。教育改革和发展的实践表明，任何教育观念的创新都不是无源之水、无本之木，而是在对传统进行价值反思和对现实予以深度审视并作出的适时调整和应对，是深化教育领域综合改革、平稳涉过教育改革深水区的重要先导。我们必须把握经济社会和教育发展的大趋势，遵循教育发展规律，树立先进的教育观和教育价值观、富有时代特色的人才观和多样化的质量观、现代的教学观和科学的发展观，努力形成教育改革的共识与合力。要加强系统研究和顶层设计，不断深化综合改革；坚持依法治教和依法治校，不断提高教育治理能力；注重内涵建设和特色发展，不断提高人才培养质量。

二、我国高校创新创业教育任重道远

1998 年，清华大学举办第一届清华大学创业计划大赛，成为第一所将大学生创业计划竞赛引入亚洲的高校。2002 年，高校创业教育在我国正式启动，教育部将中国人民大学、清华大学、北京航空航天大学等 9 所院校确定为开展创业教育的试点院校。十多年来，创新创业教育逐步引起了各高校的重视，一些高校在国家有关部门和地方政府的积极引导下，进行了有益的探索与实践。目前国内高校的创新创业教育主要有如下7种类型。

（1）以“挑战杯”及创业设计类竞赛为载体，开展创新创业教育。

（2）以大学生就业指导课为依托，开展创新创业教育。

（3）以大学生创业基地（园区）为平台，开展创新创业教育。

（4）以成立专门组织机构为保证，推动创新创业教育的开展。

（5）以人才培养模式创新实验区为试点，培养创新型人才。

（6）构建创新创业教育课程体系，实施创新创业教育。

（7）纳入人才培养方案，全面实施创新创业教育。

近几年，高校逐渐将创新创业教育纳入教学，设置了创新创业相关课程，创新创业教育向规范化和系统化发展；高校联合政府、企业有针对性地为学生举办创业报告会，举办创业培训，扩大了创业教育影响；此外，大学校园掀起了创业计划大赛热潮，为广大有意向创业的学生提供良好的教育平台和实战场所。虽然创新创业教育已经在全国许多高校实施，也取得了一定成绩，但与发达国家相比，我国大学生创业就业水平差距很大，创业比例较低。而大学生创业问题很大程度上与我国大学创新创业教育深层次问题相关。我国高校创新创业教育的主要方式是课堂教学、网络教学，在师资配备方面基本属于“学院派”，大部分缺乏创业实战经历和企业工作经验。学生的创业积极性不高，过分夸大创业失败风险或者创业所需成本，很多家长也对学生创业持怀疑态度，创业意识淡薄，对创新创业课程或相关知识不重视。

教育部在《关于大力推进高等学校创新创业教育和大学生自主创业工作的意见》中指出，“在高等学校开展创新创业教育，积极鼓励高校学生自主创业，是教育系统深入学习实践科学发展观，服务于创新型国家建设的重大战略举措；是深化高等教育教学改革，培养学生创新精神和实践能力的重要途径；是落实以创业带动就业，促进高校毕业生充分就业的重要措施”。

三、当前高校创新创业教育存在的主要问题

（一）高校学生对创新创业教育的认知程度比较低

认知程度低主要表现在两个方面，一方面，大学生毕业后实在找不到工作，才可能选择创业，创业成为一种无法就业后的无奈之举。同时，在校学习期间，大学

生认为只要在大学学好专业课，成绩优秀，毕业能就业即可，对自身价值的实现和潜能的开发完全没有意识，这种认识上的偏差，最直接的后果，就是导致学生在日常的学习生活中，不重视自我价值的实现和对自身综合素质的培养，也不重视学习方法的培养和自身创新意识、实践能力的养成，取而代之的是片面地关注文化课成绩。毕业后也极少有人会主动选择创业这条路，只想着能够在毕业以后，顺利找一份稳定、收入较高的工作。另一方面，很大一部分大学生对自己缺乏信心，认为创新创业教育只是针对那些个人综合素质较高的学生开展的，认为大部分创新意识不强、学习成绩不突出的学生没有必要参加创业教育，加之当前踏入社会的大学生自主创业能取得成功的很少，使得很多学生从心理上对创业有种恐惧感、排斥感，认为自己不具备创业的能力和素质。

（二）高校对创新创业教育的认知也存在偏差

尽管当前我国很多高校相继开展创新创业教育方面的课程，但大多数还停留在表面，重视程度还不够，认为创新创业教育仅仅是就业指导工作的一部分，目的仅仅局限在解决就业的层面。存在重传承轻创新、重知识轻能力、重守业轻创业等问题。普遍认为在校大学生在学习期间主要应该把重点放在专业知识的学习上。这种不正确的认知，对充分发挥学生的主观能动性和挖掘学生潜在的创造性十分不利，导致学生的综合素质无法得到全面的培养和发展，进而使得创新创业教育流于形式，无法将创新创业教育与其他课程相结合，创新创业教育无法发挥其作用。

（三）创新创业教育未能与专业课学习相结合

从整体来看，我国高校的创新创业教育课程并没有完全融入学校育人体系中，创新创业教育被严重边缘化，是作为专业教育之外的业余教育课程而存在。大部分学校的创新创业教育是通过公共课、选修课进行的，没有专门的师资，而专业教师只负责本学科知识的传授，几乎没有针对自身专业的创业教育意识，忽略了专业教学的创新价值，因而学校的创新创业教育与学科专业教育并未形成任何联系，二者之间脱离的现象明显，使得专业课教学在创新创业教育中的优势无法发挥。

（四）创新创业教育与思想政治教育结合的效果不明显

当前，我国部分高校将创新创业教育作为思想政治教育的一部分在实践中开展，但是二者之间结合的效果并不十分理想，并没有切实结合我国高校育人育教的实际情况，有效地融入思想政治教育中去，尤其是在激发学生创业意识、培养学生创业素质及提高学生创业能力等方面，并没有发挥出思想政治教育的内在优势，学生在学习的过程中也没有将二者进行内在融合，导致学生的学习效果一般。更多的是，大部分学校将思想政治教育侧重点放在对学生就业的导向上，忽视了思想政治教育对学生创业的指导与提升作用，使得这两种实践性较强的教育活动各自为战，没有充分发挥各自的优势。

【拓展阅读】

高校有效实施创业教育的路径探索（节选）

南京师范大学泰州学院 刘尧飞

……

二、构建完善的创业教学体系

创业教育作为高校人才培养的一种路径探索，要想在整个人才培养体系中占有一席之地，必须有完整的教育教学体系，并作为人才培养的一个不可或缺的组成部分固定下来。组建创业教育师资队伍。师资队伍建设是创业教育开展的前提和保障，根据创业教育的特点，创业教学师资队伍的组成必然包含两个方面，一是校内专职教师，二是校外企业导师。校内专职教师一般由具有经济学、管理学背景的教师担任，目前各大高校主要依托商学院或经济管理类学院的专业课教师。校外教师一般是聘请校外企业家、成功创业者或政府工商财税部门的管理者担任，他们熟悉创业流程，管理经验丰富，有利于指导学生开展创业实践。设置创业教育课程体系。课程是开展创业教学的另一个基础，作为一种素质教育，创业教育课程的设置应是普及性的，应该面向不同专业的学生。创业教育课程体系具体包括理论课程和实践课程两个方面，理论课程主要包括：经济学、企业管理学、财务会计、风险管理等经济管理类课程，实践课程主要包括：创业模拟、SYB/KAB 实训、淘宝创业课等。此外，各个学校还应根据自己的办学传统和学科特色，有针对性地开展某个专业领域的创业课程。这些创业教育课程要以学分的形式固化下来，以供学生选择，形成稳定的创业教育课程体系。加强创业教育辅导培训。对在校大学生开展创业培训是各级政府十分重视的工作。要充分利用政府平台，加强对高校创业教育的辅导培训，避免创业教育闭门造车。目前，各地政府的人力资源和社会保障部门是负责创业辅导培训的责任机构，这些部门一般下设就业（或创业）管理中心，专门针对所在地高校和社会人士开展创业辅导和培训。如江苏省每个地级市的人力资源和社会保障局几乎都与全球模拟公司联合体合作开展了创业实训工作，有的还长期开展SYB培训工作。这些辅导培训一般是由政府划拨专项资金开展，如果高校能有效利用这些平台开展创业教育，不仅能解决创业教育资金问题，还能提高创业教育的效果，增强创业教育的针对性。

……

四、建立多元化的创业实践平台

如前所述，创业教育是一种实践活动，需要足够的平台作为载体。受校内教学资源的限制，高校仅依靠校内实验实训室来充当创业教育实践平台显然不够，无法实现创业教育的目标，达不到预期效果。因此，这决定了创业实践平台应该是开放的、多元的，它既包含校内平台，又包括校外平台。创业模拟平台。创业模拟平台是指依托校内实验室或实训室，在充分借助现代信息技术的基础上建立网络化创业实践平台。目前，校内创业模拟平台主要有两个系统：一是中国创业实习网系统，借助该网络平台，学生注册取得相应的账号和密码，然后扮演创业者在虚拟市场中开展创业活动；二是全球模拟公司联合体创业实训系统，相对来讲这一平台应用较为广泛，世界上140多个国家和地区的高校都在使用，它同样要求学生在网络平台扮演创业者，组建创业团队，模拟从公司创立到经营的全过程，还要求各创业团队制作创业计划书，并现场阐述创业理念、经营过程等。相比而言，后者将模拟创业与创业竞赛结合起来，更能锻炼学生的综合能力。创业见习平台。创业见习平台由设在校外的创业见习和实习基地组成，这些基地一般与学校有良好的合作关系，愿意为在校大学生提供实习实践服务，帮助大学生积累工作经验，提高他们对创业项目的识别和辨别能力、创业过程的掌控能力，以及对创业风险的防控能力。创业见习平台不仅为大学生提供见习的机会，而且还要配备专门的见习导师，并有完善的见习管理和考核方案。创业孵化平台。创业孵化平台既可以是校内的，也可以是校外的。校内的创业孵化平台多指高校自建的大学生创业园，专门用于扶持市场潜力大、创业条件完备、可行性强的创业项目。一般而言，大学生创业园主要为创业项目的初期孵化，一旦项目孵化成功且经营较好，将转入校外创业孵化平台。校外创业孵化平台一般指各类科技园，包括依托高校自身建立的大学科技园以及政府建立的科技园。这些科技园往往会出台一些优惠政策吸引优秀的创业项目入驻，在资金支持、税收减免等方面各地会有不同程度的照顾。进驻科技园内的企业一般要经过考核和评估，因此，只有在创业园内孵化成功的项目才有可能进入科技园。

五、健全创业教育管理机制

创业教育理念的落实、创业教学的实施、创业文化的形成以及创业实践平台的建设，都离不开高校对创业教育的管理，因此，形成一套健全的创业教育管理机制是保障创业教育有效开展的重要环节。一方面，要成立校级创业教育指导委员会，由校（院）长或分管教学的校领导担任主任委员，由教务处、学工处、团委、后勤处、相应的二级院系以及校外基地等作为成员单位，建立一个各部门联动、理论实践一体、全员参与、全过程管理的创业教育管理机制。学校各部门要建章立制，确保创业教育能顺利有效开展，保障创业教育的资源供给和要素分配。另一方面，为了提高创业教育管理效率，要引进和开发特色鲜明的创业教育信息管理系统，确保创业教育信息畅通、资源共享。例如，有些高校与企业合作开发了创业教育管理信息平台，集信息发布、创业教学、社团活动、创业竞赛、创业园和科技园咨询、成果展示等为一体，极大地提高了创业教育管理的时效性和科学性，促进了高校创业教育工作的整体提升。

（资料来源：刘尧飞. 高校有效实施创业教育的路径探索 [J]. 重庆交通大学学报：社会科学版，2015（04），112-114.）

项目 1　测试题

扫码查看答案

1.[多选题] 对教育认识正确的是（　　）

A. 教育是培养人的社会活动

B. 教育的任务是把儿童培养成合格的社会成员

C. 教育是人类延续和文化传承的基本行为

D. 教育就是学校教育

2.[多选题] 我国高校创新创业教育在哪些方面发挥了重要作用？（　　）

A. 提高高等教育质量

B. 促进学生全面发展

C. 推动毕业生就业创业

D. 服务国家现代化

3.[多选题] 深化高校创新创业教育改革的基本原则是什么？（　　）

A. 坚持育人为本，提高培养质量

B. 坚持问题导向，补齐培养短板

C. 坚持协同推进，汇聚培养合力

D. 坚持学校自愿，课程体系自由

4. [多选题] 目前我国高校创新创业教育存在哪些问题？（　　）

A. 创新创业教育理念滞后，与专业教育结合不紧，与实践脱节

B. 教师开展创新创业教育的意识和能力欠缺，教学方式方法单一，针对性实效性不强

C. 大学生缺乏创新意识

D. 实践平台短缺，指导帮扶不到位，创新创业教育体系亟待健全

5.[多选题] 国外高校创新创业教育的发展过程特色有哪些？（　　）

A. 自下而上的内源性发展过程

B. 由功利化的教育观向非功利化的教育观转变

C. 由精英化教育向全校性教育转变

D. 内创业、社会创业教育日益受到重视

6. [多选题] 国外高校创新创业教育理论与实践对我国高校开展创新创业教育具有一定的借鉴意义，主要体现在哪几个方面？（　　）

A. 注重培养校园创新创业文化理念。

B. 构建创新创业教育多级组织框架。

C. 保证课程内容体系的完善性。

D. 坚持以市场为导向，走产、学、研结合的道路。

7.[多选题] 创业教育是以培养大学生哪几方面为主的素质教育？（　　）

A. 创业精神　　B. 创业意识

C. 创业能力　　D. 拓宽视野

8.[单选题] 关于大学生创业的意义，以下说法错误的选项是（　　）

A. 大学生创业能实现高效能的职业进展

B. 大学生创业对于个人的影响很大，对于国家的意义一般

C. 大学生创业有利于激发大学生的创业精神

D. 大学生创业有利于缓解国家就业压力

9.[单选题] 第一所将大学生创业计划竞赛引入亚洲的高校是（　　）

A. 武汉大学　　B. 南京大学

C. 清华大学　　D. 上海交通大学

10.[单选题] 深化高等学校（　　），是国家实施创新驱动发展战略、促进经济提质增效升级的迫切需要，是推进高等教育综合改革、促进高校毕业生更高质量创业就业的重要举措。

A. 创新教育　　B. 创业教育

C. 创新创业教育　　D. 素质教育

项目 2　领会创新创业

子项目 1　什么是创新创业

【智者警句】

"面对世界科技飞速发展的挑战，我们必须把增强民族创新能力提到关系中华民族兴衰存亡的高度来认识。教育在培养民族创新精神和培养创造性人才方面，肩负着特殊的使命。"

——全国第三次教育工作会议

高等教育应该将培养学生的创业技能与主动精神放在首要位置，毕业生将不仅仅是求职者，而首先要成为工作岗位的创造者。

——联合国教科文"21 世纪的高等教育：展望与行动"

【内容提要】

- 什么是创新？
- 什么是创业？
- 如何理解创业？

【案例分享】

兴趣是创新之源

——诺贝尔物理学奖获得者杨振宁谈创新

桂运安

2015 年 9 月 19 日求是年度奖颁奖典礼上，著名科学家、诺贝尔物理学奖获得者杨振宁在演讲中，为 300 余位科学家和中科大师生分享了他对科研创新的看法——“在创新方面，个人兴趣尤其是早年兴趣，常常扮演了非常重要的角色。”

“兴趣是创新之源、成功之本。”在演讲中，杨振宁谈到世界上多位著名的科学家的故事，他们的成功均与早年兴趣有关。爱因斯坦 26 岁时写出了狭义相对论论文，杨振宁说，其实爱因斯坦在读书时对电动力学发生了浓厚的兴趣，电动力学是狭义相对论的重要基础。

1953 年，美国青年学者沃森和英国生物学家克里克提出了 DNA 双螺旋结构学说。杨振宁介绍,，两位科学家在很年轻的时候就意识到必须研究 DNA 分子结构，他们对此达到了痴迷的程度。当时，不少科学家对此有兴趣，但他们两位是比较专注的，这也是他们成功的原因。

“20 世纪，数学界有一个重大的、世纪性的成就，由中国著名数学家陈省身完成，这与其兴趣有着根本的关系。”杨振宁透露，1944 年，陈省身完成了高斯 - 博内公式的简单内蕴证明，攻克了“几何学中极其重要和困难的问题”，该论文被誉为数学史上划时代的杰作，现代微分几何就起源于他的这一研究。高斯 - 博内定理，19 世纪就已经存在，但是局限在二维空间，陈省身把高斯 - 博内公定理扩展到四维空间。生前，陈省身教授再三地表示，他对这个定理很早就发生了兴趣。早在巴黎做博士后的时候，他就以此发生了兴趣。后来，他在西南联大做年轻教授时，仍然对这方面继续发生兴趣。研究中，他用新的技术和方法把两维的高斯 - 博内定理证明简化，浓厚的兴趣最终奠定了世纪性成果的根基。

“我一生所做的工作，最重要的就是规范场，这与我的兴趣也有着密不可分的关系。”杨振宁如是说。1954 年，杨振宁与年轻博士后 Mills 共同提出规范场理论，这是杨振宁在物理学领域的最高成就。“为什么我要写那一篇文章？那是因为我在西南联大读硕士研究生的时候，以及在芝加哥大学读博士研究生的时候，就对规范场发生了浓厚的兴趣。”杨振宁说，很久以前，就有科学家讨论了规范场，但讨论的规范场很漂亮却没有用处，而他一直对这个漂亮又没有多大用处的东西发生着浓厚的兴趣。“到了 1954 年，这个兴趣就发生了作用，当年杨 -Mills 规范场论（即非阿贝尔规范场论）发表，这个后来成为我一生最重要的工作。”杨振宁透露。规范场理论，后来被普遍认为是 20 世纪后半叶基础物理学的总成就，主导了长期以来基础物理学的研究。

“做科研成功，有好几个非常重要的因素，其中最重要的一个是兴趣，一个是能力。”杨振宁说，但光有兴趣和能力还不够，做科研的人，有很多对研究有着很大的兴趣，也有着很好的能力，可是并没有做出重要工作，为什么呢？“这是因为科研成功，还要有机遇。”杨振宁表示，“恰巧这个人在有兴趣又有能力的情况下，他的兴趣和能力与当时有机会发展的科学方向重叠在一起，这个时候他才有成功的希望。”

（资料来源：桂运安．兴趣是创新之源：诺贝尔物理学奖获得者杨振宁谈创新[N]．安徽日报，2015-9-20（02）.）

对创新的强烈兴趣是进行创造活动最重要的心理条件之一。进行创造活动时只要有兴趣就能坚持下去。同时随着创造活动的进行，兴趣的满足并不会使这种兴趣消失，而是会使兴趣丰富，深入和强化，并在此领域继续进行创新活动。兴趣是创新活动的向导，科学工作者对科技创新有兴趣，作家对文学创作有兴趣，艺术工作者对艺术创作有兴趣，这会使他们热衷于相应的创新活动，并以此为乐。

（1）以上材料说明了什么道理？你认为兴趣的作用是什么？

____

____

（2）你身边有没有类似的事例？请举例说明。

____

____

【认知归纳】

一、创新是什么？

创新被认为是人类才智的体现，是推动世界进步的动力和社会发展的源泉。美籍奥地利经济学家约瑟夫·熊彼特在 1912 年出版的《经济发展理论》一书中最早使用了“创新”一词，并在他以后的著作中加以应用和发展。按照熊彼特的观点，创新是新技术、新发明在生产中的首次应用。即“创新”指的是“建立一种新的生产函数”，也就是说，引入一种在生产中从未有过的关于生产要素和生产条件的“新组合”。创新是创造新产品、提供新质量的产品、开辟新市场、开发和使用新原材料或获取原材料新供给来源、采用新技术和新生产方法、实现新企业组织形式的过程。

在当前时代，创新是对已有创造成果的改进、完善和应用。它是建立在已有创造成果基础上的再创造，说明创造成果可以是有形的事物，也可以是无形的事物，如理论、技术、工艺、机构等。学术界对于创新的统一认识是，创新是人类在尊重事物本质和客观规律的前提下，通过能动的创造和变革现有事物，使其更好地适应社会发展活动的过程。

综上所述，创新是指以现有思维模式提出与常规或常人思路和见解有别的新思路，利用现有知识和物质，在特定环境中，本着理想化需要或为满足社会需求，改进或创造新事物、方法、元素、路径、环境，并能获得一定有益效果的行为。创新以新思维、新发明和新描述为特征，是一种概念化过程。它指的是人类提供前所未有的事物的一种活动，包括自然科学和社会科学，从国家政权到百姓生活，涵盖了天文到地理等各个领域。创新过程中，事物由一种形态转变为另一种形态，由不完善形态转变为完善形态，内部构成因素得以有效重组。在这里，“前所未有”只有一种含义，即“首创”。首创是第一个的意思，可以分为狭义创新和广义创新两种类型。

（一）狭义创新

狭义创新立足于将技术和经济结合起来，即创新是从新思想产生到产品设计、试制、生产、营销和市场化的一系列行动。狭义创新相对于其他人或全人类来说，是首创的，真正具有推动社会进步的意义。例如，牛顿发现了万有引力、爱迪生发明了电灯等。狭义的创新可分为以下 3 类。

（1）科学发现，例如转基因技术、干细胞再造技术。

（2）技术创新，例如互联网的发明与应用、DNA 的测序。

（3）理论创新，例如马克思主义哲学思想。

案例

杰夫·贝索斯，亚马逊集团创始人、董事会主席兼首席执行官。20 世纪九十年代，互联网的高速发展给贝索斯带来了创业的思路。他用世界上最长的河流“亚马逊”命名了他的创业项目——网上书店。他毫无争议地率先开启了电子商务的大门，并且亚马逊用自身的超速成长，引领了世界商业模式的革命，也诠释了什么是电子商务。

亚马逊集团属于哪种创新呢？

____

____

（二）广义创新

广义创新力求将科学、技术、教育等与经济融汇起来，即：创新表现为不同参与者和机构（包括企业、政府、大学、科研机构等）之间的交互作用网络。在这个网络中，任何一个节点都可能成为创新行为实现的特定空间。因此，创新行为可以在技术、体制或知识等不同的侧面表现。广义创新可以分为 3 类，分别为集成创新、仿生创新和融合创新。

（1）集成创新是指围绕一些具有较强技术关联性和产业带动性的战略产品和重大项目，将各种相关技术有机融合起来，实现一些关键技术的突破，甚至引起重要领域的重大突破。例如按摩椅、房车。

（2）仿生创新通过仿生学对自然系统中的生物进行分析和类比，模仿它们的结构和功能，从而产生新事物的发明方法。例如蝇眼照相机、水母耳风暴预测仪。

（3）融合创新是在引进先进技术中寻求融合，在融合中创新，包括产品创新、业务流程创新、学科创新。例如地球物理学、社会物理学。

凡事都是先易后难，因此我们更提倡从广义创新开始进行创新学习。一方面，一个人对于某一问题的解决是否具有创造性，不在于这个问题是否有人已经提过或者已经解决，而在于对于他本人来说是否具有创造性，是不是前所未有的。只要我们相对于自己提出了新的观念或新的方法，这就是创新。另一方面，是为了消除创新的神秘感，消除畏难心理。

二、创业是什么？

什么是创业？简单说，创业就是创立事业。而事业是指个人或集体为一定目标而从事的活动。对个人而言，只要从事着社会发展所需要的工作，进行开拓和创新，为社会的发展作出贡献，都应该称为创业。创业包含以下两方面的内容，一是指个人在集体的某一岗位上按照岗位要求并结合自己的发展目标而努力的创业活动，这就是通常所说的“岗位创业”，也称为广义创业；二是指个人或群体创立公司，开办企业等个体行为或群体行为较强的创业活动，如乔布斯创立了美国苹果公司，马化腾和他的团队创立了腾讯公司等。

一些专家学者认为，“创业是一个发现和捕捉机会并由此创造出新颖的产品或服务和实现其潜在价值的复杂过程。”“创业是一种思考、推理和行为方式，这种行为方式是机会驱动、注重方法和领导相平衡。”

创业是突破当前的资源约束，寻求机会进行价值创造的行为过程。创业的前提是突破资源约束，进行资源整合；创业的本质是创新；创业的关键是商业机会的发掘和把握；创业的过程是创造价值、获得价值。综上所述，创业可以从以下 4 个方面理解。

（1）创业是创造出某种“有价值的”新事物的过程。这种新事物必须是有价值的，不仅对创业者本身有价值，对社会也要有价值。价值属性是创业的重要社会性属性，同时也是创业活动的意义和价值所在。

（2）创业需要贡献必要的时间，付出极大的努力。完成整个创业过程，要创造新的有价值的事物，就需要大量的时间，而要获得成功，没有极大的努力是不可能的，而且很多创业活动的创业初期是在非常艰苦的环境下实现的。

（3）承担必然存在的财务、精神、社会及家庭等领域的风险。创业的风险可能有各种不同的形式，取决于创业的领域和创业团队的资源，但通常的创业风险主要是人力资源风险、市场风险、财务风险、技术风险、外部环境风险、合同风险精神方面的风险。创业者应该具备超人的胆识，甘冒风险，勇于承担多数人望而却步的事业。

（4）创业将给创业者带来报酬、金钱、独立自主、个人满足等方面的回报。作为一个创业者，最重要的回报可能是从中获得的独立自主以及随之而来的个人物质财富的满足。对于追求利润的创业者，金钱的回报无疑是重要的，对其中许多人来说，物质财富是衡量成功的一种尺度。通常风险与回报成正比。创业带来的回报既包括物质方面也包括精神方面，它是创业者进行创业的动机和动力。。

三、创业的内涵

对于一个真正的创业者，创业过程充满了激情，也充满了艰辛、挫折、忧虑、痛苦和徘徊，但仍然要坚持不懈地努力。当然，渐进的成功也将带来无穷的欢乐与分享不尽的幸福，无论是挫折与艰辛还是激情与振奋，让我们勇敢地迎接创业的挑战。创业的内涵可归纳为以下 3 点。

（1）创业是一种创新活动，即创业是一种有目的的开创新事业但不局限于创建新企业的活动，开创新事业是创建新企业的基础。

（2）创业是一个过程，即一个始于从变化的环境中发现有利于价值创造并回报社会的机会，经过整合资源使得有用的新创意转化为现实，最后实现价值的过程。

（3）创业是一种思考和行动方式，即受到机会驱动并以机会而非资源为中心的行动方式，是一种边行动边思考的行动方式。

四、创业的要素与创业者的类型

（一）创业的要素

在对创业要素的认知和分析中，蒂蒙斯模型是最为典型的创业要素模型。该模型提炼出了创业的三个关键要素，即创业机会、创业资源与创业团队。蒂蒙斯模型具有动态特征，认为创业过程是三个关键要素相互影响，由不平衡向平衡方向转化的过程。

新企业成功创建的起点是创业机会，而创业机会最重要的特征是设想中的产品或服务具备潜在的市场需求。成功率越高，毛利润、净利润和自由现金流越大，创业机会就越大。当一个强有力的管理团队构思出一个有效推动市场的创业机会时，需要合理利用创业资源设计管理创业战略。一方面，要借助自身的创造性，充分利用有限的资源将价值最大化；另一方面，要设法获取和整合各类战略资源。

企业成功的关键因素之一是创业团队，而团队的核心在于创业带头人。创业者通过调整创业团队来平衡机会、资源和团队，努力实现这三个方面的平衡。创业团队是保持这三者平衡的关键决策因素。

（二）创业者的类型

创业者可以分为生存型创业者和机会型创业者。生存型创业者通常是指那些由于生存压力迫使下，不得不选择创业以获取个人基本生存条件的人。他们属于被动型创业者，仅仅是为了维持生计而创业，以获取必要的生活来源。常见的个体户大多属于生存型创业者。

而机会型创业者则是那些为了抓住当前存在的机会，以实现价值创造而选择自主创业的人。在国内，像张朝阳创办搜狐、李彦宏创办百度等都是典型的机会型创业者案例。机会型创业是一种主动性的创业，创业者通常具有较高的产品或服务科技含量，创建的新企业往往属于成长型企业，具备巨大的发展潜力。

【拓展学习】

王永庆卖米

2008 年 5 月 12 日，汶川发生特大地震，灾情牵动了全国人民和全世界华人的心。著名的台塑集团是第一个向灾区捐款的企业，捐款数额达到了 1 亿元人民币。台塑集团的创始人王永庆先生备受各界推崇，是令人尊敬的华人企业家，被誉为“经营之神”。

早年王永庆是从卖米起步的。王永庆因家贫读不起书，只好去做买卖。16 岁时从老家来到嘉义开了一家米店，那时候小小的嘉义已有近 30 家米店，竞争非常激烈，而他的米店开办最晚，规模最小。没有任何优势，怎么办呢？怎样才能打开销路呢？

那时候所有的米店都是坐等顾客上门，而王永庆却沿街去推销。那时中国台湾地区农业还处在手工作业状态，由于稻谷收割与加工技术的落后，很多小石子之类的杂物很容易掺杂在米里，人们在做饭之前都要得挑出石子，很不方便。但大家都以见怪不怪，习以为常。

王永兴就从这米的质量上找到突破口，他和两个弟弟一起动手，把掺杂在米里的杂物都挑出来，然后再去卖。一时间小镇上的人们都说王永庆卖的米质量好，省去了很多麻烦。这样一传十，十传百，王永庆米店的生意日渐红火起来。

不仅如此，王永庆还增加了送货上门的服务方式，这在当时也是一项创举。更重要的是，在送货上门时，他还做了以下工作。

第一，王永庆在送米上门时精心做一些的统计。比如这户人家有几口人，每天用米量是多少，需要多长时间送一次，每次送多少，他将这些都一一记在本子上。据此估计好下次买米的时间，到时候不等顾客上门，他就主动将相应数量的米送到他的家里。

第二，王永庆在送米的时候还细心为顾客擦洗米缸，记下米缸的容量，如果米缸里还有陈米，他就将陈米倒出来，把米缸擦干净，再把新米倒进去，然后将陈米放在上层，这样陈米就不至于因存放过久而变质。王永庆这一精心的服务使得顾客深受感动，赢得了很多顾客的信任。

第三，王永庆还会了解顾客家发工资的日子，并记录下来，然后在他们发了工资一两天内去讨米钱。

王永庆的精细务实和优质服务，使得他的米店家喻户晓。就是这样，从小小的米店生意开始了他后来问鼎中国台湾地区首富的事业。

从王永庆卖米的成功案例我们可以得到这样的结论：不要以为创新就非得轰轰烈烈，惊天动地。把卖米这样的细小工作做好，同样也是一种了不起的创新。如果我们不能做出相对于全人类首创的事情，可以把范围缩小。只要相对于你的学校，你的班级，乃至你的宿舍，你做了别人没有做的事，那就是创新。

子项目 2　创新与创业的关系

【智者警句】

能正确地提出问题就是迈出了创新的第一步。

——李政道

【内容提要】

- 创新与创业的内在联系是什么？
- 创新与创业的相互作用？
- 创新与创业的关系对我国教育的启示有哪些？

【案例分享】

爱迪生发明电灯的故事

爱迪生认为英国的科学家戴维和法拉第发明的用炭棒作灯丝的电弧灯虽然能发出亮光，但是光线刺眼，耗电量大，寿命也不长，很不实用。于是他下定决心，一定要发明一种灯光柔和的电灯，让千家万户都用得上。

他的实验开始于灯丝材料的选用。用传统的炭条做灯丝，一通电灯丝就断了。用钌、铬等金属做灯丝，通电后，亮了片刻就被烧断。用白金丝做灯丝，效果也不理想。就这样，爱迪生试验了 1600 多种材料。一次次的试验，一次次的失败，并没有让爱迪生退却，他明白，失败乃成功之母，每一次的失败，意味着又向成功走近了一步。

1879年10月，在一次偶然的机会下，爱迪生的老朋友麦肯基来看望他。爱迪生望着麦肯基说话时一晃一晃的长胡须，突发灵感，将麦肯基的几根粗胡子，进行炭化处理，然后装在灯泡里。可令人遗憾的是，试验结果也不理想。正当爱迪生起身准备为这位慈祥的老人送行时，他下意识地帮老人拉平身上穿的棉线外套。突然，他又喊道："棉线，为什么不试棉线呢？"

麦肯基毫不犹豫地解开外套，撕下一片棉线织成的布，递给爱迪生。爱迪生把棉线放在U型密闭坩埚里，用高温处理。爱迪生用镊子夹住炭化棉线。准备将它装在灯泡内。可由于炭化棉线又细又脆，加上爱迪生过于紧张，拿镊子的手微微颤抖，因此棉线被夹断了。最后，费了九牛二虎之力，爱迪生才把一根炭化棉线装进了灯泡。此时，夜幕正在降临，爱迪生的助手把灯泡里的空气抽走，并将灯泡安在灯座上，一切工作就绪，大家静静地等待着结果。接通电源，灯泡发出金黄色的光辉，把整个实验室照得通亮。13个月的艰苦奋斗，试用了6000多种材料，试验了7000多次，终于有了突破性的进展。

但是，这灯究竟会亮多久呢？1小时，2小时，3小时？时间一分一秒地过去，这盏电灯足足亮了45小时，灯丝才被烧断。这是人类第一盏有实用价值的电灯。后来1879年10月21这一天被人们定为电灯发明日，标志着可使用电灯的诞生。

爱迪生并没有陶醉于成功的喜悦之中，而是给自己提出更高的要求——"45小时，还是太短了，必须把它的寿命延长到几百小时，甚至几千小时"。于是，马拉松式的试验又开始了。

爱迪生简直是见到什么东西都想试一试。凡是植物方面的材料，只要能找到，爱迪生都做了试验。结果表明，用竹丝做灯丝效果很好，灯丝耐用，灯泡可亮1200小时。经过进一步试验，爱迪生发现用炭化后的日本竹丝作灯丝效果最好。于是，他开始大批量生产电灯。他把生产的第一批灯泡安装在"佳内特号"考察船上，以便考察人员有更多的工作时间。此后，电灯开始进入寻常百姓家。

后来，人们便一直使用这种用竹丝作灯丝的灯泡。直到1906年，爱迪生改用钨丝作灯丝，并在灯泡内充入惰性气体氮或氩。这样，灯泡的寿命又延长了许多。

爱迪生集发明、创新、创业于一身。他能使一项发明在技术上可行，在商业上可行，并且迎合市场需求。他能为投资者创造利润，使其潜在价值市场化，将创新成果转化为现实生产力，实现社会财富增长，造福人类社会。

【认知归纳】

一、创新与创业的关系

创业的核心是创办企业，是一个从无到有的创新过程。其本质在于把握机会、创造性地整合资源、创新和超前行动。创业从本质上体现着创新的特质。判断创业与非创业、成功的创业或失败的创业活动的基本标志是是否创办企业或者创办企业是否成功。

创新是创业的动力和源泉，创新能力是最重要的创业资本。创业者在创业过程中需要具有持续的创新精神、创新意识，有独特、活跃、科学的思维方式。这样才可能得出有创意的想法和方案，不断寻求新的思路、方法、模式、出路等，最终获得创业成功。创新的价值体现于创业，通过创业可实现创新成果的商品化和产业化，使创新的价值变成具体、现实的社会财富。

创新是创业的基础。在商业环境中，创新旨在通过引入新的产品、服务或商业模式来满足市场需求。而创业则是通过创建新的企业或组织来实现商业价值的过程。在创新的过程中，可能会产生新的商业机会，而这些机会往往需要创业来实现其商业价值。

同时，创业也是创新的重要推动力。创业精神鼓励人们勇于尝试，不断探索新的商业机会。这种精神激发了创新的产生，因为只有通过不断的尝试和探索，才能创造出真正满足市场需求的新产品或服务。

二、创新与创业的融合

创新与创业的融合能够提高企业的竞争力。在现代商业环境中，企业需要不断地进行创新以保持其竞争优势。同时，企业也需要具备创业精神以抓住新的商业机会。只有将创新与创业相结合，企业才能在竞争激烈的市场中立于不败之地。

此外，创新与创业的融合也有助于推动社会经济的发展。创新能够为市场带来新的产品或服务，满足人们的需求。而创业则能够将这些创新转化为实际的商业价值，为社会创造就业机会和财富。以下为促进创新与创业融合的 5 点建议。

（1）培养创新和创业意识。政府、企业和教育机构应加强宣传和教育力度，提高公众对创新和创业的认识和意识。通过培养创新意识，人们能够更好地理解和接受新的思想和方法，从而推动创新的发展。同时，培养创业意识也能鼓励人们勇于尝试和创造，为市场注入更多的活力。

（2）提供良好的政策环境。政府应制定有利于创新和创业的政策，如税收优惠、贷款支持等，为创新和创业提供良好的政策环境。此外，政府还可以设立专门的机构或平台，为创新和创业提供咨询、指导和支持。

（3）加强产学研合作。高校和研究机构是创新的重要源泉，而企业则是创新的实践者。因此，加强产学研合作能够实现优势互补，推动创新和创业的融合。通过合作，高校和研究机构能够为企业提供技术支持和人才培养，而企业则能够为高校和研究机构提供实践和应用的机会。

（4）建设创新文化。创新文化是一种鼓励创新和创业的精神力量。在组织内部，建设创新文化可以激发员工的创造力和创新精神；在组织外部，建设创新文化可以吸引更多的创新者和创业者加入组织中来。通过建设创新文化，能够营造一个有利于创新和创业的环境。

（5）开展国际合作。在经济全球化的背景下，开展国际合作对于促进创新与创业的融合至关重要。通过与国际先进企业和研究机构合作，可以引进先进的技术和管理经验，提高自身的竞争力。同时，也可以为产品和服务开拓更广阔的市场。

创新与创业是相互促进、密不可分的两个过程。二者的动态融合以及相互影响对于创业成功和企业成长至关重要。只有将它们有机地融合在一起，才能充分发挥其潜力并推动社会的发展进步。通过培养创新意识、提供良好的政策环境、加强产学研合作、建设创新文化和开展国际合作等措施可以有效地促进创新与创业的融合。

案例

1975 年 7 月，当美国微软公司刚刚成立的时候，除了比尔·盖茨、保罗·艾伦和他们的秘书之外，可以说是一无所有。然而，凭着比尔·盖茨天才的创新和创业能力，一个引导世界的计算机软件公司诞生了，并在现代高科技企业行列中独领风骚。

三、创业与创新的相互作用

（一）创新是创业的基础和手段

经济学家熊彼特曾提出："创业包括创新和未曾尝试过的技术。"在创业过程中，包括新材料的应用、新产品的开发、新市场的开拓、新管理模式的推行等，都需要创业者具备持续不断的创新思维和创新意识。创业通过创新拓宽商业视野、获取市场机遇、整合独特资源，推进企业成长。因此，创新能力是最重要的创业资本。

（二）创新的价值体现于创业

创新的价值在于将潜在的知识、技术和市场机会转化为现实生产力，实现社会财富增长，造福人类社会。这种转化的根本途径是创业。虽然创业者可能不是创新者或发明家，但必须具备发现潜在商业机会并敢于冒险的特质。创新者也不一定是创业者或企业家，但科技创新成果需要经由创业者推向市场，使其潜在价值市场化，创新成果才能转化为现实生产力，体现了创新与创业的相互关联。

（三）创业推动并深化创新

创业可以推动新发明、新产品或新服务的不断涌现，创造新的市场需求，从而进一步推动和深化科技创新，提高企业或整个国家的创新能力，推动经济增长。科学技术和思想观念的创新在促进物质生产和生活方式的变革方面发挥着关键作用，为社会不断提供新的消费需求。现代创业活动则依赖于科学技术、生产流程和经营理念的创新，创新是新企业诞生的内在支撑和根本保障。

四、创新与创业关系对我国的启示

（一）在实践中充分结合创新和创业

我们不仅要在理论上重视创新与创业的渗透融合与有机集成的研究，还应在实践中将创新和创业结合起来。企业需要成为自主创新和持续创业的主体，以获得核心竞争力和不断成长的动力。通过创新，开拓新的市场领域取得竞争优势，为创业企业提供发展原动力；通过持续创业，将创新成果转化为现实生产，积累企业和社会财富，增强企业实力，推动可持续发展。

（二）加强"产学研"结合

要弘扬创新创业精神、健全创新创业机制、完善创新创业环境，必须加强"产学研”结合。高校、科研院所、企业与社会、政府部门之间的创新与创业应该进行交叉渗透与集成融合，推进科技成果产业化、产业部门创新创业。

（三）创业与创新教育应该互相渗透

创新与创业内在相关，我国高等院校的创业教育与创新教育应相互渗透与融合。教学资源和社会教育资源应优化、整合与集成，以培养创新创业型人才，取得重大突破。

（四）培养复合型人才

创新与创业集成融合的趋势要求高等院校调整人才培养目标，培养“创新创业型人才”而不仅仅是“创新型人才”或“创业型人才”。

【拓展学习】

从“跟跑”到“领跑”宝钢加速推进技术创新

明贵栋

20 世纪 70 年代，经历了十年浩劫的中国经济百废待兴，钢铁工业发展远落后于发达国家，此时应运而生的宝钢，自诞生那一刻就肩负着中国尽快跻身世界钢铁大国行列的历史使命。经过了多年探索实践，宝钢成功地走出一条“引进—消化—吸收—自主创新”的技术发展之路，孜孜追求着从“跟跑”向“领跑”的转变。

宝钢建设初期，国内冶金技术水平与国际先进水平之间还存在着巨大差距，一期工程的设计全部由新日铁承包，设备基本上为全套引进，国产设备仅占 12%，现在常谈的“动态控制”等术语对当时的宝钢人也显得神秘而陌生。技术上仰人鼻息，创新又谈何容易?

但宝钢人并没有让这样的窘态持续下去。二期工程建设，宝钢采取了合作设计、合作制造“的模式，工程设计由国内承担，设备国产化率上升至 61%，而到了三期工程冶炼系统的国内设计，国内技术组成，设备国产化率进一步提高到 80% 以上，采用的 162 项新技术中的 52 项是通过创新、共同开发及从一、二期工程发展而来的：在”十五规划期间，宝钢更不再满足于单体装备和局部技术的开发创新，而是大胆地自主建设大规模的先进生产线，其中 3 号热镀锌生产线和彩涂板生产线完全凭借自己的力量建成。

2006 年年初，宝钢将“走自主创新之路，将产品结构优化的驱动力由设备的引进、项目新建转移到技术创新上来”，正式提上日程；2007 年，借着被定为我国首批创新型企业试点单位之一的东风，宝钢在新一轮六年发展规划中明确提出将“成为拥有自主知识产权和强大综合竞争力、备受社会尊重的世界一流跨国公司”作为公司新一轮发展的基本战略目标，宝钢在技术创新和综合发展的道路上越走越远。

在宝钢历史上，有关技术创新的突出成就不胜枚举：仅用 98 天时间就完成的宝钢分公司二高炉快速大修工程，依靠自主集成创新，填补了国内大型高炉快速大修的技术空白；宝钢有史以来规模最大、难度最高的技改项目二炼钢挖潜改造工程彻底扔掉“洋拐杖”，完全依靠自己的技术力量，不仅有效缓解了分公司铁钢物流的瓶颈，更使宝钢具备了生产自黏结涂层，不锈钢领域顺利冶炼、轧制高端产品 2205 双相不锈钢，特殊钢领域试制完成拥有自主知识产权的新型气阀钢等高技术含量产品。一个个新产品的名称背后，是一代又一代宝钢人“追求世界一流”的远景。

在宝钢历史上，有关技术创新的美丽故事“述”之不竭，技术创新的先进人物也不断地涌现出来。孔利明、王军……一个个响亮的名字述说着三十年来宝钢的创新故事。

（资料来源：明贵栋. 从“跟跑”到“领跑”宝钢加速推进技术创新 [N]. 中国工业报，2008-10-22.）

子项目 3　理解创新创业的意义

【智者警句】

处处是创造之地，天天是创造之时，人人是创造之人。

——陶行知《创造宣言》

有了想法并将之付诸行动比徒有想法更重要。

——创新思维之父 爱德华·德·波诺

【内容提要】

- 创新创业的重要性有哪些?
- 大学生进行创新创业活动的意义?
- 大学生如何规避创业风险?

【案例分享】

中国最富有的人

一点都不夸张地说，如果袁隆平去申请专利的话，他一定可以成为中国最富有的人，但他却把专利无私地贡献给了国家。杂交水稻发明之前，全国最好的稻田亩产量为 400 千克。而现在，大部分稻田亩产在 900 千克左右。2014 年首次实现了超级稻亩产量过 1000 千克的目标。人工杂交水稻技术已经使稻米产量提高了一倍多！袁隆平的杂交水稻技术每年增产的粮食就为世界解决了 7000 万人的吃饭问题！他被誉为“杂交水稻之父”；先后荣获联合国教科文组织“科学奖”和联合国粮农组织“粮食安全保障荣誉奖”等 8 项国际奖项；2010 年 4 月，他荣登“2010 中国心灵富豪榜首富榜”；2014 年 3 月，袁隆平因对粮食安全的贡献，被提名诺贝尔和平奖。袁隆平为此付出的艰辛是常人难以想象的。

1948 年，袁隆平考大学，生在民主气氛很浓的家庭的他最终如愿以偿地跳进了“农门”。之后，他教了 19 年的书，一边教书一边搞科研。

1960 年后，袁隆平决心研究出高产的水稻品种，让更多的人能吃饱饭。当时，雄性不育株的培育是一个世界性难题。但袁隆平坚信，外国人解决不了的难题，中国人一样能解决，而且他根据学到的原理大胆推论：大自然中就应该存在这样的植株。

农业科研和工业的不一样，时效性非常强，农时不等人。1964 年，为了找到水稻雄性不育株，袁隆平每天头顶烈日，脚踩烂泥，低头弯腰，一株一株地在稻田中查看，终于在第 14 天他发现了一株雄性不育的植株。他欣喜若狂。这样的植株是他以后进行科研的关键。1964—1965 年，他又在 14000 多个稻穗中逐穗检查到 6 株雄性不育株，并在此后两年播种中，共有 4 株成功繁殖了 1~2 代。其研究彻底推翻米丘林、李森科的“无性杂交”学说，并推论水稻亦有杂交优势。通过培育雄性不育系、雄性不育保持系和雄性不育恢复系的三系法途径来培育杂交水稻，可以大幅度提高水稻产量。

从1964年发现“天然雄性不育株”算起，34岁的袁隆平和各地的科研小组整整花了6年时间，每年两季先后用1000多个品种，做了3000多个杂交组合育种实验，仍然没有培育出不育株率和不育度都达到100%的不育系来。后来，他们转变思路，跳出栽培水稻的圈子，利用在海南发现的一个新植株进行试验后，这才为杂交水稻技术找到突破口和转机。又经过随后“过五关”的磨难，1974年，袁隆平研制的杂交水稻才具备了大面积推广的条件。

40年过去了，现在已有20多个国家引种杂交稻，联合国粮农组织把在全球范围内推广杂交稻技术作为一项战略计划，袁隆平受聘为联合国粮农组织的首席顾问，到各国进行指导。

袁隆平获得了“首届国家最高科学技术奖”，不仅赢得了中国人民的尊敬和喜爱，而且正像世界杰出的农业经济学家唐·帕尔伯格写的名著《走向丰衣足食的世界》中对袁隆平评价的那样：“他在农业科学的成就击败了饥饿的威胁，他正引导我们走向一个丰衣足食的世界。”

袁隆平凭借创新能力和辛勤研究改变了世界。

（资料来源：李伟，张世辉. 创新创业教程 [M]. 北京：清华大学出版社，2015.）

正在创业的大学生们也许没有取得伟大成就，也不会像成功的企业家那样创造商业奇迹，然而在创业的过程中，他们已经实现了自身的价值。但请相信，每一位大学生在创业的道路上勇往直前，大学生的创业必将成为新时代最美的旋律。让青春的烈火永远燃烧，让创业的梦想没有终点。

【认知归纳】

教育部在《关于大力推进高等学校创新创业教育和大学生自主创业工作的意见》中明确指出：“在高等学校开展创新创业教育，积极鼓励高校学生自主创业，是教育系统深入学习实践科学发展观，服务于创新型国家建设的重大战略举措；是深化高等教育教学改革，培养学生创新精神和实践能力的重要途径；是落实以创业带动就业，促进高校毕业生就业的重要措施”。

政府高度重视高校创新创业教育活动的发展，坚持强基础、搭平台、重引导的原则，打造良好的创新创业教育环境，优化创新创业的制度和服务环境，营造鼓励创新创业的校园文化环境，着力打造构建全覆盖、分层次、有体系的高校创新创业教育体系。

一、创新创业的重要性

（一）促进经济发展

创新创业是推动经济发展的重要力量，可以创造新的就业机会，提高生产力和经济效益，促进经济增长和社会发展。

（二）改善生活质量

创新创业可以带来更好的生活质量，为人们提供更多的选择和便利，改善人们的生活品质和生活水平。

（三）促进社会进步

创新创业是推动社会进步的重要动力，可以推动科技和文化的进步，促进社会的发展和进步。

（四）激发个人创造力

创新创业可以激发个人的创造力和创新精神，提高个人的竞争力和创新能力，为个人的成长和发展提供机会。

（五）促进就业和创业

创新创业是促进就业和创业的重要途径，可以为人们提供更多的就业机会和创业机会，促进社会的稳定和谐发展。

二、大学生进行创新创业活动的意义

（一）有利于缓解大学生就业压力

大学生创业能力有利于解决大学生就业难的问题。创业能力是一个人在创业实践活动中的自我生存、自我发展的能力。一个创业能力很强的大学毕业生不但不会成为社会的就业压力，相反还能通过自主创业活动来增加就业岗位，以缓解社会的就业压力。

（二）有助于提高大学生的实践能力

目前，大学生就业市场的竞争日益激烈，企业招聘大学生，既要看毕业学校，还要看大学生实践经验，而实践能力水平的高低成为用人单位选贤任能的重要标准之一。学生可以通过自主创业这一平台提高他们的实践能力，积累更多实践的经验以及社会经验，提前为毕业后进入好公司打好基础。

（三）有利于大学生自我价值实现

大学毕业生通过自主创业，可以把自己的兴趣与职业紧密结合，做自己最感兴趣、最愿意做和自己认为最值得做的事情。在五彩缤纷的社会舞台中大显身手，最大限度地发挥自己的才能，并获得合理的报酬。

（四）有利于培养大学生的创新精神

近年来，随着商品经济时代的飞速发展，只有具有创新意识和创新思想才能在激烈的竞争中脱颖而出。在创业过程中，学会逻辑分析，全方位思考，面对问题不断改进、不断创新，提高了思维的活跃性。

创新创业是大学生毕业之后的一条出路，但不是唯一的出路。在社会呼吁自主创业的大环境之下，我们大学生必须结合自身的优缺点，权衡利弊，慎重考虑各方面的因素，才好做出自己的正确的选择。

案例

“我们是风华正茂的大学生，我们精力充沛，我们拥有知识，我们就该敢闯敢拼。”这句话来自辽宁省大学生自主创业先进个人杨健。他从大二开始创业，从学生门户网站开始到创办公司，一次次失败，但他并没有被困难打倒。即使身无分文，只剩一名员工，他创业的理想也没有泯灭。后来，他在失败中看到了动漫产业的前景，抓住了快速发展的先机，公司迅速成为动漫领域的知名企业。

创业不是一件瓜熟蒂落的事情，创新创业本身就是一个从无到有的过程，只要有信心和勇气，哪怕经历再多的失败，最终都会取得成功。

三、规避大学生创业陷阱

（一）项目选择太过于盲目

大学生在选择创业项目时大多集中在智力服务领域和高科技领域，如网络服务、软件开发、网页制作、设计工作室等。此外，快餐、零售等连锁加盟店也备受大学生青睐。但是，大学生并不了解市场。如果缺乏前期的市场调研和论证，只是凭自己的兴趣和想象来决定投资方向，甚至仅凭一时心血来潮，往往会以失败告终。

大学生创业者在创业初期一定要做好市场调研。也可委托专业机构进行可行性研究，了解市场以后再创业。

（二）缺乏创业技能

很多大学生创业者眼高手低，既不了解创业的相关政策法规，也没有在相关企业的工作、实践经历。缺乏能力和经验，却对创业的期望值非常高。当创业计划转变为实际操作时，才发现自己根本不具备解决问题的能力，这样的创业无异于纸上谈兵。

市场瞬息万变，时刻都有风险。但不会有人及时提醒你风险在哪里，防范风险只能靠自己增加本领。大学生创业者应该做到以下两个方面，一方面是去企业打工或实习，积累相关的管理和营销经验。另一方面是积极参加创业培训，积累创业知识，接受专业指导，提高创业成功率。

（三）融资渠道单一

资金难筹几乎是每一个大学生创业者都会遇到的难题。银行贷款申请难、手续复杂，如果没有更广阔的融资渠道，创业计划只能是一纸空谈。

大学生创业者应该广开渠道，除了银行贷款、自筹资金、民间借贷等传统方式外，还可以充分利用风险投资、天使投资、创业基金等融资渠道。

（四）社会资源贫乏

由于长期身处校园，大学生掌握的社会资源非常有限，而企业创建、市场开拓、产品推介等工作都需要调动社会资源，大学生在这方面会感到非常吃力。

大学生创业者应在平时多参加各种社会实践活动，扩大自己人际交往的范围。创业前，可以先到相关行业领域工作一段时间，通过这个平台，为自己日后的创业积累人脉。

（五）管理过于随意

由于长期接受应试教育，不熟悉经营“游戏规则”，一些大学生创业者虽然在技术上出类拔萃，但理财、营销、沟通、管理方面的能力普遍不足。此外，一些人存在一定的性格缺陷，如自以为是、刚愎自用等，这些都会影响创业成功率。

【拓展学习】

融资诈骗案例分析

小王投资了8万元开了一家小企业，企业发展势头良好，他一心想要通过融资扩大业务，可资金有限。他先后找过很多家风险投资公司和投资中介公司，都没有成功。就在小王想要放弃的时候，遇到了一家投资公司，表示对这个项目有兴趣。该投资公司自称是大型国有企业下属的风投公司，有项目部、高级投资分析师、总监，对小王的项目询问得非常仔细，评价也很好，分析师给出的可行性报告非常专业。当时，小王非常满意，因此投资公司提出要考察项目的真实性，并且需要由项目方预付考察费时，他没有丝毫犹豫。转账以后，小王发现那家投资公司的电话和分析师的手机号全部变成了空号……

分析以上案例回答如下问题。

（1）小王创业遇到了什么问题?

（2）大学生创业应该如何规避创业陷阱?

对创业者而言，除了要对投资公司的背景进行全面调查，还要保持警惕的心态，特别是对于各种付款要求，要高度警醒，必要时要用法律合同保障自己的权益。

项目 2　测试题

本测试没有规章，学生可以随意走动；可以随时观察和参与其他活动；需要时可以休息。如果愿意，也可以坐在地板上。测试分为两个部分，第一部分是班级内的每名学生填写《相识有创新创业能力的我》问卷；第二部分为讨论环节。

1. 填写问卷

《相识有创新创业能力的我》

班级：	姓名：
我的姓名是 ________________。 我是一名 ________________。 我利用五种感官来介绍自己： 我看起来像 ________________。 我闻起来像 ________________。 我摸起来像 ________________。 我听起来像 ________________。 我品尝起来像 ________________。 我最近的冒险经历是 ________________。	

2. 讨论

（1）如何评价这种用右脑思维介绍自己的方式？

（2）你认为这次训练中可能遇到的最糟糕的事情是什么？

项目 3　认识创新

子项目 1　增强创新意识

【智者警句】

对于创新来说，方法就是新的世界，最重要的不是知识，而是思路。

——郎加明

若无某种大胆放肆的猜想，一般是不可能有知识的进展。

——爱因斯坦

【内容提要】

- 何为创新意识？
- 创新意识的内涵是什么？
- 创新意识有哪些作用？
- 创新意识有哪些类型？

【案例分享】

鲁班发明锯的故事

相传有一年，鲁班接受了建筑一座巨大宫殿的任务。这座宫殿需要很多木料，他和徒弟们只好上山用斧头砍树，效率非常低。一次上山的时候，由于他不小心，无意中抓了一把山上长的一种野草，却一下子将手划破了。鲁班很奇怪，一根小草为什么这样锋利？于是他摘下了一片叶子来细心观察，发现叶子两边长着许多小细齿，用手轻轻一摸，这些小细齿非常锋利。他明白了，他的手就是被这些小细齿划破的。

后来，鲁班又看到一只大蝗虫在一株草上啃吃叶子，两颗大板牙非常锋利，一开一合，很快就吃下一大片。这同样引起了鲁班的好奇心，他抓住一只蝗虫，仔细观察蝗虫牙齿的结构，发现蝗虫的两颗大板牙上同样排列着许多小细齿，蝗虫正是靠这些小细齿来咬断草叶的。这两件事给了鲁班很大启发。

于是他就用大毛竹做成一条带有许多小锯齿的竹片，然后到小树上去做试验，结果是几下子就把树干划出一道深沟，鲁班非常高兴。但是由于竹片比较软，强度比较差，不能长久使用，拉了一会儿，小锯齿有的断了，有的变钝了，需要更换竹片。鲁班想到了铁片，便请铁匠帮助制作带有小锯齿的铁片。鲁班和徒弟各拉一端，在一棵树上拉了起来，只见他俩一来一往，不一会儿就把树锯断了，又快又省力，锯就这样发明了。

在鲁班之前，肯定会有不少人碰到手被野草划破的类似情况，为什么单单只有鲁班从中受到启发，发明了锯，这无疑值得我们思考。大多数人只是认为这是一件生活小事，不值得大惊小怪，他们往往在治好伤口以后就把这件事忘掉了。而鲁班却有比较强烈的好奇心和正确的想法，很注意对生活中一些微小事件的观察、思考和钻研，从中找到解决问题的方法和思路，甚至获得某些创造性的发明。

留意生活中许多不起眼的小事，勤于思考，会增长许多智慧。

【认知归纳】

一、创新意识的定义

创新意识是创新型人才必须具备的条件之一。它是人们对创新与创新的价值性、重要性的一种认识水平、认知程度，以及由此形成的对待创新的态度。创新意识的培养和开发是培养创新型人才的起点。所谓创新意识是指人们根据社会和个体生活发展的需要，引起创造新事物的观念和动机，并在创造活动中表现出来的意向、愿望和设想。它是人类意识活动中的一种积极的、富有成果性的表现形式，是人们进行创造活动的出发点和内在动力，是创造性思维和创造力的前提。

二、创新意识的内涵

创新意识包括创造动机、创造兴趣、创造情感和创造意志。

（1）创造动机是创造活动的动力因素，能推动和激励人们发动和维持进行创造性活动。

（2）创造兴趣能促进创造活动的成功，是促使人们积极探求新奇事物的一种心理倾向。

（3）创造情感是引起、推进乃至完成创造的心理因素，只有具有正确的创造情感才能使创造成功。

（4）创造意志是在创造中克服困难，冲破阻碍的心理因素，创造意志具有目的性、顽强性和自制性。

案例

2014年7月，4位诺贝尔奖获得者到北京演讲。每场演讲结束后，都会留出10分钟的时间进行互动提问。但非常可惜的是全场竟没有一人提问。他们不解地说："难道我们的理论就那么完美无缺，一点问题都提不出来吗？太不可思议了！"

这个案例反映了什么问题?

世上没有愚蠢的提问者，人们总是在不断地提问中获取新知，逐渐接近事物的真谛。世界上所有取得科学成就的人都是善于提问、敢于向权威发起挑战的人，同时也是具有创新意识的人。

三、创新意识的类型

创新意识通常包括以下六种类型。

（一）综合创新意识

综合是指将研究对象的各个方面、各个部分和各种因素联系起来加以考虑，从整体上把握事物的本质和规律。综合创新意识是通过综合法则发挥创新功能，寻找新的创造。

综合不是简单地将对象的各个构成部分相加，而是按照它们之间的内在联系合理组合，使综合后的整体作用导致创造性的新发现。

案例

牛顿综合了开普勒的天体运行定律和伽利略的运动定律，创造了经典力学；门捷列夫综合了已知元素的原子属性与原子量、原子价之间关系的事实和特点，发现了元素周期律。。

综合创新通常有两个主要途径，分别为非切割式综合和切割式综合。非切割式综合即直接将两种或两种以上的事物保持各自完整，形成综合创新模式；切割式综合则是截取两种或两种以上事物的某些要素，然后有机地组合成新的事物，形成综合创新模式。

案例

双万向联轴器就是将两个单万向联轴器进行非切割式综合，使其传动性能大大改善。而集火箭技术、宇航技术和飞机技术于一体的"航天飞机"的问世，则是切割式综合创新的典范。

（二）反向创新意识

反向创新是将思考问题的思路反转过来，从构成要素中对立的另一面来思考，以寻找解决问题的新途径、新方法。反向创新法亦称为逆向创新法。一般有三个主要途径：功能性反求、结构性反求和因果关系反求。

案例

人们在加热食物时通常会将食物放在热源的上方，即使在热源形式改变的情况下，人们仍然保持这种安排。夏普公司最初设计的煎鱼锅也按照普通加热锅的形式设计，但在使用过程中发现，当加热鱼时，鱼体内的油滴落到热源上会产生大量烟雾，导致污染。通过逆向创新，设计者提出是否可以改变热源和鱼的相对位置，即将热源放在上方，鱼放在下方。基于这一设计思路，他们将热源放在煎鱼锅的上方，成功研制出了采用上方加热方式的无烟煎鱼锅。

另外，法拉第从人们公认的"电流产生磁场"的原理出发，设想"磁能产生电"，提出了电磁感应定律。经过9年时间的实验和探索，最终证实了电磁感应现象，并基于这一原理成功研制出了世界上第一台发电机。

在宋代，司马光砸缸救小孩就是逆向思维法的典型例子。他不是采用将小孩拉出来的方法，而是通过砸水缸让水流走的方式来救小孩。

逆向创新要克服思维定式的约束，并对熟悉的事物持陌生的态度，用新的观点、从新的角度去看待事物。

（三）还原创新意识

还原法是回到根本，回到事物起点的方法。在创新意识中，还原创新意识即是指暂时放下所研究的问题，回到驱使人们创新的基本出发点。

案例

例如无叶风扇的设计是基于电风扇使空气快速流动的原理而创造出来的。人们设计出用压电陶瓷夹持金属板，通电后金属板震荡，导致空气加速流动从而制造出新型风扇。与传统的旋转叶片式电风扇相比，无叶风扇具有体积小、重量轻、耗电少、噪声低等优点。

（四）移植创新意识

移植创新指吸收、借用其他学科领域的技术成果来开发新产品。其基本模式如图 3-1-1 所示。

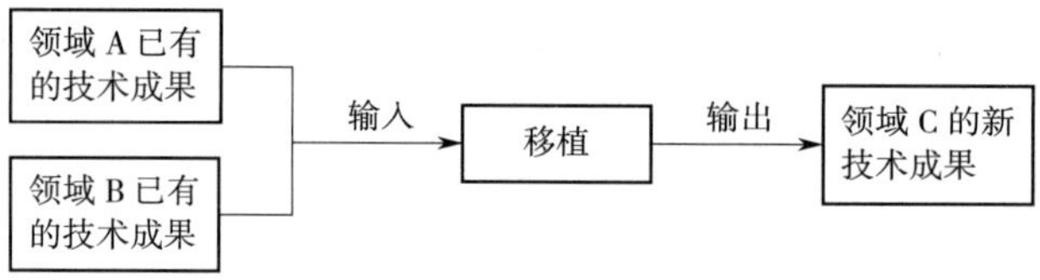

图 3-1-1　移植创新基本模式

（五）分离创新意识

分离创新是指将某个创造对象分解或离散成多个要素，然后抓住关键要素进行设计创新。分离创新的基本途径一般有两个：一是结构分离，即对已有产品结构进行分解，并寻找创新的模式；二是市场细分，即按消费者的需求、动机及购买行为的多元性和差异性，将整体市场划分为若干子市场，即将消费者分为若干类型的消费群。因此，也可以根据市场细分理论进行创新思考。通常，以职业、年龄、性别、地域、环境等市场变量作为细分标准，然后按照形成的差异的原则进行创新设计。

案例

电冰箱一直是家庭中不可或缺的电器，而车载冰箱的设计则体现了发明者对市场细分的思路。

（六）价值优化创新意识

设计创造具有高价值的产品是人们追求的重要目标。价值优化或提高价值的指导思想也是创新活动应遵循的理念。价值优化设计有以下 5 种途径。

（1）保持产品功能不变，通过降低成本，达到提高价值的目的。

（2）在不增加成本的前提下，提高产品的功能质量，以实现价值的提高。

（3）虽然成本有所增加，但使功能大幅度提高，从而提高价值。

（4）虽然功能有所降低，但成本却能大幅度下降，从而提高价值。

（5）不仅使功能增加，同时也使成本下降，从而使价值大幅度提高。这是最理想的途径，也是价值优化的最高目标。

练习

假设你是某乳品公司营销部门经理，有一批积压的纯牛奶，还有 15 个工作日就要过期，这时经讨论需要快速地清理库存，目前决定采取促销的策略，你怎么处理能够实现价值优化？请从促销人群、促销范围及促销形式几方面设计方案。

四、创新意识的作用

第一，创新意识是决定一个国家、民族创新能力最直接的精神力量。在今天，创新能力就是国家、民族发展能力的代名词，是一个国家和民族解决自身生存、发展问题及能力大小的最客观和最重要的标志。

第二，创新意识促成社会多种因素的变化，推动社会的全面进步。创新意识根源于社会生产方式，它的形成和发展必然进一步推动社会生产方式的进步，从而带动经济的飞速发展，促进上层建筑的进步。创新意识进一步推动人解放思想，有利于人们形成开拓意识、领先意识等先进观念。创新意识会促进社会政治向更加民主、宽容的方向发展，这是创新发展需要的基本社会条件。这些条件反过来又促进创新意识的扩展，更有利于创新活动的进行。

第三，创新意识能促成人才素质结构的变化，提升人的本质力量。创新实质上确定了一种新的人才标准，它代表着人才素质变化的性质和方向，它输出着一种重要的信息：社会需要充满生机和活力的人、有开拓精神的人、有新思想道德素质和现代科学文化素质的人。它客观上引导人们朝这个目标提高自己的素质，使人的本质力量在更高的层次上得以确证。它激发人的主体性、能动性、创造性的进一步发挥，从而使人的自身内涵获得极大的丰富和扩展。

五、大学生创新意识的现状

大学生缺乏创新意识和创新能力的表现主要体现在以下 4 个方面。

（1）缺乏创新的观念和创新欲望。

（2）缺乏创新性思维能力。

（3）缺乏创新的兴趣和毅力。

（4）缺乏创新所必需的毅力。

另外，随着网络的盛行、西方思想的传入和现在中国社会所面临的种种压力等问题的日益呈现，当代大学生的思想和行为活动也出现了很大的分离，譬如各种心理问题和道德修养缺陷等，这些无疑都给当代大学生创新能力的提高设置了障碍。从中国大学生的创新现状分析，不断培养大学生的创新素质，提高大学生的核心竞争力，已成为迫在眉睫的重大工程，重视培养大学生的创新能力并“紧急治疗”大学生在创新问题上犯下的“疾病”有着迫切的必要性。

六、大学生创新意识的培养

创新意识的培养要注重以下 4 个方面。

（1）培养求知欲。学而创，创而学这是创新的根本途径。大学生要具备勤奋求知精神，不断地学习新知识，才能在自主创新中发挥生力军作用。

（2）培养好奇欲。将蒙昧时期的好奇心向求知时期的好奇心转化，这是坚持、发展好奇心的重要环节。要对自己接触到的现象保持旺盛的好奇心，要敢于在新奇的现象面前提出问题，不要怕问题简单，也不要怕被人耻笑。

（3）培养创造欲。不满足于现成的思想、观点、方法及物体的质量、功用，要经常思考如何在原有基础上创新发明、推陈出新，大脑里经常有“能否换个角度看问题？有没有更简捷有效的方法和途径”等问题盘旋。

（4）培养质疑欲。“学起于思，思源于疑”。有疑问才能促使思考，去探索，去创新。因此，要鼓励青年大胆质疑、提出多种解决问题的方案及最佳方法。从多角度培养大学生的思维能力，激励大学生创新。一定要以锐不可当的开拓精神，树立和提高自己的自信心，既要尊重名人和权威，虚心学习他们的丰富知识经验，又要敢于超过他们，在他们已进行的创造活动的基础上，再进行新的创造。

除此以外，大学生创新意识的培养还需要拥有创新的热情、鼓励创新的勇气与树立自信心；提升知识结构、实验和动手技能以及思维方法等综合实力；去除“先入为主”的意识定势、“轻车熟路”的知觉定势，再加上“师道尊严”的尊师定势等，这些都是对创新意识的严重约束和阻碍。

总之，创新意识的培养是一种严肃、严密、严格的创造活动，也要按客观规律办事；不能把创新意识培养简单化、表象化和庸俗化，降低创新精神的科学性和严肃性。在培养创新意识的过程中一定要注意树立科学的创新理念，要有创新思想和创新实践，明确创新的真实含义，允许在创新过程中犯错误，增强培养创新意识的信心、勇气和能力，只有大胆地试、大胆地闯，才会尽快成长起来。

【拓展学习】

特色超市生意惨淡

小丽一直想自己做老板，看到邻居在小区里开了一家超市，收益一直不错，颇为心动。小丽想，如果想生意好，避免恶性竞争，那么自己的商品需要有特色。她想到自己在上大学时，学校里有好几家超市，其中有一家生意最好，因为这家店里除了卖油盐酱醋茶等大众商品外，还卖一些颇有特色的奶酪、芝士、果酱等西餐调味品。于是，小丽征得父母的同意，筹集了四万元钱做启动资金，租了小区内一个库房作为店面，开了一家超市，将所售商品范围集中在西餐调味品。但是经营了两个月后，小丽的生意非常不好。

为什么同样是食品杂货店，邻居可以干得红红火火，小丽的店就经营惨淡呢？难道是因为过于强调了小店的特色？

自食其力的想法和创新意识是值得肯定的，她创业失败的原因主要是创新的方法不正确，她并没有深入地了解小区中居民的需求，导致超市的特色和顾客的实际需求不匹配，小店关门也就不奇怪了。我们鼓励大家的创新精神和创新意识，同时要注意掌握创新的方法。

子项目2　训练创新思维

【智者警句】

如果学习只在模仿，那么我们就不会有科学，也不会有技术。

——高尔基

一个具有天才的禀赋的人，绝不遵循常人的思维途径。

——司汤达

【内容提要】

- 创新思维的概念。
- 创新思维的方式。

【案例分享】

拿破仑：打破常规

拿破仑在滑铁卢战役失败之后，被终身流放到圣赫勒拿岛。他在岛上过着十分孤独和寂寞的生活。后来，拿破仑的一位密友，秘密赠给他一副象棋。这位赫赫有名的囚犯对那副精制而珍贵的象棋爱不释手，常常一个人默默地下象棋，无可奈何地打发着孤独和寂寞的时光，直至慢慢地死去。拿破仑死后，那副象棋多次高价转手拍卖。

有一天，那位象棋的持有者偶然发现，象棋中的一个棋子底部是可以打开的。当这个人打开这个棋子的底部后，不禁惊呆了，里面竟密密麻麻地写着如何从圣赫勒拿岛逃生的详细计划。可是，拿破仑没有从象棋中领悟到朋友的良苦用心和象棋中的奥秘。拿破仑大概做梦也不会想到，自己最后竟然死在常规思维的陷阱里。

如果他能用南征北战时兵不厌诈的思维方法来思考一下象棋可能蕴涵的其他功能，上帝很可能会再一次地向他祝贺与微笑。

（资料来源：豆丁网，http：//www.docin.com/p-1989864807.html）

【认知归纳】

一、创新思维的概念

创新思维，又称创造性思维，是指发明或发现前人和同时代人所不曾创立的理论、知识、技术、方法、实物、模型等的思维活动和思维结果。它是一个相对概念，是相对于常规思维而言的。常规性思维是从已有的知识和经验中引申出解决问题的方案，或者运用已有的知识和经验去重复的解决前人已经解决的问题。而创新思维不是照搬书本知识和过去的经验去解决问题，而是根据实际情况，突破理论权威以及现成的规律、方法和思维定式的束缚，以新颖方式和多维角度独立思考、首创性解决问题。

二、创新思维的方式

（一）发散思维

发散思维是指大脑在思维时呈现的一种扩散状态的思维模式，比较常见，它表现为思维视野广阔，思维呈现出多维发散状。发散思维又称辐射思维、放射思维、扩散思维或求异思维。

1. 发散思维的特点

（1）流畅性。流畅性是思维对外界刺激做出反应的能力，是观念的自由发挥，指在尽可能短的时间内生成并表达出尽可能多的思维观念以及较快地适应、消化新的思想观念。它是以思维的量来衡量的，要求思维活动畅通无阻，灵敏迅速。机智与流畅性密切相关。流畅性反映的是发散思维的速度和数量特征。

（2）变通性。变通性是克服人们头脑中某种自己设置的僵化的思维框架，按照某一新的方向来思索问题的过程。变通性指的是思路开阔，善于根据时间、地点、条件等的变化，迅速灵活地从一个思路跳到另一个思路，从一种意境进入另一种路径，需要借助横向类比、跨域转化、触类旁通，使发散思维沿着不同的方面和方向扩散，表现出极其丰富的多样性和多面性。

（3）独特性。独特性指人们在发散思维中做出不同寻常的异于他人的新奇反应的能力。具有一定范围的首创性、开拓性。独特性是发散思维的最高目标。

（4）多感官性。发散型思维不仅运用视觉思维和听觉思维，而且也充分利用其他感官接收信息并进行加工。发散思维还与情感有密切关系。如果思维者能够想办法激发兴趣，产生激情，把信息情绪化，赋予信息以感情色彩，会提高发散思维的速度与效果。

2. 发散思维的表现形式

（1）立体思维。

立体思维也称“多元思维”“全方位思维”“整体思维”“空间思维”或“多维型思维”，是指跳出点、线、面的限制，能从上下左右，四面八方去思考问题的思维方式，也就是要“立起来思考”。

案例

一位心理学家曾经出过这样一个测验题：在一块土地上种植四棵树，使得每两棵树之间的距离均相等。受试的学生在纸上画了一个又一个的几何图形，正方形、菱形、梯形、平行四边形……然而，无论什么四边形都不行。这时，心理学家公布了答案，其中一棵树可以种在山顶上！这样，只要其余三棵树与之构成正四面体的话，就能符合要求了。这些受试的学生考虑了那样长的时间却找不到答案，原因在于他们没有学会使用一种创造性的方法——立体思维法。

人们进行思维活动时总会受过去的生活经验和已有思维方式的影响。对于这些受试者来说，平面几何是他们比较熟悉的知识。于是，当他们碰到几何问题的时候，也往往先从平面几何而不是立体几何的角度来进行思考。这时，被他们所牢固掌握的平面几何也就成了他们思考问题的框框，也就想不出正确的结果。

（2）平面思维。

平面思维是指人的各种思维线条在平面上聚散交错，也就是哲学意义上的普遍联系，这种思维更具有跳跃性和广阔性，联系和想象是它的本质。我们通常所说的形象思维属于平面思维的范畴。

联系和想象是平面思维的核心，其特点通常表现为事项之间的跳跃性连接，在这一思维的过程中，它受到逻辑的制约，反过来又常常受到联想的支持，否则思维的流程就会被堵塞。

案例

我国古代著名人物诸葛亮，擅于用“兵”是众所周知的，一般人可能认为只有

“人”才可以当“兵”用，但在诸葛亮的思维中，水、火是“兵”，草、木皆“兵”，更可以借东风以作“兵”用，他可以想到比“人”更多的事物抵挡“兵”用，这就是平面思维的效果。

案例

“龙”是中国古代的一种虚构的神物，它的形象是许多动物形象中最神奇的部分放在平面上组合而成的。汉代学者王充就曾指出过，龙的角像鹿、头如驼、眼睛如兔、颈如蛇、腹似蜃、鳞如鲤、爪似鹰、掌如虎、耳朵像牛。这不能不说是古人平面思维的结晶。

（3）逆向思维。

逆向思维也叫求异思维，它是对司空见惯的似乎已成定论的事物或观点反过来思考的一种思维方式。敢于“反其道而思之”，让思维向对立面的方向发展，从问题的相反面深入地进行探索，树立新思想，创立新形象。当大家都朝着一个固定的思维方向思考问题时，而你却独自朝相反的方向思索，这样的思维方式就叫逆向思维。

与常规思维不同，逆向思维是反过来思考问题，是用绝大多数人没有想到的思维方式去思考问题。运用逆向思维去思考和处理问题，实际上就是以“出奇”去达到“制胜”。因此，逆向思维的结果常常会令人大吃一惊，喜出望外，别有所得。比如司马光砸缸，有人落水，常规的思维模式是“救人离水”，而司马光面对紧急险情，运用了逆向思维，果断地用石头把缸砸破，“让水离人”，救了小伙伴性命。

案例

有一道趣味题是这样的：有四个相同的瓶子，怎样摆放才能使其中任意两个瓶口的距离都相等呢？可能我们琢磨了很久还找不到答案。那么，办法是什么呢？原来，把三个瓶子放在正三角形的顶点，将第四个瓶子倒过来放在三角形的中心位置，答案就出来了。把第四个瓶子“倒过来”，多么形象的逆向思维啊！

案例

再比如某时装店的经理不小心将一条高档裙子烧了一个洞，其身价一落千丈。如果用织补法补救，也只是蒙混过关，欺骗顾客。这位经理突发奇想，干脆在小洞的周围又挖了许多小洞，并精心修饰，将其命名为“凤尾裙”。一下子，“凤尾裙”销量大增，该时装商店也出了名。逆向思维带来了可观的经济效益。无跟袜的诞生与“凤尾裙”异曲同工。因为袜跟容易破，一破就毁了一双袜子，商家运用逆向思维，试制成功无跟袜，创造了非常好的商机。

在创造发明的路上，更需要逆向思维，逆向思维可以创造出许多意想不到的人间奇迹。

（4）侧向思维。

侧向思维又称“旁通思维”，它是沿着正向思维旁侧开辟出新思路的一种创造性思维。通俗地讲，侧向思维就是利用其他领域里的知识和资讯，从侧向迂回地解决问题的一种思维形式。是要你避开问题的锋芒，从侧面去想，是在最不打眼的地方，也就是次要的地方，多做文章，把它挖掘出来，并把它的价值扩大。这样往往会有意想不到的效果，会更简单更方便。

案例

一只乌鸦想喝水，看到一只瓶子里有水，但水又深，瓶口又小，脑袋又大，伸不进去，乌鸦无法直接喝到水。怎么办呢？就需要把注意力引向瓶外事物，看到瓶子旁边有许多小石子，受到了启发：石子有一定的体积，可以利用它把水面升高。于是，乌鸦把石子一粒又一粒地叼进瓶子里，瓶内的水面逐渐升高到乌鸦嘴巴够得着的位置，乌鸦终于喝到了水。

乌鸦解决喝水问题，先做的不是直接与喝水有关的事情，而是解决水面升高的问题。叼石子，水面升高了，水面升高的问题解决了，喝水也就迎刃而解了，这就是一种侧向思维。

（5）横向思维。

横向思维是一种打破逻辑局限，将思维往更宽广领域拓展的前进式思考模式，它的特点是不限制任何范畴，以偶然性概念来逃离逻辑思维，从而可以创造出更多匪夷所思的新想法新观点新事物的一种创造性思维。横向思维是相对于纵向思维而言的一种思维形式。纵向思维是按逻辑推理的方法直上直下的收敛性思维。而横向思维是当纵向思维受挫时，从横向寻找问题答案。

案例

两个妇女被带到所罗门（Solomon）王面前，她们都自称是一个婴儿的母亲。所罗门下令拟将那个婴儿切成两半，给两个妇女一人一半。所罗门的本意是要处以公正，将婴儿救下，但这条命令乍听起来显然与此背道而驰。然而最终的结果是发现了真正的母亲：她宁愿让另一个母亲占有自己的孩子也不愿让他死去。纵向思维是需要步步正确，但横向思维可能绕个弯，甚至是逆向而行，却有效地解决了棘手的难题。

（6）多路思维。

多路思维是指解决问题时不是一条路走到黑，而是从多角度、多方面思考，这是发散思维最一般的形式（逆向、侧向、横向思维是其中的特殊形式）。多路思维要求思考者要善于一路又一路地想问题，而不要在“一条道上摸到黑”。

案例

以“电线”为材料，设想它的各种用途，学生们自然地把它和“电”“信号”等概念联系起来，将它作为导体；也可以把它当作绳用来捆东西、扎口袋等。但如果你将电线按照质量、材质、体积、长度、韧性、直线、轻度等要素再去思考，你会发现电线的用途无穷无尽。比如，“电线”可加工成纺织使用的针，弯曲后可以做鱼钩，可以做成弹簧，经缠绕加工制成电磁铁，铜丝熔化后可用于铸铜字、铜像，变形加工可以做文字拼图，做运算符号进行运算等。

多路思维需要涉及各方面的知识，同时还要综合社会生活经验，这就需要同学们在日常生活中细心观察，认真学习，拓宽知识面，从不同角度、不同逻辑起点、不同思维程序考察客观事物，要敢于冲破陈规陋习的束缚，进行创造性思维。

（7）组合思维。

组合思维又称“联接思维”或“合向思维”，是指把多项貌似不相关的事物通过想象加以连接，从而使之变成彼此不可分割的新的整体的一种思考方式。

组合思维形式主要分为以下 6 种。

1）同类组合。

同类组合是若干相同事物的组合。参与组合的对象在组合前后基本原理和结构一般没有根本的变化。往往具有组合的对称性或一致性的趋向。

案例

如双向拉锁、双层文具盒、双头绣花针、三合米、鸡尾酒、双排订书机、多缸发动机、双头液化气灶、三面电风扇、3000个易拉罐组合在一起的汽车、塔等。

2）异类组合。

异类组合是两种或两种以上不同领域的技术思想的组合、两种或两种以上不同功能物质产品的组合。组合对象（技术思想或产品）来自不同的方面，一般无主次关系。参与组合的对象从意义、原子、构造、成分、功能等任一方面和多方面互相渗透，整体变化显著。异类组合是异类求同的创新，创新性很强。

案例

我国云南哀牢山彝族将火药、铅块、铁矿石碴、铁锅碎片等物放入一个掏尽籽的干葫芦里，在葫芦颈部塞入火草作为引火物，把葫芦装进网兜。这就是一个异类组合创造——“葫芦飞雷”，“葫芦飞雷”被称为世界上最早的手榴弹。被组合的东西（火药、铅块、铁矿石碴、铁锅碎片等物）是旧的，组合的结果（“葫芦飞雷”）是新的。把旧变新、由旧出新，这就是创造。

3）重组组合。

重组组合就是在事物的不同层次分解原来的组合，然后再按照新的目标重新安排的思维方式。

重组作为手段，可以更有效地挖掘和发挥现有技术的潜力。如飞机的螺旋桨装在尾部就是喷气式飞机，装在顶部为直升机；企业的“资产重组”等说明重组可以引发质变；积木、变形金刚、七巧板等玩具，都有利于建立重组意识，培养重组能力。

4）共享与补代组合。

共享组合是指把某一事物中具有相同功能的要素组合到一起，达到共享之目的。例如吹风机、卷发器、梳子共用同一带插销的手柄。

补代组合是通过对某一事物的要素进行摒弃、补充和替代，形成一种在性能上更为先进、新颖、实用的新事物。拨号式电话改为键盘式、银行卡代替存折。

5）概念组合。

概念组合就是以词类或命题进行的组合。

例：绿色食品、阳光拆迁、阳光录取、音乐餐厅等。

6）综合。

综合是指为了完成重大课题，在已有的学科、原理、知识、方法、技术不能解决时，创造出新的学科、原理、方法和技术，并对其进行重新组织和安排的思维过程。

案例

肯尼迪召集美国各有关部门头脑们商量对策，并宣布："美国最终将第一个登上月球。"1961 年 5 月 25 日，肯尼迪在题为"国家紧急需要"的特别咨文中，提出在 10 年内将美国人送上月球。他说："我相信国会会同意，必须在 10 年内，将美国人送上月球，并保证其安全返回"，"整个国家的威望在此一举"。于是，美国宇宙局制订了著名的"阿波罗"登月计划。

阿波罗是古代希腊神话传说中的一个掌管诗歌和音乐的太阳神，传说他是月神的同胞姐弟，曾用金箭杀死巨蟒，替母亲报仇雪恨。美国政府选用这位能报仇雪恨的太阳神来命名登月计划，其心情可想而知。

在美国宇航局组织下，动员了 2 万多家厂商，120 多个高等院校和科研所，400 多万人参加，开发项目 1300 多个，共耗资 250 亿美元，历时 9 年，整个系统共使用 300 多万个零部件。

（二）逻辑思维

逻辑思维是思维的一种高级形式，指符合某种人为制定的思维规则和思维形式的思维方式，我们所说的逻辑思维主要指遵循传统形式逻辑规则的思维方式。常称它为"抽象思维"或"闭上眼睛的思维"。

逻辑思维是人脑的一种理性活动，思维主体把感性认识阶段获得的对于事物认识的信息材料抽象成概念，运用概念进行判断，并按一定逻辑关系进行推理，从而产生新的认识。逻辑思维具有规范、严密、确定和可重复的特点。

案例

魏晋竹林七贤之一王戎七岁时，看到路边的李树果实累累，甚至压折了枝条，但是他并没有去采摘。他根据生活常识进行了一番逻辑推理：路边的李子或者是甜的，或者是苦的，如果李子是甜的，早给过路人采光。这棵长在路边的李树居然果实累累，必然是苦的无疑。

（三）聚合思维

聚合思维是指从已知信息中产生逻辑结论，从现成资料中寻求正确答案的一种有方向、有条理的思维方式。具体来说，其是对发散思维提出的多种设想进行整理、分析、选择，再从中选出最有可能、最经济、最有价值的设想，加以深化和完善，最终获得一个最佳方案。

案例

第一次世界大战期间，法国和德国交战时，法军的一个司令部在前线构筑了一座极其隐蔽的地下指挥部，指挥部的人员深居简出。德军的侦查人员在观察战场时发现：每天早上八九点钟时，都有一只小猫在法军阵地后方的一座土包上晒太阳。德军依此判断：（1）这只猫不是野猫，野猫白天不出来，更不会在炮火隆隆的阵地上出没；（2）猫的栖身处就在土包附近，很可能是一个地下指挥部，因为周围没有人家；（3）根据仔细观察，这只猫是相当名贵的波斯品种，在打仗时还有兴趣玩这种猫的绝不会是普通的下级军官。据此，他们判定那个掩蔽部一定是法军的高级指挥所。随后，德军集中六个炮兵营的火力，对那里实施猛烈炮击。事后查明，他们的判断完全正确，这个法军地下指挥所的人员全部阵亡。

聚合思维法是人们在解决问题过程中经常用的思维方法。例如科学家在科学试验中，要从已知的各种资料、数据和信息中归纳出科学的结论；企事业单位的合理化改革，要从许许多多方案中选取出最佳方案；公安人员破案时，要从各种迹象、各类被怀疑人员中发现作案人和作案事实等都是靠运用聚合思维方法。在应用聚合思维方法时，一般要注意 3 个步骤。

（1）收集掌握各种有关信息。采取各种方法和途径，收集和掌握与思维目标有关的信息，而资料信息愈多愈好，这是选用聚合思维的前提，有了这个前提，才有可能得出正确结论。

（2）对掌握的各种信息进行分析清理和筛选。这是聚合思维的关键步骤。通过对所收集到的各种资料进行分析，区分出它们与思维目标的相关程度，以便把重要的信息保留下来，把无关的或关系不大的信息淘汰。经过清理和选择后，还要对各种相关信息进行抽象、概括、比较、归纳，从而找出它们的共同的特性和本质的方面。

（3）客观地、实事求是地得出科学结论，获得思维目标。

概括来讲，发散思维是海阔天空，聚合思维就是九九归一。中国有句古话叫“多谋善断”，其中“多谋”指的是发散思维，“善断”指的就是聚合思维。

（四）灵感思维

灵感思维是指凭借直觉而进行的快速、顿悟性的思维。它不是一种简单逻辑或非逻辑的单向思维运动，而是逻辑性与非逻辑性相统一的理性思维整体过程。因此我们常说：“灵感是一种顿悟。”灵感思维是一个过程，是灵感的产生过程，即经过大量的、艰苦的、长期的思考之后，受到某些事物的启发，或在转换环境时，突然得到某种特别的创新性设想的思维方式，正可谓“踏破铁鞋无觅处，得来全不费工夫”。

尽管灵感随时可能产生，产生灵感几乎不需要投入，但对它进行捕捉保存、挖掘提炼、开发转化、实现价值则可能需要一定的投入，而且往往需要经历一定的程序和过程，需要进行必要的社会分工，甚至可能需要调动单位、社会和国家的资源。当人们灵感闪现时，特别是普通人大脑中突然产生了与自己工作生活无关的灵感，大多数人不能独自开发保护灵感，更难确保实时完成创新，调动其他资源更不是一般百姓能够奢望的。古今中外，无不如此，只有少数人抓住部分灵感，不折不扣地完成了创新，实现了创新的价值，成了发明家、科学家。

案例

著名科学家钱学森所说：“我认为现在不能以为思维仅有逻辑思维和形象思维这两类，还有一类可称为灵感。也就是人在科学和文艺创作的高潮中，突然出现的、瞬息即逝的短暂思维过程。它不是逻辑思维，也不是形象思维，这两种思维持续的时间都很长，以致人们所说的废寝忘食。而是灵感时间极短，几秒钟而已。总之，灵感是又一种人们可以控制的大脑活动，又一种思维，也是有规律的。”

（五）直觉思维

直觉思维，是指对一个问题未经逐步分析，仅依据内因的感知迅速地对问题答案作出判断，猜想、设想，或者在对疑难百思不得其解之中，突然对问题有“灵感”和“顿悟”，甚至对未来事物的结果有“预感”“预言”等都是直觉思维。直觉思维是一种心理现象，它不仅在创造性思维活动的关键阶段起着极为重要的作用，还是人生命活动、延缓衰老的重要保证。直觉思维是完全可以有意识加以训练和培养的。

1. 直觉思维的功能

直觉出现的时机，是在大脑功能处于最佳状态的时候，形成大脑皮层的优势兴奋中心，使出现的种种自然联想顺利而迅速地接通，因此，直觉在创造活动中有着非常积极的作用。其功能体现在下面两个方面：

（1）帮助人们迅速做出优化选择。

创造都要从问题开始，而问题的解决，往往有许多种可能性，能否从中作出正确的抉择就成了解决问题的关键。法国数学家庞卡莱说：“所谓发明，实际上就是鉴别，简单说来，也就是抉择，怎样从多种可能中做出优化的抉择呢？经验表明，单单运用逻辑思维，就是按逻辑规则进行推理是没法完成的，而必须依靠直觉。”直觉往往偏爱知识渊博、经验丰富的人，只有他们才能够在很难分清各种可能性优劣的情况下做出优化抉择。例如，当普朗克提出量子假说以后，物理学就出现了问题，究竟是通过修改来维护经典物理理论，还是进行革命，另创新的量子物理呢？爱因斯坦凭借他非凡的直觉能力，选择了一条革命的道路，创立“光量子假说”，对量子论作出了重大的贡献。

（2）帮助人们作出创造性的预见。

17 世纪法国著名哲学家笛卡儿认为：通过直觉可以发现作为推理的起点。亚里士多德干脆说：“直觉就是科学知识的创始性根源”。英国物理学家卢瑟福在其非凡的直觉帮助下，在原子物理学和原子核物理学方面作出了一系列重大的开创性贡献。他曾非常诚挚地表示，令他感到大惑不解的是，为什么其他物理学家没有发现应当去研究原子核。他凭借直觉发现原子核的存在，提出了原子结构的行星模型，并沿着这条道路，在最短时间内做出了大量重要的发现。

2. 直觉思维强化办法

直觉是不可言传的预感，有人称之为第六感觉，它像人的肌肉那样，可以因锻炼而发达。直觉思维能力的强化可从以下 4 点入手。

（1）获取广博的知识和丰富的生活经验。

在前面已经指出，直觉的产生不是无缘无故、毫无根基的，它是凭借人们已有的知识和经验才得以出现的，因此，直觉往往比较偏爱知识渊博、经验丰富的人。从这种意义上说，获取广博的知识和丰富的生活经验是直觉强化的基础。

（2）学会倾听直觉的呼声。

直觉思维凭的是“直接的感觉”，但又不是感性认识。人们平常说的“跟着感觉走”，其中除去表面的成分以外，剩下的就是直觉的因素。直觉需要你去细心体会、领悟，去倾听它的信息、呼声。当直觉出现时，你不必迟疑，更不能压抑，要顺其自然，顺水推舟，作出判断、得出结论。

（3）要培养敏锐的观察力和洞察力。

直觉突出的特点是其洞察力及穿透力，因此，直觉与人们的观察力及视角息息相关，观察力敏锐的人，其直觉出现的概率更高，直抵事物本质的效果更强。因此，要有意识地培养自己的观察力，特别是提高对那些不太明显的软事实，如印象、感觉、趋势、情绪等无形事物的观察力。

（4）真诚、客观地对待直觉。

直觉虽然是凭借人们已有的知识及经验，凭“直接的感觉”产生，但常常会受到客观环境的影响及个人情感的干扰。特别是后者，当一个人处在某种情感，例如猜忌、埋怨、愤怒等的困扰中时，直觉的判断就有可能失去客观性。因此，我们要真诚地对待直觉，产生直觉的过程要尽量排除各种影响和干扰，出现直觉以后，还要回过头来冷静地分析其客观性。

（六）联想思维

联想思维是指人脑记忆表象系统中，由于某种诱因导致不同表象之间发生联系的一种没有固定思维方向的自由思维活动。主要思维形式包括幻想、空想、玄想。其中，幻想，尤其是科学幻想，在人们的创造活动中具有重要的作用。

联想思维包括以下 3 个方面。

1. 接近联想

接近联想是在时间上和空间上相互接近的事物之间形成的联想。例如，桌子上面有一本书，下面有椅子；闪电——雷鸣——下雨——滴答声。

发明者在时间、空间上联想到比较接近的事物，从而设计新的发明项目。这就叫做接近联想法。例如：小足球运动——生产小足球。

案例

双赢互利的推销

国外有家公司既经营鲜牛奶，又经营面包、蛋糕等食品。这家公司出售的牛奶质优价廉，每天都能在天亮以前将牛奶送到订购客户门前的小木箱内。牛奶的订购客户不断增多，公司获利越来越大，可是这家公司经营的面包、蛋糕等食品，虽然也质优价廉，由于门市部所在的地段较偏僻，来往的行人不多，营业额一直不大。

公司很多人建议通过电视台和报纸做广告来扩大影响，可老板却想出这样一个办法：设计、印刷一种精美的小卡片，正面印各种面包、蛋糕的名称和价格，卡片的背面是订单，可填写需要的品种、数量和送货时间以及顾客的签名。每天把它挂在牛奶瓶上送给订户，第二天再由送奶人收走，第三天便能将所订的面包蛋糕等食品，随同牛奶一起送到订购客户家中。结果，该公司的面包、蛋糕等食品销路大增。在这家公司开展按订货单送面包、蛋糕的业务之前，订购客户们都要自己上街去买早上吃的面包、蛋糕，这不但费时费事，往往还要一次买够几天的需要量，这就难免会影响面包、蛋糕的新鲜程度。公司为订购客户所送的面包、蛋糕，其价格总是比从街上零售店买的要便宜一些。基于以上两点原因，这家公司的面包、蛋糕销售获得了成功。

公司老板通过有意识地运用接近联想而想出的这种推销面包、蛋糕的办法，既扩大了销路，增加了盈利，又不失为一种便民利民之举，因此大受欢迎！

2. 相似联想（类似联想）

在形式上、性质上或意义上相似的事物之间所形成的联想。例如，语文书到数学书，钢笔到铅笔。这种联想也可运用到创造发明过程中来。

案例

听诊器的发明

埃拉内克医生很想发明一种能够诊断胸腔里健康状况的听诊设备，一天，他到公园散步，看见小孩玩跷跷板游戏，一个小孩用石块在跷板一头摩擦，另一个小孩用耳朵贴在跷板的另一头就能听到声音。埃拉内克医生就联想到给病人听胸腔内的心脏、肺呼吸的声音；于是用竹笛来当听诊器。后来，经过不断改进成为今天医生的听诊器了。

案例

贝尔发明电话

在贝尔发明电话以前，虽然已有人在研究电话了，但声音不清楚无法使用。贝尔决心致力于电话研究，使电话成为可以使用的通讯工具。一次实验中，贝尔发现把音叉的端部放在带铁芯的线圈面前，如使音叉震动，线圈中会产生感应电流，通过电线把这电流送至另一只同样线圈，线圈前的音叉也会振动，发出跟那边音叉振动一样的声音。他由此联想到能像音叉一样发生振动的金属簧片。如用金属簧片代替音叉，线圈也应能产生感应电流，使簧片振动发声，这样金属簧片就能“说话”了。通过反复试制和完善，贝尔发明了世界上第一架电话。显然，贝尔是应用了联想法则才发明电话的。

3. 对比联想（相反联想）

由某一事物的感知和回忆引起跟它具有相反特点的事物的联想。例如，黑与白；写与擦；大与小；水与火；黑暗与光明；温暖与寒冷。对比联想又可分为下列5种。

（1）从性质属性的对立角度进行对比联想。

案例

圆珠笔的改进

日本的中田藤三郎关于圆珠笔的改进是从属性对立的角度进行思考才获得成功的。1945年圆珠笔问世，写20万字后漏油，改进后制成的笔，书写20万字后，恰好油被使用完，圆珠笔就被扔掉。这里就运用了对比联想法。

（2）从优缺点角度进行对比联想。

发明者在从事发明设计时，既看到优点，看到长处，又要想到缺点，想到短处，反之亦然。

案例

铜的氢脆现象

铜在 500 ℃左右处于还原性环境中时，铜中的氧化物被氢脆，使铜器件产生缝隙，人们想方设法去克服这一缺点。可是有人却偏偏把它看成优点并加以利用，从而发明了铜粉的制造技术的。以前用机械粉碎的方法制作铜粉相当困难，原因是在粉碎铜屑时，铜屑总是变成箔状。如果把铜置于氢气流中，加热到 500 ℃~600 ℃，时间为 1~2 h，使铜屑充分氢脆，再经球磨机粉碎，合格铜粉就制成了。

（3）从结构颠倒角度进行对比联想。

从空间考虑，前后、左右、上下、大小的结构，颠倒着进行联想。例如，中国的数学家史丰收就是运用此种对比联想。一般人进行数学运算都是从右至左、从小到大进行运算，史丰收运用对比联想，反其道而行之，从左至右、从大到小来进行运算，运算速度大大加快。

（4）从物态变化角度进行对比联想。

即看到从一种状态变为另一种状态时，联想与之相反的变化。

案例

石墨变金刚石

18 世纪，拉瓦把金刚石煅烧成 CO_2 的实验，证明了金刚石的成分是碳。1799 年，摩尔沃成功地把金刚石转化为石墨。金刚石既然能够转变为石墨，用对比联想来考虑，那么反过来石墨能不能转变成金刚石呢？后来终于用石墨制成了金刚石。

（5）因果关系联想

由两个事物间的因果关系所形成的联想。比如，铅笔到铅，橡皮到擦。

案例

人类通过灌溉可以让干旱地区的土地变得肥沃。这个过程的因果关系就是水的流动是使土壤变得更加肥沃的原因，而结果则是土壤变得更加适合种植，从而提高农作物产量。

【拓展学习】

分析创新思维广告

1. 广告介绍

视频广告《黑莓 VS 苹果》，“这是来自两个水果的对决，本来两个水果相安无事，直到有一天它们为了争论谁最好吃而发生了一场惨烈的战争，一颗黑莓成功地射杀了这个苹果。”

这则广告就是来自全球手机巨头黑莓 BlackBerry 针对苹果 iPhone 极具讽刺性的广告：高速镜头下，一颗“子弹”把一个红色苹果击破，穿过后才看清那“子弹”是一颗黑莓果实，然后打出的广告词是“没有任何东西可以触摸它”。

2. 背景介绍

智能手机市场，黑莓和苹果的明争暗斗从 2007 年 iPhone 推出后就一直在进行。随着智能手机的飞速普及，两大“水果”家族的直接冲突也越来越明显。代表商务的黑莓和代表娱乐的苹果，原本井水不犯河水。但近年来随着苹果手机风靡全球，逐渐挤压黑莓的市场份额，一直傲视北美智能手机市场的黑莓越来越倍感压力。同时这两家的技术代表着行业趋势，自然他们的争斗也格外引人注目。

3. 寻找创意点

说到创造性思维，是一种具有开创意义的思维活动，即开拓人类认识新领域、开创人类认识新成果的思维活动。它是创造想象和现实定向的有机结合，是抽象思维和灵感思维的对立统一。

当然广告的创造过程也是创造性思维的发散过程，广告创意是一种创造新意象、和新意境的思维过程，是灵感思维的随机闪现，并由确定性的逻辑思维和直观性的形象思维巧妙融合的创作过程和策略思想。

（1）请具体分析这则广告所运用的创造性思维。

（2）这则广告有哪些价值？

子项目 3　培养创新方法

【智者警句】

最有价值的知识是关于方法的知识。

——德国著名思想家、作家、科学家 歌德

有了想法并付诸行动比徒有想法更重要。

——创新思维之父　爱德华·德·波诺

【内容提要】

➢ 常用的创新方法有哪些?

➢ 创新方法如何去应用?

【案例分享】

坐飞机扫雪

有一年，美国北方格外严寒，大雪纷飞，电线上积满冰雪，大跨度的电线常被积雪压断，严重影响通信。过去，许多人试图解决这一问题，但都未能如愿。后来，电信公司经理应用奥斯本发明的头脑风暴法，举行了一场针对此问题的讨论会议，并成功解决了这一难题。在会议过程中，有人提出设计一种专用的电线清雪机，有人想到用电热来化解冰雪，还有人提出能否带上几把大扫帚，乘坐直升机去扫电线上的积雪。对于这种“坐飞机扫雪”的设想，尽管大家心里觉得滑稽可笑，但在会上也无人提出批评。相反，有一名工程师在百思不得其解时，听到用飞机扫雪的想法后受到启发，一种简单可行且高效率的清雪方法冒了出来。他想，每当大雪过后，出动直升机沿积雪严重的电线飞行，依靠高速旋转的螺旋桨即可将电线上的积雪迅速吹落。他马上提出“用直升机扇雪”的新设想，顿时又引起其他与会者的联想，有关用飞机除雪的主意一下子又多了七八条。不到一小时，与会的 10 名技术人员共提出 90 多条新设想。会后，公司组织专家对设想进行分类论证，专家们认为设计专用清雪机，采用电热或电磁振荡等方法清除电线上的积雪，在技术上虽然可行，但研制费用高、周期长，一时难以见效；那种因“坐飞机扫雪”激发出来的几种设想，倒是一种大胆的新方案，如果可行，将是一种既简单又高效的好办法。经过现场试验，发现用直升机扇雪真的能奏效，一个久悬未决的难题，终于在头脑风暴会议中得到解决。

（资料来源：王延荣. 创新与创业管理 [M]. 北京：机械工业出版社，2015.）

笛卡尔说过：“最有价值的知识是关于方法的知识。”方法不仅仅可以提高个人的学习和工作效率，达到事半功倍的效果，而且更重要的价值还在于能够复制成功！实践经验证明，头脑风暴法可以排除折中方案，对所谈论问题通过客观、连续的分析，找到一组创意切实可行的方案。

【认知归纳】

一、创新方法的概念

创新方法是指创新活动中带有普遍规律性的原理、方法和技巧。它是通过研究一个个具体的创新过程，比如创新的题目是怎样确定的，创新的设想是怎样提出的，设想如何变成现实等等，从而揭示创新的一般规律和方法。这些在创新实践中总结出来的方法、技巧也可以用于其他的创新创造过程，从而提高人们的创造力和创造成果的实现率。

1906 年美国的普林德尔在《发明的艺术》一文中，通过发现案例介绍了发明者日常不自觉使用的各种发明方法，最早提出了对工程师进行创造力训练的建议，并以实例阐述了一些改进及创新的技巧和方法。自此之后，先后有不同的人创造了各种各样的创新方法，到目前为止，已经达到 340 种之多，本书中介绍几种常见的创新方法。

二、常见创新方法

（一）头脑风暴法

本子项目“案例分享”使用的创新方法是头脑风暴法。头脑风暴法又称脑力激荡法，由被誉为“创造方法之父”的亚力克斯・奥斯本总结并推广。它的运作方式是组织一批专家、学者、创意人员等，以会议的方式共同围绕一个明确的议题进行讨论，共同集中思考，互相启发激励，借助与会者的群体智慧，引发创造性设想的连锁反应，以产生和发展出众多的创意构想。它是一种通过小型会议的组织形式，让所有参加者在自由愉快、畅所欲言的气氛中，自由交换想法或点子，并以此激发与会者创意及灵感，使各种设想在相互碰撞中激起脑海的创造性“风暴”。

1. 头脑风暴法激发创新思维的原因

头脑风暴何以能激发创新思维？根据亚力克斯·奥斯本及其他研究者的看法，激发机理主要有以下 4 点。

（1）联想反应。联想是产生新观念的基本过程。在集体讨论问题的过程中，每提出一个新的观念，都能引发相关联想，相继产生一连串的新观念，产生连锁反应，形成新观念，为创造性地解决问题提供更多的可能性。

（2）热情感染。在不受任何限制的情况下，集体讨论问题能激发人的热情。人人自由发言、相互影响、相互感染，能形成热潮，突破固有观念的束缚，最大限度地发挥创造性的思维能力。

（3）竞争意识。在有竞争意识的情况下，人人争先恐后，竞相发言，不断地开动思维机器，力求有独到见解和新奇观念。心理学告诉人们，人类有争强好胜心理，在有竞争意识的情况下，人的心理活动效率可增加 50% 或更多。

（4）个人欲望。在集体讨论地解决问题过程中，个人的欲望自由，不受任何干扰和控制，是非常重要的。头脑风暴法有一条原则，即不得批评仓促地发言，甚至不许有任何怀疑的表情、动作、神色。这就能使每个人畅所欲言，提出大量的新观念。

2. 头脑风暴法必须遵守的原则

（1）不得批评原则。与会者不得批评别人的想法，否则会使发言者设法去维护他的想法，而不去关心观念的产生。一种观念的产生还可能会引发另外的想法，批评就可能扼杀许多新观念。

（2）自由畅想原则。会议提倡自由奔放、随便思考、任意想象、尽量发挥，主意越新越好，因为它能启发人推导出好的观念

（3）以量求质原则。以量为主，量中求质。

（4）综合改善原则。与会者不仅可以提出自己的见解，也可以改进他人的观点，把别人的想法综合起来，形成一个新观念。头脑风暴法能够使群体增强竞争意识，受到热情感染；能够使大家各抒己见；每个人还能充分利用别人的设想来触发

自己灵感的火花，或把几个人的想法综合改造，建构成一个新的设想。

3. 头脑风暴会议的组织步骤

（1）准备阶段。明确会议主题，组建头脑风暴小组，让与会者有所准备。培训主持人，主持人要熟悉掌握头脑风暴会议的要点和操作方法，摸清会议主题的现状和发展趋势。确定记录员，要求认真将与会者每条设想都完整记录下来，不做主观筛选。

（2）热身活动。为了使头脑风暴会议能形成热烈和轻松的气氛，使与会者的思维活跃起来，可以做一些智力游戏，如猜谜、讲幽默故事等。

（3）明确问题。由主持人向大家介绍所要解决的问题，问题需要简单、明了、具体，对一般性的问题要分成几个具体的问题解决。

（4）自由畅谈。由与会者自由提出设想，主持人要坚持严禁批评的原则，对违反原则的与会者要及时制止，会议记录员要对与会者提出的每个设想予以记录或做现场录音。

（5）收集设想。在会议的第二天再向组员收集设想，这时得到的设想往往更有创见。

（6）评价设想。对头脑风暴会议所产生的设想进行评价与优选应谨慎行事，即使是不严肃的、不现实的或者荒诞无稽的设想也应该认真对待。

实践表明，头脑风暴法可以排除折中方案，对所讨论问题通过客观、连续的分析，找到一组切实可行的方案，因此头脑风暴法在军事决策和民用决策中得到了较广泛的应用。

（二）“5W2H”法

提出疑问、发现问题和解决问题是极其重要的。发明者在设计新产品时连续提出七个问题，构成设想方案的制约条件，设法满足这些条件，便可获得创新方案。目前，“5W2H”法已在改进工作、改善管理、技术开发、价值分析等方面得到了广泛应用。具体操作步骤包括以下 3 点。

（1）对选定项目从七个角度进行思考。这七个方面分别是 Why（为什么）、What（做什么）、Who（何人）、When（何时）、Where（何地）、How（怎样做）。

（2）将发现的问题、难点列出。

（3）讨论分析，寻找改进措施。

如果现行方法或产品经过此检查基本满意，则认为该方法或产品可取；若其中某些点有问题，则在这些方面加以改进；如果某些方面有独到的优点，则应借此扩大产品的效用。。

案例

“5W2H”法的应用

某航空公司在机场候机楼二楼设小卖部，生意相当清淡。公司经理用“5W2H”法检查问题何在，结果发现Who、Where及When三方面都存在问题。

（1）谁是顾客？机场小卖部应当把出入境的旅客当主要顾客，而这些客人不需要上楼。在二楼停留的大部分是送客或接客的人，他们完全可以在市内购物。

（2）小卖部设置在何处？出入境旅客经海关检查后，直接从一楼左、右侧走，根本不需走二楼。故小卖部的位置没有设在旅客的必经之路。

（3）顾客何时来购物？出境旅客只有当行李到海关检查交付航空公司后，才有闲情光顾小卖部。而原来旅客临上机前才能将行李托运，这样就从时间上限制了旅客。

由此可见，小卖部生意不佳的原因有三点，一是未把旅客当顾客；二是小卖部的位置偏离了旅客的必经路线；三是旅客没有购物的时间。

针对以上三点，公司研究后提出了三点改进措施，一是把乘客当顾客，充实旅行用品和纪念品，以满足乘客的消费需要；二是将出入境乘客的海关检查线路改为必经小卖部，增加乘客光顾小卖部的机会；三是使乘客随时可以把行李交给航空公司，使之“无箱一身轻”，便有了购物的时间和心情。经此调整后，小卖部的生意果然兴隆起来了。

（资料来源：高红，李泽华. 大学生创新创业基础 [M]. 北京：首都师范大学出版社，2021.）

（三）综摄法

综摄法（Synectics Method）是由美国麻省理工学院教授威廉·戈登（W.J. Gordon）于1944年提出的一种利用外部事物启发思考、开发创造潜力的方法，又称类比思考法、类比创新法、提喻法、比拟法、分合法、举隅法、集思法、群办法、强行结合法、科学创造法。综摄法运用流程如图3-3-1所示。

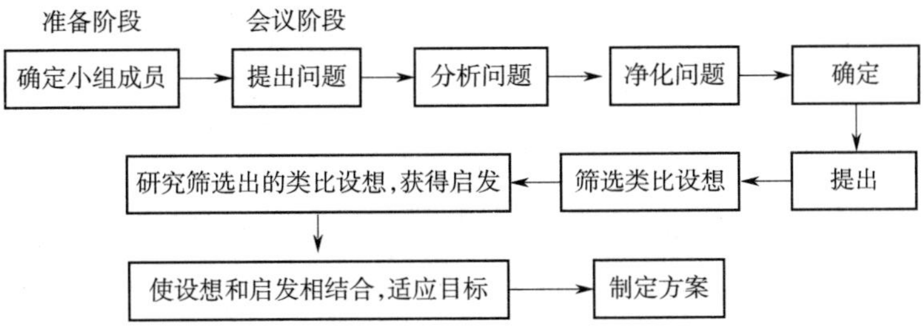

图 3-3-1　综摄法运用流程

1. 综摄法的基本原则

（1）异质同化。

简单来说是指把看不习惯的事物当成早已习惯的熟悉事物。在发明没有成功前或问题没有解决前，他们对我们来说都是陌生的，异质同化就是要求我们在碰到一个完全陌生的事物或问题时，要用所具有的全部经验、知识来分析、比较，并根据这些结果，作出很容易处理或很老练的态势，然后再去用什么方法，才能达到这一目的。

（2）同质异化。

就是指对某些早已熟悉的事物，根据人们的需要，从新的角度或运用新知识进行观察和研究，以摆脱陈旧固定的看法的桎梏，产生出新的创造构想，即可熟悉的事物化成陌生的事物看待。

2. 综摄法采用的方法

综摄法采用以下 3 种方法。

（1）拟人类比。

进行创造活动时，人们常常将创造的对象加以“拟人化”。挖土机可以模拟人体手臂的动作来进行设计。它的主臂如同人的上下臂，可以左右上下弯曲，挖土斗似人的手掌，可以插入土中，将土挖起。在机械设计中，采用这种“拟人化”的设计，可以从人体某一部分的动作中得到启发，常常会使人收到意想不到的效果。现在，这种拟人类比方法，还被大量应用在科学管理中。

（2）直接类比。

直接类比指从自然界或者已有的成果中找寻与创造对象相类似的东西。例如，设计一种水上汽艇的控制系统，人们可以将它同汽车相类比。汽车上的操纵机构和车灯、喇叭、制动机构等都可经过适当改革，运用到汽艇上去，这样比凭空想象设计一种东西容易获得成功。再如运用仿生学设计飞机、潜艇等，也都是一种直接类比的方法。

（3）象征类比。

所谓象征类比是一种用具体事物来表示某种抽象概念或思想感情的表现手法。在创造性活动中，人们有时也可以赋予创造对象具有一定的象征性，使他们具有独特的风格。象征类比应用较多的是在建筑设计中。

例如，设计纪念碑、纪念馆，需要赋予它们有“宏伟”“庄严”“典雅”的象征格调。相反，设计咖啡馆、茶楼、音乐厅就需要赋予它们有“艺术”“优雅”的象征格调。历史上许多名垂千秋的建筑，就在于他们的格调迥异，具有各自的象征。

综摄法作为一种创造技法虽然诞生于美国，但是，早在1921年，中国著名的学者梁启超在《中国历史研究法》一文中，就提出过：“天下古今，从无同铸一型的史迹，读史者与同中观异，异中观同，则往往得新理解。”这里讲的“同中观异，异中观同”正是综摄法的精髓，但它要比美国的康顿提出相类似的思想早三十年。

案例

虚拟心脏的研究（模拟）

“虚拟心脏”是美国《自然》杂志最近提出的新概念，国际医学界目前尚没有人从分子水平进行“虚拟器官”的研究。不久前，一颗正在中国医学科学院阜外心血管病医院计算机里跳动的“虚拟心脏”，将从分子水平揭示心脏常见疾病的病理基础，并为研制治疗相关疾病的新药提供一个真实而且深层次的“试验基地”。

负责这一研究项目的该院副院长惠汝太教授说，所谓“虚拟心脏”并非解剖学上的概念，说得形象一点，是计算机假装出来的心脏，但具备真正心脏的所有生理特性。它是将心脏的变化规律转化为各种方程式，用计算机运行方程式来演示心脏疾病分子水平的病变过程。目前正在研制中的这一“虚拟心脏”已经“得了”先天性心脏病、心力衰竭、扩张型心肌病和心律失常这几种最常见的或危及生命的心脏病。

虚拟心脏的研究就是使用了综摄法。

（四）六顶思考帽法

六顶思考帽是英国学者爱德华·德·博诺博士开发的一种思维训练模式，或者说是一个全面思考问题的模型。它提供了“平行思维”的工具，避免将时间浪费在互相争执上。强调的是“能够成为什么”，而非“本身是什么”，是寻求一条向前发展的路，而不是争论谁对谁错。运用博诺的六顶思考帽法，将会使混乱的思考变得清晰，使团体中无意义的争论变成集思广益的创造，使每个人变得富有创造性。六顶思考帽法是指使用六种不同颜色的帽子代表种不同的基本思维模式。任何人都有能力使用以下六种基本思维模式。六顶思考帽法的维度、特点、重点如表 3-3-1 所示。

表 3-3-1　六顶思考帽子维度、特点、重点一览表

序号	颜色	维度	特点	重点
1	白色思考帽	收集相关信息	白色思考帽让人们中立、客观地提出事实与数据，不需要给出结论。它最直接的目的就在于搜寻和展示信息。为思考提供背景、为我们作出判断和决策提供依据	我们现在有什么信息？我们还需要什么信息？我们如何得到所需的信息
2	红色思考帽	个人的直接感受	红色暗示着愤怒、狂暴与情感。红色思考帽代表情绪上的感觉、直觉、预感和印象	我对这个直接感觉怎么样
3	黑色思考帽	思考风险和不利因素	黑色思考帽强调的是谨慎、小心，从事物负面进行思考，或可解释为寻找潜在问题和隐患，考虑安全性，黑色是阴沉的、负面的	问题出在哪里？这是真的吗？它会起作用吗？缺点是什么
4	黄色思考帽	思考利益和机会因素	黄色思考帽强调正面的思考，代表着乐观主义者的希望。他是黑色帽子的对立面，凡事从正面、积极、乐观的角度去思考，既有数据和逻辑，又有幻想和梦想在里面	它的好处是什么？它有什么有点
5	绿色思考帽	对事情的新看法	绿色思考帽它要求有且一定要有创造价值在里面，它只是思考活动的一个过程，代表创意与创新性的想法。允许人们做多种假设，是一顶“创造力”的帽子	我们有什么样的新想法
6	蓝色思考帽	控制我们的思维	蓝色思考帽代表思维过程的控制与组织，它可以控制其他思考帽的使用，是一顶“控制帽”，它决定什么时间使用哪一顶帽子，每一顶帽子使用多长时间	需要什么样的思维？下一步是什么？我们的议程是怎样的？我们的决定是什么

案例

办公室个人电脑运行速度缓慢问题的解决

蓝帽：目前办公用个人电脑存在使用年限长、运行速度慢等问题，本次会议讨论解决方案，先由白帽介绍情况。

白帽：(1) 随着办公软件的增多，占用内存空间较大，部分个人电脑将不能正常运转。

(2) 使用3年以上的个人电脑均需要更新，但按照目前的资金情况估算，只能更新三分之一的个人电脑。

蓝帽：大家出出主意，怎么办?

绿帽：(1) 是否可以购买笔记本电脑代替个人电脑；

(2) 采取策略，每半年重装软件；

(3) 加装另一个硬盘，将操作系统装到这个新设备上；

(4) 对人群进行分类、对更新政策进行调整；

(5) 采用新软件节省内存。

黑帽：购买笔记本电脑预算不能达到。

蓝帽：黑帽请稍等，先请黄帽讨论这些方案的可行性。

黄帽：(1) 已进入新时代，笔记本电脑是应该普及的设备，更换后将很好地满足办公需求；

(2) 个人电脑配置升级；

(3) 软硬件方面的调整，调整配置策略是最常用的方法，该方法已在其他单位应用，效果不错。

蓝帽：现在讨论以上方法的局限性。

黑帽：(1) 更换设备资金不足、不能满足需求；

(2) 目前使用的软件不是正版软件，不能统一在个人电脑上升级使用；

(3) 软件重装耗费时间太长，需要耗费大量人力成本。

蓝帽：那么从目前看，解决方案主要集中在配置升级和调整配置策略，大家举手表决一下优先顺序。

红帽：表决顺序如下。

(1) 把少量个人电脑更新换代机会给更需要运行速度的员工；

(2) 大部分员工采用硬件升级（加内存、硬盘）的方法，延长个人电脑的使用寿命以节约成本；

(3) 定期重装操作系统和应用软件，操作系统重装时间间隔在一年左右；

(4) 梯次更新个人电脑。

蓝帽：本次会议经充分讨论，化解员工疑问，找出了确定可行的方法，顺利结束。谢谢大家。

这是成功运用六顶思考帽法进行工作问题探讨和改进的优秀经典案例。在这个案例讨论中主持人“蓝帽”发挥了积极的作用，首先在序列的选择上非常得当，使得会议简捷有效；其次，在会议中及时纠正不当的发言（如：打断黑帽思考），保证了思维的步伐；最后，结论很有实用价值。同时，参与讨论的人员在几个重点问题上讨论得非常充分，体现了六顶思考帽法的优越性。白帽的数据很详细，绿帽的思维发散很丰富，黄帽和黑帽讨论很充分。这个案例值得同学们学习借鉴。

（五）奥斯本检核表法

奥斯本检核表法是针对某种特定要求制定的检核表，主要用于新产品的研制开发。奥斯本检核表法是指以该技法的发明者奥斯本命名、引导主体在创造过程中对照 9 个方面的问题进行思考，以便启迪思路、开辟思维想象的空间、促进人们产生新设想、新方案的方法。如表 3-3-2 所示。

表 3-3-2　奥斯本检核表

序号	检核项目	含义
1	能否他用	能否还有其他的用途？保持不变能否扩大用途？稍加改变有无其他用途
2	能否借用	能否引入其他的创造性设想？能否模仿别的东西？能否从其他领域、产品、方案中引入新的元素、材料、造型、原理、工艺、思路
3	能否改变	能否改变现有事物？如：颜色、声音、味道、式样、花色、音响、品种、意义、制造方法；改变后效果如何
4	能否扩大	能否扩大适用范围？能否增加使用功能？能否添加零部件，延长它的使用寿命，增加长度、厚度、强度、频率、速度、数量、价值
5	能否缩小	能否体积变小、长度变短、重量变轻、厚度变薄以及拆分或省略某些部分（简单化）？能否浓缩化、省力化、方便化
6	能否替代	能否用其他材料、原件、方法、工艺、功能等来代替
7	能否调整	能否变换排列顺序、位置、时间、速度、计划、型号？内部元件可否交换
8	能否颠倒	能否正反颠倒、里外颠倒、目标手段颠倒等
9	能否组合	能否进行原理组合、材料组合、部件组合、形状组合、功能组合、目的组合

案例

九大问题实际应用

1. 能否他用

橡胶有什么用处呢？可以制成轮胎、管道、橡胶靴、鞋底。结合橡胶的特性，扩大它的用途，如可以制成地板垫、密封垫、食品包装、医疗设备、高压电缆保护层、绝缘件等。

2. 能否借用

建房时，要安装水暖设备，经常要在水泥楼板上打洞，既慢又费力。陕西省的一位建筑工人设想用能烧穿钢板的电弧机来烧水泥板，经过改造，发明了水泥电弧切割器，在水泥地上打洞又快又好。

3. 能否改变

海尔全瀑布双桶洗衣机是将滚筒洗衣机与迷你洗衣机结合为子母式洗衣机，“母桶”采用立体喷射水流，“子桶”采用垂直水流。人们可以将不同的衣物分开洗，大量的衣物同时洗，小件衣物即使洗。这便是结构上的改变。

4. 能否扩大

把帽檐扩大，可以创造出防晒、防雨的“伞帽”；把雨伞加大，就有了适合自行车和电动车的多用伞；对袜子易磨损的袜头和袜跟加固加厚以延长使用寿命。

5. 能否缩减

许多长篇小说动辄几十万字甚至几百万字，很多人通过缩写本、简写本来吸引读者，发行量非常大。生活中常见的浓缩果汁、浓缩咖啡的设计，也是这个“化繁为简”思路。

6. 能否替代

为节约资源，用人造大理石代替天然大理石，风力发电、潮汐发电代替热力发电。英国人发明的碳纤维自行车较常规自行车强度更高、重量更轻。

7. 能否调整

重新安排通常会带来很多的创作现场设想。房间内家具的重新布置；商店柜台的重新安排；营业时间的合理调整；电视节目的顺序变动；车间机器设备的布局调整……都可能得到更好的结果。

8. 能否颠倒

利用电风扇依靠电力转动的原理颠倒过来设计出了风力发电机；

9. 能否组合

美国苹果公司把 MP3 和 iTunes 组合成 iPod，再把 iPod 和手机组合成 iPone；如今我们使用的智能手机就是多种应用的组合。

1. 奥斯本检核表法实施步骤

运用奥斯本检核表法进行创新活动的步骤有以下 3 步。

（1）根据创新对象明确需要解决的问题。

（2）根据需要解决的问题，参照表中列出的问题，运用丰富想象力，强制性地一个个核对讨论，写出新设想。

（3）对新设想进行筛选，将最有价值和创新性的设想筛选出来。

2. 奥斯本检核表法实施注意事项

奥斯本检核表法的实施过程须注意以下 4 点。

（1）要联系实际一条一条地进行核检，不要有遗漏。

（2）要多核检几遍，效果会更好，或许会更准确地选择出所需创新、发明的方面。

（3）在检核每项内容时，要尽可能地发挥自己的想象力和联想力，产生更多的创造性设想。进行检索思考时，可以将每大类问题作为一种单独的创新方法来运用。

（4）核检方式可根据需要，1 人核检也可以，3~8 人共同核检也可以。集体核检可以互相激励，产生头脑风暴，更有希望创新。

（六）TRIZ 理论

TRIZ 理论是由苏联发明家根里奇・阿齐舒勒及他的同事最先提出的，TRIZ 一词是俄文“发明问题解决理论”的首字母缩写。它是一套技术创新理论与方法，也是解决各类工程技术问题的工具。现在，国际上已经对超过 250 万项出色的专利进行过研究，并大大充实了 TPIZ 的理论和方法体系。如今 TRIZ 正成为许多现代企业创新的独门暗器，TRIZ 可以轻易解决那些看似不可能解决的问题并形成专利，提升企业的核心竞争力，从“跟随者”快速成长为行业的技术“领跑者”，让创新就像数学题一样轻松简单。

现代 TRIZ 理论法的核心思想主要体现在以下 3 个方面。

（1）无论是简单的产品还是复杂的技术系统，其核心技术的发展都具有相应的客观进化规律和模式。

（2）各种技术难题、矛盾和冲突的不断解决是推动进化过程的不竭动力。

（3）技术系统发展的理想状态是尽可能使用少的资源实现最多的功能。

创新从最通俗的意义上讲就是创造性地发现问题和创造性地解决问题的过程，TRIZ 理论的强大作用正在于它为人们创造性地发现问题和解决问题提供了系统的理论和方法工具。TRIZ 基本理论可总结为以下 6 方面内容。

（1）创新思维方法与问题分析方法。TRIZ 理论提供了如何系统分析问题的科学方法。如多屏幕法等；面对于复杂问题的分析，则包含了科学的问题分析建模方法，如物 - 场分析法，它可以帮助快速确认核心问题，发现根本矛盾所在。

（2）技术系统进化法则。人们利用这些法则，可以分析产品的技术状态，并预测其未来发展趋势，开发富有竞争力的新产品等。

（3）技术矛盾解决原理。TRIZ 理论将发明创造的规律归纳成 40 条创新原理。

（4）创新问题标准解法。针对物—场模型的不同特征，分别对应有标准的模型处理方法，包括模型的修整、转换、物质与场的添加等等。

（5）发明问题解决算法。其应用于复杂问题或不明确的技术系统。它是一个对初始问题进行一系列变形及再定义等非计算性的逻辑过程，实现对问题逐步深入的分析，问题转化，直至问题的解决。

（6）构建知识库。基于物理、化学、几何学等领域的发明专利的原理而构建的知识库，为技术创新提供丰富的参考资源。

案例

马路通过校园如何解决

一条马路穿过校园，怎样迫使所有通过该路段的司机全程都低速行驶呢？

人们讨论后得出了两个方案：把这段马路全都画上“斑马”线，或者把该地段的道路改造成波浪形（Z 字形）曲折道路。第一个办法花费很少，但是成效很差，第二个办法代价昂贵，但相对牢靠。

当然，最好的办法就是把两个方案的优点给结合起来，使他们的缺点都消失，你有什么好办法？

运用 TRIZ 这种神奇的方法让我们来解决校园街道的问题，就使问题变得很简单了——在普通道路上画上扭曲的斑马线，使它看起来就像波浪路面上的斑马线一样，司机们大脑中的条件反射精确地产生着作用，达到价格上和效果上的最优结合。

本节课介绍了头脑风暴法、“5W2H”法、综摄法、六顶思考帽法、奥斯本检核表法、TRIZ 理论，除此之外，常用的创新方法还有很多，如和田创新十二法、组合创新法、列举法等等，有兴趣的同学可自主学习并进行训练。

【拓展学习】

电风扇的奥斯本检核表如表 3-3-3 所示。

表 3-3-3　电风扇的奥斯本检核表

序号	检核项目	引出的发明
1	能否他用	吸气除尘设备
2	能否借用	借用压电陶瓷制成无叶风扇
3	能否改变	立柱型电风扇
4	能否扩大	可吹热风的电风扇
5	能否缩小	手持充电风扇
6	能否替代	用玻璃纤维代替风叶
7	能否调整	模拟自然风
8	能否颠倒	利用转化栅颠倒送风的方向
9	能否组合	带灯的电风扇、带负离子发生器的电风扇

上表为利用奥斯本检核表对电风扇进行创新改进而引出的发明，请同学们设计利用奥斯本检核表对手电筒的创新改进思路。

子项目 4　提升创新能力

【智者警句】

想别人不敢想的，你已经成功了一半；做别人不敢做的，你就会成功另一半。

——爱因斯坦

创新是企业的灵魂。

——爱迪生

【内容提要】

➢ 创新能力是什么?

➢ 创新能力的构成要素是什么?

【案例分享】

麦当劳和肯德基的细节设计

肯德基在 1987 年中国的第一家餐厅开业的时候，500 个座位的餐厅平均每天接待 5000 人，最多一天接待了 8000 人，座位周转率高达 16 次，麦当劳 1990 年在深圳开设了中国第一家店，遇到的情况几乎有过之而无不及。

快餐店经营的特点就是要保持较高的流转率，因此他们不希望顾客在里面待的时间太长。但作为一个知名的服务性企业，你又不能主动赶客人走啊，大家注意到没有？我们进到麦当劳之后，除了点餐的时候服务员会和我们交流之外，基本上是没有服务员跟我们打招呼来打搅我们的。

不能说话，那怎么才能让你快点离开呢?

这就是麦当劳肯德基的高明之处了，他们通过一系列的细节设计让你自己主动走。

第一，色彩设计。极其鲜艳的明黄色和大红色，这都是不能让人心情宁静的颜色，看久了就会滋生一种烦躁不安的感觉。

第二，灯光设计。也是采用明亮的灯光，让你从外面看里面很舒服，干净透亮，但在里面待久了就会不安，因为还有大红大黄的颜色配合。

第三，桌椅设计。一把舒服的椅子，最起码有两个条件，第一，坐得面积要比屁股大，第二，最好是柔软的。可是，它们的座凳面积小，硬邦邦，而且不是按照人体舒适的形状设计的，同时，桌面也小小的。

第四，室内温度设计。夏天空调开到 18 摄氏度，冬天开到 30 摄氏度，逛街逛到麦当劳、肯德基门口你就想进去舒服舒服，可是夏天我们本来就穿得少，进去待上十几分钟就感觉到冷了；冬天则恰好相反，你穿着毛衣棉袄进去，一下子就温暖了，就算你脱掉棉袄，在 30 摄氏度的温度下面穿着毛衣也会让你待不住。

第五，及时服务。你东西刚吃完，服务员就立即过来把你桌子上收拾得干干净净，光占着一张桌子，不再点些什么吃的，我们也不好意思在那里坐得太久了。

第六，心理施压。当服务员看到你吃完了还坐在那里，就会不停地在你面前晃来晃去，走过来看你一眼，走过去又看你一眼，一句话也不说，看得次数多了，你心里的那种焦虑感就让你更加难受起来。

经过这样一番精心的设计，客人少的时候你多坐一会儿还无所谓，客人多的时候，如果你吃完了，桌子上被服务员收拾得干干净净，这时候你看到很多其他的客人端着盘子到处找位子，你还好意思赖在那里不走吗？

麦当劳和肯德基通过色彩、灯光、桌椅、温度等细节设计，提高客人的流转率；请同学们观察你熟悉的快餐店是通过什么方式提高流转率的呢？

【认知归纳】

一、创新能力定义

创新能力是运用知识和理论，在科学、艺术、技术和各种实践活动领域中不断提供具有经济价值、社会价值、生态价值的新思想、新理论、新方法和新发明的能力。创新能力是民族进步的灵魂、经济竞争的核心；当今社会的竞争，与其说是人才的竞争，不如说是人的创造力的竞争。

创新能力是一种综合能力，是人的创造性思维功能、优秀的心理素质和社会实践能力的有机整合和集中表现。

二、创新能力的构成要素

创新能力作为一个系统、综合的概念，涉及各种基本能力的组合方式，此种组合方式因面临不同领域的不同创新活动而存在差异。通常我们将创新能力归结为以下五种基本能力，分别为发现问题的能力、流畅的思维能力、变通能力、独创能力和制订方案的能力等。

（一）发现问题的能力

发现问题的能力，是一种发现那些让人难以觉察的、隐藏在习以为常现象背后的问题能力，表现为意识到存在于周围环境中的矛盾、冲突、需求，意识到某种现象的隐藏未解之处，意识到寻常现象中的不寻常之处。例如，人们时常看到，两块从悬崖落下的石头尽管大小悬殊，但是却同时落到了深谷的底部。可是，没有人因此对亚里士多德关于物质下落的速度和它的重量成正比的理论提出质疑，只有伽利略能意识到并发现这一问题存在。这一发现促使他进行了比萨斜塔上的实验，实验证明了不同质量的球体的下落速度同它们的质量无关，从而纠正了影响人们2000多年的错误理论，正是由于伽利略独具慧眼，看出了破绽，他才能够对亚里士多德“自由落体理论”做出科学的修正与创新。

发现问题能力的前提是好奇心和怀疑。好奇心会促进人们对外界信息的敏感性，发现问题，并追根溯源，提出一连串问题。怀疑就是对权威的理论、既有的学说和传统的观念等不是简单地接受与信奉，而是持怀疑和批判的态度。

案例

20世纪初，在剑桥大学，维特根斯坦是大哲学家穆尔的学生，有一天大哲学家罗素问穆尔“谁是你最好的学生？”穆尔毫不犹豫地回答:“维特根斯坦。”“为什么？”“因为在我的所有学生中，只有他一个人在上我的课时老是流露出迷茫的神色，老是有一大堆问题，”后来，维特根斯坦的名气超过了罗素。有一次，有人问维特根斯坦:“罗素为什么落伍了？”他回答说:“因为他没有问题了”。

有了问题，思维才有方向，才有动力；有了问题，才有主动探究的愿望。

（二）流畅的思维能力

流畅的思维能力是指就某一问题情境能顺利产生多种不同的反应，给出多种解决办法和方案的能力。我们常用“思绪如潮”“下笔如行云流水”“滔滔不绝”等词来形容思维流畅的人。思维流畅对创新有重要意义，因为形成大量设想，就有更大机会产生有创新意义的设想。提出的设想不一定每一个都正确，有创见性的设想也不是一下子就能在头脑中形成的。但是，提出的设想越多，出现有创见性设想的机会也就越多。牛顿在他的著作《光学》的最后部分，提出了30多个“设想”，这些设想瑕瑜互见，既有灼灼闪光的真知灼见，也夹杂着一些今天看来显而易见的谬误。不过，正是因为牛顿提出了许多“设想”，才迸发了光辉思想的火花。

思维流畅是以丰富的知识和较强的记忆力为基础的，并能够根据目前情况所得到的印象和所观察到的事物激活知识，调出大脑中储存的信息，并进行创造性思维，从而提出大量新观点。

（三）变通能力

变通能力是指思维迅速地、轻易地从一类对象转变到另一类对象的能力。它能够从某种思想转换到另一种思想，或是多角度地思考问题，能用不同分类或不同方式研究问题。具有变通能力的人，一般都能根据客观情况的变化机智地解决问题，在思维中灵活应变，不囿于条条框框，敢于提出新观点，思想活跃。而缺乏变通能力的人，往往机械呆板，墨守成规，没有创新精神，思想陈旧，观点保守。

训练 1

试着只增加一笔，把罗马数字Ⅸ变成Ⅵ。

你的思路：____

____。

训练 2

口字加两笔，一分钟之内你能写出多少字，同学间进行交流后，还能写出多少字？

你的思路：____

____。

变通的能力，必须以广博的学识为基础，有了广博的知识，才能最大限度地发挥变通能力。

（四）独创能力

独创能力是一种寻求不同寻常的思想和新奇的、独特的解决问题的能力，能想出别人想不出来的观念，看出别人看不到的问题。它是一种求新求异的能力。具有独创能力的人往往与他人不同，独具卓识，能提出新的创见，做出新的发现，实现新的突破，具有开拓性。独创能力是创新能力的最本质、最重要的核心要素，它反映了一个人创新能力水平的高低。同时，独创能力是人们在创新活动的各个阶段或各个领域都需要的最基本的能力要素，无论在技术产品开发上，还是在生产、管理和市场开拓上，甚至在日常学习和生活中都需要运用独创能力。

案例

失眠是一种疾病，人们都认为只有吃药才能治愈。可是瑞士一家公司与众不同，他们想到了吃药以外的一种更简单、更实用的方法。这家公司开发出一种能促使失眠者很快睡着的录音磁带，上面录的都是“废话”。人们都讨厌听废话，但多数人从未想到过利用它来为人服务，这就是一个具有独创性的产品。

一般人的创新能力，大体是流畅性第一，变通性次之，独创性最低。独创能力是最重要也是最难的。它主要体现在两个方面，一是打破常规，追求与众不同；二是求新与求异的有机结合。富有独创能力的人，常常用一种挑剔的眼光看问题，以新的思路、新的方式提出新设想。求异就是要独特，提出的设想与常规的设想相比有很大不同，是一般人不易想到的。

（五）制订方案的能力

创新的设想能否实现取决于方案的制订和实施。所谓制订方案的能力是指把一个创新的想法变成一个具体的实施方案的能力。方案是为了解决特定问题、达到预期目标采用的方法和手段。制订方案时，首先要明确创新目标是什么，方案是围绕着实现创新目标而制订的。其次，分析实现这个创新设想存在哪些问题和困难，了解其有利因素和不利因素。再次，针对需要解决的问题，选择主要方法和途径，并确定需要解决的重点和方向，主要运用类比、想象、直觉、灵感等多种形式的创新方法。最后，制订方案的实施步骤。从设想、构思、证明到具体的设计、修改、完善，需要做大量的创造性工作。创新是一项探索性工作，没有现成方法和模式可以照搬，它不是对人类已有认识和实践的重复，而是在此基础上进行新的创造。因此，创新过程不可能一帆风顺，其中必然会遇到许多挫折和失败。为此，就需要拟订多套方案以备选择。解决同一问题可以用多种方法，这些方法之间并不是互相排斥的关系，而是互相补充、互相融合、取其所长、去其所短的关系。如果只知道一种方案，就难以比较好坏，区别优劣，就没有选择的余地。

【拓展学习】

创新能力训练

1. 陶行知先生在他的《创造宣言》中说：“处处是创造之地，天天是创造之时，人人是创造之人。”我们如何理解这句话？

2. 创新能力培养：我的创意环境

与使自己感到有创意之环境或物进行亲密接触。也许是某种香味（如季节的变化，肉桂味，烤面包味）、景色（如日出，山脉，假日图片，花卉），也许是某种声音（如海浪声，爵士音乐，寂静）、味道（如巧克力，橘子，卡布奇诺）或者某种感觉（如凉爽的玻璃，舒服的汗衫，春风拂面）。什么能使你变得更有创意呢？请列出您创意环境里的必要元素。如：一天里的什么时段你最有创意？

（1）________________________________

（2）________________________________

（3）________________________________

（4）________________________________

（5）________________________________

讨论交流：

（1）什么颜色会让你觉得心情愉快？

（2）空间的大小会对你的心情造成怎样的影响？

（3）何种饮料会让你平静下来？

项目 3　测试题

扫码查看答案

1.[多选题] 创新意识包括哪些？（　　）

A. 创造动机　B. 创造兴趣　C. 创造情感　D. 创造意志

2.[多选题] 发散思维具有哪些特点？（　　）

A. 流畅性　B. 变通性　C. 独特性　D. 多感官性

3.[多选题] 逻辑思维具有哪些特点？（　　）

A. 规范性　B. 严密性　C. 确定性　D. 可重复性

4.[多选题] 头脑风暴法必须遵守的原则有哪些？（　　）

A. 不得批评原则　B. 自由畅想原则　C. 以量求质原则　D. 综合改善原则。

5.[多选题] 创新能力是运用知识和理论，在科学、艺术、技术和各种实践活动领域中不断提供具有（　　）的新思想、新理论、新方法和新发明的能力。

A. 经济价值　　B. 产品价值　　C. 社会价值　　D. 生态价值

6.[单选题] 创造活动的动力因素是（　　）。

A. 创造动机　　B. 创造兴趣　　C. 创造情感　　D. 创造意志

7.[单选题] 发明或发现前人和同时代人所不曾创立的理论、知识、技术、方法、实物、模型等的思维活动和思维结果是（　　）。

A. 发散思维　　B. 常规性思维　　C. 创新思维　　D. 联想思维

8.[单选题] 大脑在思维时呈现的一种扩散状态的思维模式是（　　）。

A. 发散思维　　B. 常规性思维　　C. 创新思维　　D. 联想思维

9.[单选题] 踏破铁鞋无觅处，得来全不费工夫是（　　）。

A. 发散思维　　B. 聚合思维　　C. 灵感思维　　D. 联想思维

10.[单选题] 公安人员从各种迹象、各类被怀疑人员中发现作案人和作案事实运用的是（　　）。

A. 发散思维　　B. 聚合思维　　C. 灵感思维　　D. 联想思维

11.[单选题] 人脑记忆表象系统中，由于某种诱因导致不同表象之间发生联系的一种没有固定思维方向的自由思维活动是指（　　）。

A. 发散思维　　B. 聚合思维　　C. 灵感思维　　D. 联想思维

12.[单选题] 最早提出对工程师进行创造力训练的建议，并以实例阐述一些改进及创新的技巧和方法的人是（　　）。

A. 奥斯本　　B. 普林德尔　　C. 威廉 · 戈登　　D. 爱德华·德·博诺

13.[单选题] 中国著名的学者梁启超在《中国历史研究法》一文中，提出：“天下古今，从无同铸一型的史迹，读史者与同中观异，异中观同，则往往得新理解。”这里讲的“同中观异，异中观同”是哪种创新方法？（　　）

A. 头脑风暴法　　B.“5W2H”法　　C. 综摄法　　D. 六顶思考帽法

14.[单选题]TRIZ 是在对大量（　　）进行分析的基础上提出的方法。

A. 创新　　B. 企业　　C. 版权　　D. 专利

项目 4　创办企业

子项目 1　认识创业者与组建创业团队

【智者警句】

子曰："工欲善其事，必先利其器"。

——《论语》

建功立业当盛日，后世称咏于诗书。

——欧阳修《听平戎操》

【内容提要】

➢ 什么是创业者？
➢ 创业者有哪些类型？
➢ 创业者应具备哪些素质和能力？
➢ 什么是创业团队？
➢ 创业团队的组建原则有哪些？
➢ 如何加强创业团队的管理？

【案例分享】

张涛和黄明在大学毕业后合伙创办了一家装饰设计公司。张涛在大学所学专业是平面设计；公司成立后，他就负责设计工作。黄明负责日常管理，虽然他并没有与行政管理相关的专业知识背景，但他在大学社团活动中表现出的管理能力让李波很钦佩。就这样，两个人分工合作，为这家公司的发展共同努力。

经过两年的努力，张涛带领设计团队先后拿下来很多大项目，得到了行业的认可。黄明也在实践中不断学习，逐渐提升了自己的管理能力，虽然他不苟言笑，但却能够用独到的管理方式把公司管理得井井有条。经过两人的不懈努力，现在他们公司的年销售额已经是过 100 万元。但他们并未就此停止前进，年销售额突破 1000 万元成了他们的新目标。

阅读以上材料，分析他们创业成功的原因。你认为创业者应具备哪些素质和能力？假如你想创业会选择什么样的成员来组成创业团队？

【认知归纳】

一、创业者

案例

改变习惯，承担责任

为了使学生能够面对自己的弱点，克服心理障碍，勇于承担责任，老师组织了一项活动。

老师带领学生来到操场上，使学生相隔一臂站成若干排。老师喊“一”，学生向右转；喊“二”，学生向左转；喊“三”，学生向后转；喊“四”向前一步走；喊“五”，原地不动。做错的人走出队列，站到大家对面向前鞠躬，并举起右手高声说“对不起，我错了！”

这是一个绝大多数人都会犯错的活动。面对错误时，人有时会不承认自己错了；有时意识到错误，但不敢承认，因为很难克服心理障碍。事实上，只有敢于面对错误的人，才能真的养成好习惯。

请回答以下 2 个问题。

（1）这个活动的意图是什么？

（2）你有哪些收获？

（一）创业者的定义

创业者一词由法国经济学家坎蒂隆（Cantillon）于 1755 年首次引入经济学。1800 年，法国经济学家萨伊（Say）首次给出了创业者的定义，将其描述为将经济资源从生产率较低的区域转移到生产率较高区域的人，并认为创业者是经济活动过程中的代理人。著名经济学家熊彼特则将创业者视为创新者。在欧美学术界和企业界，创业者被定义为组织、管理一个生意或企业并承担其风险的人。创业者有两个基本含义，一是指企业家，即在现有企业中负责经营和决策的领导人；二是指创始人，通常理解为即将创办新企业或者是刚刚创办新企业的领导人。

创业者是实施创业过程的人，是创业的核心要素，是创业的主体。创业者的定义有广义和狭义之分，广义的创业者是指参与创业活动的全部人员。狭义的创业者指的是创业活动的核心人员。

（二）创业者的类型

1. 实战型的创业者

实战型创业者大多是生意人，本身也是市场高手，对市场很敏感，能抓住商机，执行力非常强。这类创业者通常能从小事做起，善于赚钱，通过实战积累经验，对市场非常敏锐，能够快速找到借鉴和赚钱的机会。然而，他们在成功后可能会面临定位问题。

2. 技术型的创业者

技术型创业者大都具备一、二门自恃很强的技术，深刻研究精神，成功的关键在于选择合适的行业，确保该行业有杀手级的应用和病毒式的推广模式。他们通常执着，但对市场力量的认识可能较为不足，客户观点也可能相对狭隘。

3. 学究型的创业者

学究型创业者以理想和激情为驱动，但与实际运作存在较大差距。他们倾向于坚持自己的观点，理论较多而实践能力较差。

（三）大学生创业者应具备的素质

在竞争激烈的今天，仅凭热情、勇气、经验或单一的专业知识很难取得创业成功。大学生创业者应具备综合性的素质，主要表现在以下 5 个方面。

1. 丰富的文化知识

创业者需要广泛掌握知识，具备一专多能的知识结构。他们应了解国家的政策法规、企业经营管理知识以及市场经济等方面的知识。在知识经济时代，终身学习成为人们生存和发展的首要任务，不断提升自身能力和素养，以适应事业和社会的发展需求。

2. 良好的心理素质

创业者在面对挫折、压力和失败时需要强大的心理调控能力。他们应保持积极向上的态度，自信自主、果断开朗，成功时不沾沾自喜，失败时不灰心丧气。

3. 健康的身体素质

创业的初期是复杂而艰苦的，创业者需要拥有健康的身体和充沛的精力，以应对各种挑战。

4. 坚韧不拔的意志

坚韧不拔的意志是创业者的必备品质。面对创业中的困难，他们应保持坚韧不拔、耐心和持久的品质，永不言弃。创业活动中的尝试和错误是不可避免的，创业者需要将挫败看作成功的基石。

5. 敢于竞争的意识

在市场经济中，机会与风险并存。创业者需要有竞争意识，勇于参与和善于应对竞争。然而，他们也应保持克制，防止冲动行为。

除此之外做事情首先是做人，而做人必须注重诚信，创业也不例外。创业成功者赢得财富的关键在于比一般人更能把握机遇。创业者要在市场竞争中立于不败之地，必须具备创新精神。如今，已经不是一个人单打独斗的年代，领导才能已经逐渐成为衡量创业成功的重要标志。正直、公正、信念、恒心、毅力、进取精神等卓越的人格品质无疑会提升领导者的影响力和个人魅力，从而扩大其追随者队伍。

（四）大学生创业者应具备的能力

1. 专业技术能力

专业技术能力包括专业知识和专业技能。专业知识是从事某一专业工作所必须具备的知识，掌握专业知识是培养专业技术能力的基础。专业技能包括智力技能和操作技能。

2. 组织管理能力

创业者需要将各项生产要素有机结合，形成系统整体合力的杰出才能。创业者是创业活动的协调者、组织者、领导者。成功的创业者要有开拓创新精神，更要善于管理、经营、用人、理财。

3. 综合能力

创业者需要具备的综合能力主要表现为持续的学习能力、处理信息的能力、灵活的应变能力、独立的工作能力以及良好的社交能力等。

（五）创业动机

创业动机是指引起和维持个体从事创业活动，并使创业活动向某些目标发展的内源动力。它是鼓励和引导创业者为实现创业成功的内在力量。创业者的 4 个主要动机如下。

1. 实现自身价值，获得成功的满足

掌握一定的专业技能或者管理经验的专业人才不满足现状。为了最大限度地发挥自己的潜能和特长，实现自身价值，获得个人在事业上的成功，并从中得到满足，自创企业谋求发展。

2. 争取更高利润，改善生活状况

如今，小企业中有一定数量的业主是下岗或无业人员，他们为了改善生活状况，还有一定数量的业主虽然有自己的工作，但不满足现状，为了争取更高的利益和利润而"下海"。

3. 实现独立自主，支配自己的生活

由于性格使然，有些人不甘心屈居他人之下，受他人支配，主张自我支配生活。

4. 争取个体自由，管控灵活的时间

自创企业可以为自己争取一个较自由、较灵活的时间和空间，可以无拘无束地享受生活，这也是一部分业主创办小企业的动机之一。

案例

马斯洛的创业动机分类

按照马斯洛的需求理论，我们可以将创业者的创业动机划分为以下 5 类。

（1）生理需求。有的人创业是为了不依赖他人而独立的生存。

（2）安全需求。有的人创业是为了拥有安全感。

（3）归属需求。有的人创业是为了拥有更宽广的发展空间和人脉。

（4）尊重需求。有的人放弃高薪而去创业，是为了过一种更加受人尊重的生活。

（5）自我实现需求。有的人创业是为了实现自身价值，让人生更有意义。

二、创业团队

（一）创业团队的概念

团队是合理利用每一个成员的知识和技能协同工作，解决问题，达到共同目标的共同体。而创业团队，就是由少数具有互补技能的创业者组成，是为了实现共同的创业目标，按照一种能使他们彼此担负责任的程序，共同为达到高品质的结果而努力的集体。团队在英文中叫做 team，是由一群有着共同目标，有着分工而又协同的人群形成的战斗团体。团队不同于群体，群体在英文中称为 Group，可能只是一群乌合之众，并不具备高度的战斗力，如羊群是群体，狼群是团队。

1. 创业团队

创业团队可从两个层面理解，狭义的创业团队是指有着共同目的、共享创业收益、共担创业风险的一群经营新成立的营利性组织的人，他们提供一种新的产品或服务，为社会提供新增价值；广义的创业团队不仅包含狭义创业团队，还包括与创业过程有关的各种利益相关者，如风险投资商，供应商，专业咨询群体。

2. 创业团队的组成要素

创业团队由以下 4 大要素组成。

（1）目标。目标是将人们的努力凝聚起来的重要因素，从本质上来说，组建创业团队的目的就是为了实现团队的共同目标。

（2）人员。人员任何商业计划的实施，最终是要靠团队成员去完成的，团队的每个成员，作为知识的载体，所拥有的知识对创业团队的贡献程度，将决定企业在市场中的命运。

（3）团队成员的角色分配。明确团队成员在新创企业中担任的职务和承担的责任。

（4）创业计划。创业计划即制订成员在不同阶段分别要做哪些工作以及怎样做的指导计划。

（二）创业团队的类型

从不同的角度、层次和结构，可以划分为不同类型的创业团队，例如星状创业团队，网状创业团队和虚拟星状创业团队等。

1. 星状创业团队

在团队中有一个核心领导作为领队。这种团队在形成之前，一般是核心人物，有了创业的想法，然后根据自己的设想进行团队的组织。因此在团队形成之前，核心人物已经就团队组成进行了设想，选择适合的人员加入团队，这些加入的成员，也许是核心人物以前熟悉的人，也有可能是不熟悉的人，但这些团队成员在企业中更多的是支持者的角色。这种创业团队有几个明显的特点：一是组织结构紧密，向心力强，主导人物在组织中形成的行为对其他个体影响巨大；二是决策程序相对简单，组织效率较高，三是容易形成权力集中的局面，从而使决策失误的风险加大；四是当其他团队成员和主导人物发生冲突时，因为核心主导人物的特殊权威，往往使其他团队成员在冲突中处于被动地位，情况较严重时还会选择离开团队，因而对组织的影响较大。

案例

星状创业团队的典型例子如美国的太阳微系统公司，该公司创业初期就是由维诺德·科尔斯库斯勒确立了多用途开发工作站的概念，接着他找了两位分别在软件和硬件方面的专家以及一位具有实际制造经验和人际技巧的麦克尼里，于是组成了sun的创业团队。

2. 网状创业团队

网状创业团队的成员一般在创业之前有着密切的关系，如同学、亲友、同事、朋友等。一般都是在交往过程中，对某一创业想法有共同认识，并就创业达成了共识以后，开始共同创业。在创业团队组成时，没有明确的核心人物，大家根据各自的特点，进行自发的组织角色定位。因此在企业初创时期，各成员基本上扮演的是协作者或者伙伴的角色。这种创业团队的特点，一是团队没有明确的核心，整体结构较为松散；二是组织决策时，一般采取集体决策的方式，通过大量的沟通和讨论达成一致意见，因此组织的决策效率相对较低；三是由于团队成员在团队中的地位相似，因此容易在组织中形成多头领导的局面；四是团队成员之间发生冲突时，一般都采取平等协商，积极解决的态度，消除冲突，团队成员不会轻易离开，但团队成员间一旦冲突升级，可能某些团队成员选择撤出，就容易导致整个团队的涣散和分裂。

3. 虚拟星状创业团队

这种创业团队是由网状创业团队演化而来的，基本上是前两种的中间形态。在团队中有一个核心成员，但是该核心成员地位的确立是团队成员协商的结果，因此核心人物从某种意义上说是整个团队的代言人，而不是主导型人物，其在团队中的行为，必须充分考虑其他团队成员的意见，不如星状创业团队中的核心主导人物那样有权威。

创业团队是否取得成功的一个重要因素是成员的互补性，互补性是指由创业团队中各个创业者发挥各自的优势，弥补彼此的不足，从而形成一个知识、能力、性格、人际关系、资源等方面比较平衡的优秀团队。一个创业团队，要想紧密团结在一起，共同奋斗，努力实现团队的远景和目标，各种角色的人才都不可或缺。创新者提出观点，实干者运筹计划，凝聚者润滑调节各种关系，信息提供者提供数据支持，协调者调和各方利益关系，推进者促进决策的实施，监督者监督决策实施的过程，完美者注重细节强调高标准，专家则为团队提供一些指导。

案例

西游记的团队分析

西游记中由唐僧率领的取经团队，被公认为是一支黄金组合的创业团队，四个人的性格各不相同，却又同时有着不可替代的优势。唐僧慈悲为怀，有强烈的使命感，有组织设计能力，注重行为规范和工作标准，所以他担任团队的主管，是团队的核心。孙悟空武功高强，是取经路上的先行者，能迅速理解完成任务，是团队的业务骨干和铁腕人物。猪八戒看似实力不强，又好吃懒做，但他善于活跃工作气氛，从而使取经之旅不至于太沉闷。沙僧勤恳踏实，平时默默无闻，关键时刻他能稳如泰山，稳定局面。

（三）创业团队的组建原则

1. 合伙人原则

一般企业都是招员工，而员工都是在做“工作”。但创业团队需要招的是“合伙人”，因为合伙人做的是事业，一个人只有把工作当作事业才有成功的可能，一个企业只有把员工当做“合伙人”才有机会迅速成长，所以创业团队要先解决价值分配障碍，然后去找自己的“合伙人”。

2. 激情原则

激情是衡量一个人是否能够成功的基础标准。创业团队一定要选择对项目有高度热情的人加入，并且要使所有人在企业初创时就要有每天长时间工作的准备。任何人，不管其有无专业水平，如果对事业的信心不足，将无法适应创业的需求，而这种消极因素，对创业团队所有成员产生的负面影响可能是致命的。

3. 团队原则

团队是企业凝聚力的基础，成败是整体而非个人，成员能够同甘共苦，经营成果能够公开且合理地分享，团队就会形成坚强的凝聚力与一体化感。

团队中没有个人英雄主义，每一位成员的价值，表现为其对于团队整体价值的贡献。每一位成员都应将团队利益置于个人利益至上，个人利益是建立在团队利益基础上的，因此成员必须愿意牺牲短期利益来换取长期的成功果实，而不计较短期薪资、福利、津贴等，将利益分享放在成功后。

4. 互补原则

建立优势互补的团队是创业成功的关键。“主内”与“主外”的不同人才，耐心的“总管”和具有战略眼光的“领袖”，技术与市场两方面的人才，都不可偏废。创业者寻找团队成员，首先要弥补当前资源能力上的不足，要针对创业目标与当前能力的差距，寻找所需要的配套成员。好的创业团队，成员间的能力通常都能形成良好的互补，而这种能力互补也会有助于强化团队成员间彼此的合作。

此外，创业团队还要注意个人的性格与看问题的角度，团队里必须有总能提出建设性意见和不断地发现团队问题的成员，一个都喜欢说好话的组织绝对不可能成为一个优秀的团队。

（四）创业团队的管理

1. 建立信任

信任作为高素质团队的起点，能制约和推动团队的发展，团队能不能飞跃，首先看在团队中成员间能不能建立起相互的信任。

信任是合作的基础。对于一个团队而言，团队成员是相互信赖的，而且团队合作往往是建立在信任而非利益的基础上，尤其在现今社会中，虽然信任与合作正朝着一体化的方向发展，但是合作是相互信任为前提的，没有信任，就难以产生合作的基础。可以说，信任是一个高效团队成功的关键因素。现实中团队的失败大多也被归纳为内部缺乏信任，团队成员对领导的不信任，是团队失败的主要原因。

信任也需要相互监督。信任，无疑能提高组织成员的积极性，满意度，有效地提升组织创新生存能力。然而信任也有成本，一旦信任被利用了，高得可怕的信任成本，便显示出强烈的破坏力，因为没有约束的信任将伴随着风险。

2. 合理授权

管理学专家皮特史坦普说过，企业成功的企业领导，不仅是控权高手，更是授权高手。

随着团队的建设和发展，领导者要通过合理授权，让团队成员分担责任，使团队成员更多地参与项目的决策过程，允许个人或小组以更自己的更灵活的方式开展工作。其目标和意义有如下 3 点。

（1）通过灵活授权，显示领导者对团队成员的信任，也给团队成员学习和成长的空间。这种信任可以奠定团队信任的基础，也是团队精神存在于领导者与团队之间的体现。

（2）合理授权有利于充分发挥团队队员的积极性和创造性，每个人都有实现自我价值的愿望。每项工作的成功不仅是领导管理的成功，更是所有实现自我价值的团队成员的成功。

（3）合理授权有利于决策。一方面，团队成员在自己授权范围内可根据内外部环境的变化及时决策；另一方面，通过灵活授权，领导者逐渐将工作重点转向关键点控制、目标控制和过程控制。

3. 积极沟通、善于倾听

沟通是信息交流的重要手段，它就像一座桥梁，连接着不同的人、不同的文化和不同的理念。良好、有效地沟通，能使交流的双方充分理解，达成共识。美国著名未来学家奈斯比特曾指出“未来的竞争是管理的竞争，竞争的焦点在每一个社会组织内部成员之间及其外部组织的有效沟通上”。

团队成员之间的有效沟通是任何团队管理艺术的精髓。倾听是这个世界上最美的行为。团队成员之间需要沟通、交流、协作共事。善于倾听，不仅体现着一个人的道德修养，而且还关系到能否与他人建立一种正常和谐的人际关系。请记住，今天是一首歌，团结之歌，友谊之歌，更是和谐之歌。

4. 考绩管理，赏罚分明

绩效考核是现代组织不可或缺的管理工具之一，它是一种周期性检查与评估团队成员之工作表现的管理系统。有效的绩效考核，不仅能确定每位团队成员对组织的贡献和不足，还可以在整体上为组织的人力资源管理提供客观的评估资料，为公平合理地付酬劳给团队成员提供客观依据，从而提升团队成员的工作绩效。

创业初期，创业团队成员大多是同学，朋友等熟人，但是创业团队经过一段时间的磨合，会发现团队的运作并没有想象的那样顺利，可能会产生有的人不能认同企业的经营理念，或许有的人想“自立门户”，或许有的人工作时心不在焉，想逃避责任，或许有的人做事情根本就不称职等情况。因此通过一段时间之后，创业团队都要经过一个痛苦的洗牌过程，而对创业团队最严厉的惩罚，恐怕就是将他“踢出”团队，这种情况并非团队的创立者希望看到的。很多情况下，碍于情面，将某些团队成员踢出团队，可能更是一种左右为难的选择，事实上，即使是最富经验的职业经理人，他们最怕的事情就是解雇员工。请记住，对于创业企业，在创业初期碰到的这种情况要有果断换人和“洗牌”的勇气。

5. 共同学习

进入 21 世纪，随着科技的进步和知识更新速度的加快，无论哪一种类型的团队，要想成为一支能够打硬仗、素质过人的高效能团队，归根结底还是要“打铁还需自身硬”，团队成员需要不断地给自己充电学习，弥补知识技能上的不足。

要让团队成员在组织内通过团队学习，实现知识共享。实现个人学习向团队学习的飞跃，首先要实现每个人都获得新知识都能快捷的团队成员分享。知识不会因为传播而减少，交流和分享却是整个团队的集体智慧增加。个人学习成果若不经团队学习的过程，就只是个人知识的增长，无法增加团队的整体的学习力和竞争优势，相反，个人通过团队学习，实现知识的共享，就能快速地提高团队的知识总量和集体智慧，增强企业的竞争力。

【拓展学习】

食亨 CEO 王泰舟，了不起的“90 后”创业者

日前，36 氪发布了 2020 年度“36 位 36 岁以下了不起的创业者”榜单，中国外卖行业标杆服务商食亨联合创始人、董事长兼 CEO 王泰舟作为年度创业代表荣耀上榜。王泰舟其实早已成为亚洲范围内颇具影响力的外卖行业创新创业领袖。2019 年，他连续登上福布斯亚洲“30 位 30 岁以下精英”、福布斯中国 30 岁以下精英和胡润 under30S 创业领袖等榜单。

90 后的王泰舟已经创业近 10 年，对市场有着敏锐的洞察力，他发现在大数据的冲击下，餐饮业正面临着巨大的变革，而很多商家在线上化的过程中，都存在大大小小的问题：首先，门店基础优化差，很多商家对门店装修、菜品拍摄、菜单设

计、配送等方面的问题无法优化完善；其次，缺少专业团队和线上运营经验，因此在增加店铺曝光、提升客户转化率等方面有着严重的不足，而组建专业团队成本又较高，中小型商家往往难以承受；另外，对接难也是一个大问题，一方面是各外卖平台不同的运营规则、排名及曝光算法不同导致的双平台对接难，另一方面是商家和平台之间的对接效率低，无法达到应有的效果。

技术出身的王泰舟对数字驱动行业升级有着深切感悟，于是他亲自组建了一支具备“极客”素质的技术团队，并斥资数千万元打造了“i食亨”信息中心。这是食亨技术团队历时2年设计并成功开发的一套契合实际运营业务需求的大数据平台。目前日均处理行业数据已经超过15亿条次，针对运营细节问题可实现秒级响应处理，这个庞大的数据运行体量对系统的复杂性、精准性、稳定性、灵活性有着极高的要求，在中国外卖行业的发展史上有着重要的价值和意义。

2017年以来，作食亨CEO的王泰舟带领企业以敏锐的市场嗅觉与前瞻性的行业视角，快速建立人才+技术+服务的专业外卖代运营服务平台，汇聚全球顶尖资源，凭借强大的竞争优势，立足于行业现状，聚焦品牌痛点，中国外卖市场的发展注入全新血液，助力品牌客户与全行业的加速成长，并先后获得“2018卓越餐饮服务品牌”“2019中国最佳商业模式奖”“2020垂直行业最佳解决方案”等超60项奖项认可。

作为一名“90后”创业者，食亨CEO王泰舟用自己的行动向人们展示了“后浪”的力量。在这个全新的数字化商业时代，王泰舟将凭借其对中国外卖代运营与互联网数字科技的独到见解，引领食亨为中国的互联网商业模式创新带来更多可能。

（资料来源：凤凰网，https://ah.ifeng.com/c/83OM3lpyNoI）

结合案例，思考并回答以下问题。

（1）王泰舟创业成功的主要因素有哪些？

（2）阅读案例，你有何感想？

子项目 2　识别创业机会与管理创业资源

【智者警句】

创业等于发现机会和调动资源。

——斯蒂芬·P·罗宾斯

当机会呈现在眼前时，若能牢牢掌握，十之八九都可以获得成功；而能克服偶发事件，并且替自己找寻机会的人，更能可以百分之百的获得胜利。

——卡耐基

【内容提要】

- 创业机会的内涵。
- 创业机会的来源。
- 创业机会的识别。
- 大学生寻找创业机会的有效途径。
- 创业资源及创业资源的类型。
- 创业者资源盘点。
- 创业者资源整合。

【案例分享】

李宁品牌的发展

1988 年 9 月 17 日的汉城奥运会上，训练不系统，又勉强上阵的李宁接连在体操器械上严重失误，国内舆论顿时哗然。当人们过度的希望变成了失望的时候，同情也就变成了指责。一些报道竟谩骂李宁“不如羞耻”，甚至还有人给他寄去刀片和绳子。同年 12 月 16 日，深圳体育馆。“体操王子”李宁以一曲《难说再见》，正式宣布自己退出体坛，告别自己长达 18 年的体操生涯。离开体坛的李宁开启了自己的创业之路，李宁公司由于不是国有企业而进不了国营大商场的门，因此，先凭借队友、亲属和朋友的关系网络建立销售网点，然后用特许经营的方式，联系全国个体户经销李宁牌产品。李宁公司的家族化特色很突出，管理者大部分是李宁的亲属。从2000年开始，李宁公司的员工队伍迅速扩大，外资、合资企业的“空降兵”不断进入公司，来自意大利和法国等地的海外设计师、设计工作室先后加盟。

2001年，1992年10月加入李宁公司的张志勇接替陈义红出任北京李宁公司的总经理，成为李宁公司新架构下的管理核心。截止到2012年为止，李宁公司已有6位总监，分别监管生产运作、市场战略、产品策略等。

在当时创业时期，中国市场还是需大于供的，体育用品行业品牌未形成鲜明的旗帜。

李宁的公司抓住了第一个发展契机即1990年的北京亚运会。李宁不仅想到了第11届亚运会所带来的契机，更是想到了亚运会火炬接力，李宁慷慨赞助亚运会的接棒手。此时大家都说李宁爱国，使品牌家喻户晓。于是李宁服饰打出了一张“民族牌”，之后李宁的明星魅力及其体育界的丰富人脉关系，对“李宁牌”的成长起到了不可或缺的作用，同时独特的企业文化，是李宁有限公司每个部分紧密协作、奋力向前的接力棒，使所有的供应商、经销商、服务商成为合作伙伴，让所有的员工合心同力。

（资料来源：赖先志，郑栋之. 大学生创新创业实践指导教程 [M]. 上海：上海交通大学出版社，2017.）

纵观李宁品牌的发展历程，不难看出机会的重要性，如何在创业过程中发现机会，把握契机是创业成功的关键所在。

【认知归纳】

一、创业机会

（一）什么是创业机会

1. 创业机会的概念

创业是建立在机会基础上的。顾名思义，机会即恰好的时候、时机。创业机会，又称商业机会或市场机会，是指有吸引力的、较为持久的和适时的一种商务活动的空间，并最终表现在能够为消费者、客户创造价值、增加价值的产品或服务中。

创业机会主要包括技术机会、市场机会和政策机会。

（1）技术机会。技术机会是指由技术变化带来的创业机会，主要源自新的科技突破和社会的科技进步。

（2）市场机会。市场机会是由市场变化产生的创业机会。

（3）政策机会。政策机会是政府政策变化所赐予创业者的商业机会。

2. 创业机会不等于创意

创业机会可以简单地理解为一个有吸引力、能够使投资者收回投资的想法和主张。这样的机会体现在消费者需求的增长，该增长为创业者提供了提供更有价值的产品和服务的空间。然而，并非所有好的创意都能演变为良好的创业机会。举例而言，虽然你可能通过一项新技术创造了一个富有创意的产品，但市场可能并不需要它；某个想法听起来很好，但若在市场上缺乏竞争力或不具备必要的资质，便不值得投资；有时虽然市场存在需求，但需求量不足以收回成本等。因此，对于创业者而言，好的创意只是实现成功的工具之一。

在企业家的创业过程中，发现优秀的创意只是第一步。创意的重要性往往被过高估计，导致忽略了更为重要的市场需求评估。实际上，由于各种意想不到的情况、环境和技术的变化等多种因素，许多企业最终生产的产品可能与最初设想大相径庭。

因此，创业机会并非等同于创意。拥有出色创意并不意味着必然存在市场机会。通常情况下，一旦有了创意，创业者仍需进行市场研究，并在此基础上辨识和筛选潜在市场机会。机会的出现常常源于环境变化、市场的不协调或混乱、信息的滞后、领先或缺口，以及市场中其他各种因素的影响。

创业者要有效利用机会，则需要能够识别和利用这些变化与不完善。在创业过程中，除了拥有创意，对市场变化的敏感性和对机会的有效利用同样至关重要。

（二）创业机会的来源

1. 问题

创业的根本目的是满足顾客需求。而顾客需求在没有满足前就是问题。寻找创业机会的一个重要途径是善于去发现和体会自己和他人在需求方面的问题或生活中的难处。比如，上海有一位大学毕业生发现远在郊区的本校师生往返市区交通十分不便，创办了一家客运公司，就是把问题转化为创业机会的成功案例。

2. 变化

创业的机会大都产生于不断变化的市场环境，环境变化了，市场需求、市场结构必然发生变化。著名管理大师彼得·德鲁客将创业者定义为那些能“寻找变化，并积极反应，把它当作机会充分利用起来的人”。这种变化主要来自产业结构的变动、消费结构升级、城市化加速、人口思想观念的变化、政府政策的变化、人口结构的变化、居民收入水平提高、全球化趋势等诸方面。比如居民收入水平提高，私人轿车的拥有量将不断增加，这就会派生出汽车销售、修理、配件、清洁、装潢、二手车交易、代驾等诸多创业机会。

3. 发明创造

创造发明提供了新产品、新服务，更好地满足顾客需求，同时也带来了创业机会。比如随着电脑的诞生，电脑维修、软件开发、电脑操作的培训、图文制作、信息服务、网上开店等等创业机会随之而来，即使你不发明新的东西，你也能成为销售和推广新产品的人，从而给你带来商机。

4. 竞争

如果你能弥补竞争对手的缺陷和不足，这也将成为你的创业机会。看看你周围的公司，你能比他们更快、更可靠、更便宜地提供产品或服务吗？你能做得更好吗？若能，你也许就找到了机会。

（三）创业机会识别

创业机会识别是创业领域的关键问题之一。从创业过程角度来说，它是创业的起点。创业机会识别的过程是很复杂，一般认为，创业机会识别分为 3 个阶段。

（1）机会的搜寻。创业机会以不同形式出现。许多好的商业机会并不是突然出现的，而是对“一个有准备的头脑”的一种“回报”。在机会识别阶段，创业者需要弄清楚机会在哪里和怎样去寻找。

（2）机会的识别. 对机会的识别源自创意的产生，而创意是具有创业指向同时具有创新性的想法。在创意没有产生之前，机会的存在与否意义并不大。有价值潜力的创意一般会具有以下基本特征：独特、新颖，难于模仿。要从创意中筛选合适的机会，这一过程包括两个步骤，第一步是通过对整体的市场环境，以及一般的行业分析来判断机会是否在广泛意义上属于有利的商业机会；第二步是考察对于特定的创业者和投资者来说，这一机会是否有价值，也就是个性化的机会识别阶段。

（3）机会的评价。主要针对创业机会的市场与效益进行评估。要认真分析我们企业的市场定位、市场结构、市场占有率、产品成本构成、毛利率、资本回报率等诸多因素。在此基础上，对机会进行综合评价。

将创业机会转化为创业行为，需要付出成本。当把握机会的成本大于机会带来的价值，那这个机会并不是一个有价值的创业机会。一个创业机会可能有巨大的价值，但是出于种种主客观的原因，无法实现创业，那这个机会就不是一个具有可行性的创业机会。当一个创业机会诞生，部分人几乎同时发现创业机会，但只有极少数人成功地抓住了创业机会，其主要原因是成功者拥有抓住该创业机会的优势资源。所以分析一个创业机会是否适合创业者，创业者是否有能力抓住它，是十分必要的。

（四）大学生寻找创业机会的有效途径

大学生可以充分利用校园生活环境和有利的学习条件，学习好相关知识，锻炼好自己的能力，为创业打下坚实的基础。大学生寻找创业机会的有效途径包括以下7种。

1. 利用课堂学习好创业知识

现在，国家对大学生创业教育非常重视，许多高校也开设了创业课程，目前高校所开设的创业课注重培训学生自我创业的意识和企业家精神，其教育内容涉及企业的方方面面，如产品设计技术、质量管理、销售、资金筹措、人际关系、商业法规及政府的有关法律章程等。这些知识对我们今后创业会产生巨大的影响。即使我们不创业，学习好这些知识也会让我们在日后的工作中受益无穷。

2. 充分利用好图书馆资源

大学图书馆是我们获取知识的重要场所。里面有许多关于创业的报纸、图书和杂志，广泛阅读能够增长我们的见识，扩大我们的视野。

3. 利用电视和网络媒介

现在电视网络媒介非常发达，我们可以通过它们学习很多的创业知识。例如中央电视台的《致富经》栏目。还有专业的创业类网站中的一些内容都是很值得我们学习的。

4. 多参加一些社团活动和社会实践活动

社团活动是大学生素质拓展与创业实践的最好途径。积极参加社团活动，可以培养自己良好的品格、锻炼自己与人交往的能力，同时也可以提升自己的组织协调能力。这些也是大学生创业所必须具有的能力。

此外，学生要高度重视社会实践工作。在社会实践中学习企业的生产运营、市场营销、人力资源管理等经验，将社会实践作为创业实践的前期尝试和探索。在创业心理、创业思维、创业知识和能力都已经具备的情况下，就可以很从容地进行创业了。

5. 积极参加创业计划竞赛

现在许多高校都组织了创业计划大赛，这不仅激发了大学生们的创业意识，培养他们的创新能力，还促进了一些创业构思的诞生。创业计划，是同学们走近市场，开展创业活动的第一步，而且现在许多高水平的创业大赛受到了媒体和投资机构的高度关注，许多项目还获得了风险投资基金的资金支持。

此外，各高校经常会有学科竞赛或者科技项目竞赛等活动，有志于创业的大学生在力所能及的情况下，要抓住这样的机会，提升自己的综合素质，同时有机会在今后的创业中获得资金支持。

案例

2012 年 9 月 26 日第三届中国杭州大学生创业大赛正式启动，该赛事得到了来自团中央、中国青年报社以及全国各省级和市级团委系统的大力支持，并且获得了全国各地高校积极响应与深度合作。直至 2013 年 1 月 8 日网上报名阶段正式宣告结束，大赛共征集到了创历届新高的参赛项目数量。

据统计数据显示，该次大赛影响力广泛，成功吸引了全国各地和海外共计 311 所高校参与，总计收到 2461 个充满创新活力的大学生创业项目申报，其中有 54 个参赛项目是由 2011 年后毕业的大学生团队发起的，这使得该届大赛的报名项目总数相较于往届实现了显著增长，为整个大赛的成功举办提供了坚实的保障。

尤为值得一提的是，该次大赛所涵盖的参赛项目领域十分丰富多元，包括现代农业（食品）、光机电一体化、化工新材料、生物医药、节能环保、新能源、电子信息、电子商务、文化创意产业以及其他服务咨询等十大类别。而且，大部分参赛项目紧密贴合杭州市重点发展的十大产业方向，显示了大赛在推动地方产业升级和创新驱动发展战略中的重要作用。

6. 亲朋好友、师长、同学介绍

身处象牙塔的大学生，社会经历相对比较少，获取社会知识的一个重要来源就是自己身边的亲朋好友、师长和同学。这些人往往会站在大学生的角度去思考问题，为他们着想。这些人的介绍对大学生来说是一条重要的创业项目来源。同时，在创业初期，亲朋好友、师长和同学介绍的项目更容易获得他们的信任和支持，从而使创业更容易走上正轨，获得成功。

7. 积极参加各种社交活动，与商界人士广泛交流

积极参加各种社交活动的人往往是善于交流的人，大学生在学校里就应该培养良好的交往能力，这是进入职场或创业所必须具备的能力。

在现实生活中，有创业经验的人是很多的，他们也愿意将自己的创业经验与人分享，这时你要主动，就可能获得最直接的创业技巧和经验。这些知识往往是你在校园里无法获取的。

总之，创业知识和创业机会广泛存在于我们大学生的学习和生活中，只要我们以积极的心态去思考、去学习，克服自己畏惧的心理，总能找到有价值的信息和线索，从而为我们的创业打下坚实的基础。

二、创业资源

创业不是“天马行空”，不是引“无源之水”、栽“无本之木”。创业需要资源。没有真正意义上的“白手起家”，创业者不可能完全靠一己之力轻松做老板。每一个人创业，都必然有其凭借的条件，也就是其拥有的资源。

（一）什么是创业资源

创业资源是指新创企业在创造价值的过程中需要的特定的资产，包括有形与无形的资产，它是新创企业创立和运营的必要条件，主要表现形式为：创业人才、创业资本、创业机会、创业技术和创业管理等。

（二）创业资源的类型

创业资源是新创企业成长过程中必需的资源，按照资源对企业成长的作用可以将其分为 2 类，对于直接参与企业日常生产、经营活动的资源，称之为要素资源；未直接参与企业生产，但其存在可以极大地提高企业运营的有效性资源，则称之为环境资源。

1. 要素资源

要素资源包括场地资源、资金资源、人才资源、管理资源、科技资源等。

（1）场地资源。场地内部的基础设施建设，便捷的计算机通信系统，良好的物

业管理和商务中心，以及周边方便的交通和生活配套设施等。

（2）资金资源。及时的银行贷款和风险投资，各种政策性的低息或无偿扶持基金，以及写字楼或者孵化器所提供的便宜的租金等。

（3）人才资源。高级科技人才和管理人才的引进，高水平专家顾问队伍的建设，合格员工的聘用等。

（4）管理资源。企业诊断、市场营销策划、制度化和正规化企业管理的咨询等。

（5）科技资源。对口的研究所和高校科研力量的帮助，与企业产品相关的科技成果以及进行产品开发时所需要用到的专业化的科技试验平台等。

2. 环境资源

环境资源包括政策资源、信息资源、文化资源、品牌资源等。

（1）政策资源。允许个人从事科技创业活动，允许技术入股，支持海外与国内的高科技合作，为留学生回国创业解决户口、子女入学等后顾之忧，简化政府的办事手续等。

（2）信息资源。及时的展览会宣传和推介信息，丰富的中介合作信息，良好的采购和销售渠道信息等。

（3）文化资源。高科技企业之间相互学习和交流的文化氛围，相互合作和支持的文化氛围，以及相互追赶和超越的文化氛围等。

（4）品牌资源。借助大学或优秀企业的品牌，借助科技园或孵化器的品牌，以及借助社会上有影响力的人士对企业的认可等。

（三）创业者资源

随着社会政策的导向，越来越多的大学生参与到创业活动中。在创业之前，创业者有必要梳理自己拥有的资源。创业者资源，可分为内部资源、家属资源和外部资源 3 部分。

1. 内部资源

创业者的内部资源主要是创业者其所占据的生产资料及知识技能，即人们通常所说有形资产及无形资产，拥有一份良好的内部资源，对创业者来说是非常重要的。

（1）现金资产。指创业者本人及家庭可以随时支配的现金和银行存款，创业要取得全家的支持，也要为家庭的生存留有余地。固然，易于变现的国债、股票等可以视同现金资产。

（2）房产和交通工具。这种资源一方面可以作为创业的硬件资源，另一方面可以作为现金资产的增补，在必要的环境下，可以作为抵押品向银行或其他投资人申请融资。

（3）技能专长。技能专长包括有形的和无形的。有形的是指已申请成功的发明专利、实用新型专利和表面专利，或者是某一领域公认的专家，如注册会计师、律师、高级美工师、设计师、工程师、医生、心理咨询师等等，无形的是指专有技能、科研结果大概对某个特定行业和领域的深入研究。

（4）信用资源。你有没有名誉污点，要是没有，预计一下你可以大概通过你恒久积聚的信用资源干些什么事，或是有人根据你的信用愿意给你投资，或是有人愿意借钱给你，或是有人愿意为你铺货，至少有人愿意在你还没有支付工资的情况下为你工作。

（5）贸易履历。贸易履历即对市场经济和游戏规则的了解程度。

2. 家属资源

创业者的家属资源介乎内部资源与外部资源之间。包括经济支持、贸易履历、学习时机，人脉关系乃至客户资源。

3. 外部资源

外部资源主要包括职业资源和人脉资源。

（1）职业资源。所谓职业资源指的是创业者在之前为他人工作时积累的各种资源，主要包括项目资源和人际资源。通过充分利用职业资源，从中入手创业，符合创业活动中“不熟不做”的原则。特别是在国内目前尚未普遍实行像美国或欧洲国家那样被广泛认同的“竞业避止”规则的情况下，选择以职业资源为基础进行创业已经成为许多成功创业者的捷径和法宝。据调查，国内离职创业者中，90% 以上都成功地利用了在工作中积累的资源和人脉。

（2）人脉资源。创业者外部资源中最为重要的是人脉资源，即创业者构建个人人际网络或社会网络的能力。一个创业者如果不能在最短时间内建立起广泛的人际网络，将面临极大的创业压力。在人脉资源中，同学资源占据首要地位。著名的福布斯中国富豪南存辉和胡成中即是同学，两人后来合资创业，企业做大后才分道扬镳，分别创建了正泰集团和德力西集团。对创业者而言，同学关系是最为重要的外部资源之一。其次是朋友资源，这包括同学、战友、老乡以及同事等。朋友犹如资本，对创业者而言是多多益善的，人际交往能力应被列为创业者素质的首要因素。

因此，我们可以说，创业的过程实际上是创业者整合各种资源的历程。一方面，创业者需要从创业的角度重新评估和整理拥有的各种资源，另一方面，通过整合这些资源，为创业创造必要的条件，确保创业的顺利进行。

（四）创业者如何整合资源

创业者能否成功地开发出机会，进而推动创业活动向前发展，通常取决于他们掌握和能整合到的资源，以及对资源的利用能力。许多创业者早期所能获取与利用的资源都相当匮乏，而优秀的创业者在创业过程中所体现出的卓越创业技能之一，就是创造性地整合和运用资源，尤其是那种能够创造竞争优势，并带来持续竞争优势的战略资源。

1. 善用资源整合技巧

创业总是和创新、创造及创富联系在一起。一位创业者结合自身创业经历提出了这样的观点，缺少资金、设备、雇员等资源，实际上是一个巨大的优势。因为这会迫使创业者把有限的资源集中于销售，进而为企业带来现金。为了确保公司持续发展，创业者在每个阶段都要问自己，怎样才能用有限的资源获得更多的价值创造？

2. 发挥资源杠杆效应

尽管存在资源约束，但创业者并不会被当前控制或支配的资源所限制，成功的创业者善于利用关键资源的杠杆效应，利用他人或者别的企业的资源来完成自己创业的目的：用一种资源补足另一种资源，产生更高的复合价值；或者利用一种资源撬动和获得其他资源。其实，大公司也不只是一味地积累资源，他们更擅长于资源互换，进行资源结构更新和调整，积累战略性资源，这是创业者需要学习的经验。

3. 设置合理利益机制

资源通常与利益相关，创业者之所以能够从家庭成员那里获得支持，就因为家庭成员之间不仅是利益相关者，更是利益整体。既然资源与利益相关，创业者在整合资源时，就一定要设计好有助于资源整合的利益机制，借助利益机制把包括潜在的和非直接的资源提供者整合起来，借力发展。因此，整合资源需要关注有利益关系的组织或个人，要尽可能多地找到利益相关者。同时，分析清楚这些组织或个体和自己以及自己想做的事情有利益关系，利益关系越强、越直接，整合到资源的可能性就越大，这是资源整合的基本前提。

案例

诸葛亮被大家喻为智慧的化身，他一生中的很多传奇故事都跟“借”字有关：借天时、借地利、借人和、借荆州、借东风、草船借箭、借火、借雨等。

诸葛亮在条件有限的环境下，充分利用了自然环境与人文环境的便利，成就了大业。这也是资源整合的智慧。他借的都不用还，所以他是借又不是借，事实上他是在整合，因为整合是不用还的。反观现代企业的管理，最缺乏的恰恰就是“借”的智慧。如果用一个字来代替资源整合，那就是“借”。

【拓展学习】

从哪里发现创业机会

（1）变化就是机会。环境的变化，会给各行各业带来良机，人们透过这些变化，就会发现新的前景。变化包括：产业结构的变化；科技进步；通信革新；政府放松管制；信息化；价值观与生活形态变化；人口结构变化。这些变化充满机会。

（2）从“低科技”中把握机会。随着科技的发展，开发高科技产品是时下热门的课题，但是，机会并不只属于“高科技领域”。在运输、金融、保健、饮食、流通这些所谓的“低科技领域”也有机会。注意这些机会，不要放过。

（3）顾客的需要就是机会。实际上每个人的需求都是有差异的，如果我们时常关注某些人的日常生活和工作，就会从中发现某些机会。寻找这种机会的一个好办法就是，把顾客分类，如政府职员、菜农、大学讲师、杂志编辑、小学生、单身女性、退休职工等，认真研究各类人员的需求特点，就会发现机会。

（4）关注“负面”就会找到机会。所谓追求“负面”，就是着眼于那些大家“苦恼的事”和“困扰的事”。因为是苦恼，是困扰，人们总是迫切希望解决。如果能提供解决的办法，实际上就是找到了机会。例如，双职工家庭，没有时间照顾小孩，于是有了家庭托儿所；没有时间买菜，就产生了送菜公司。忙于工作，没有时间做饭，就有了外卖公司。

子项目 3　制订创业计划

【智者警句】

思路决定出路，布局决定结局。

——蒙牛乳业集团创始人 牛根生

凡事预则立，不预则废。

——古代著名的思想家、教育家、儒家学派创始人 孔子

【内容提要】

- 何为创业计划?
- 创新计划的步骤是什么?
- 创业计划书的格式?

【案例分享】

“糖小糖烘焙坊”创业计划书

西点、甜品类休闲食品一向是女性朋友们的最爱，如果能在女性聚集区开一家烘焙店生意应该很火爆。只要做出特色，食材健康，一定会受到顾客的喜爱。

一、蛋糕店概况

本店属于餐饮服务行业，名称为“糖小糖烘焙坊”，是个人独资企业。经营产品为：西点、生日蛋糕、面包、曲奇等甜品。本店打算开在市中心大润发超市附近，开创期是一家中端烘焙店，发展目标是未来成为像好利来、鲍师傅、85 ℃、安德鲁森这样的大型烘焙连锁品牌。

二、经营目标

短期目标是在市中心站稳脚跟，1 年收回本钱。长期目标则是逐步发展成为一家经济实力雄厚并有必一定市场占有率的蛋糕连锁公司，在众多蛋糕品牌中闯出一片天地，并成为蛋糕市场的知名品牌。

三、市场分析

（1）客源。本店的目标顾客有两种，一是到市中心购物娱乐的一般消费者，约占 50%；二是周边居民、学生、企业员工，约占 50%。客源稳定，数量充足。

（2）竞争对手。根据调查结果得知我市大品牌蛋糕店数量不多，本土品牌较多，如三十年老品牌梅红蛋糕、新型烘焙坊几木烘焙及晓莹物语，竞争较大。

四、经营计划

（1）摸清周围蛋糕店不同种类和尺寸蛋糕的成本价，了解各类蛋糕店的经营理念以及促销手段。

（2）招聘优秀的烘焙师，最好能够在大店“挖角”。

（3）装修环境典雅，就餐区适合拍照打卡。

（4）通过自媒体进行广告传单，以优惠券的形式发放，以到达广告宣传的效果。

（5）产品不断推陈出新。如网红产品、季节性产品、节日特定产品。

（6）建立会员卡制度。以较低的成本提升客户的归属感，提高顾客转化率。

（7）从业职员必须持有“健康证”。

五、财务分析

1. 初始投资

（1）租金和装修：30000 元。

（2）装修和店内装饰：20000 元。

（3）设备购置（烤箱、冷藏设备等）：15000 元。

（4）原材料和库存：5000 元。

（5）营销和广告：5000 元。

（6）其他费用（注册、许可证等）：5000 元。

总计初始投资：80000 元。

2. 运营成本（每月）

（1）房屋租金：3000 元。

（2）工资和薪水：8000 元。

（3）水电费：500 元。

（4）原材料成本：7000 元。

（5）营销和广告：1000 元。

（6）其他费用（维护、清洁等）：1000 元。

总计运营成本（每月）：20500 元。

3. 预期收入（每月）

（1）平均蛋糕售价：30 元。

（2）预计每天蛋糕销售数量：50 个。

（3）每月预期收入：45000 元。

4. 利润（每月）

（1）每月预期收入：45000 元。

（2）总计运营成本：20500 元。

（3）利润：24500 元。

按此估算，四个月左右即可收回投资。

六、风险及制约因素分析

由于蛋糕店不是所在街道或者小区的第一家店，顾客很难改变一贯的口味，因而需要花费更大的财力、物力和“花招”来招揽顾客。

根据以上案例，请思考下列问题。

（1）什么是创业计划？

（2）你认为案例中的创业计划有何不足？

【认知归纳】

一、创业计划的概念

（一）创业计划的定义

创业计划（business plan）也叫商业计划，是全方位描述与创建新企业有关的条件和要素的书面文件，是新企业成功创建的“风向标”，是创业者叩响投资者大门的“敲门砖”。一份优秀的创业计划往往会使创业者达到事半功倍的效果。它用以描述拟创办企业相关的内外部环境条件和要素特点，为业务的发展提供指示图和衡量业务进展情况的标准。

（二）创业计划的作用

1. 认识创业前景，明确创业目标

创业计划是创业者事业的蓝图，创业者在创业之初，应明确自己的创业目标，理清创业思路，并将创意以创业计划书的形式呈现出来。在创业计划书的撰写过程中，创业者需要谨慎对即将开始的创业活动进行全面审视，使创业目标更加明晰。

2. 获得外部资源支持

好的创业计划书是创业者打开风险投资大门的垫脚石，对于尚在雏形中或尚待创办的新企业，风险投资者无从知道它的商业数据，一般只能通过创业计划书来了解企业前景，判断是否具有投资潜力和利益回报。

3. 打造共同奋斗的创业团队

初创团队需要吸引人才，一份优秀的创业计划是创业团队集体的智慧，是对理想的现实阐述，是连接理想和现实的桥梁。创业计划书通过描绘新创企业的发展前景和成长潜力，是管理层和员工以及个人都对未来充满信心，并明确公司从事的项目、个人的角色任务。创业计划书对打造创业一支能力过硬的队伍、具有凝聚力的队伍起着至关重要的作用。

（三）创业计划书的内容

一般来说，在创业计划书中应该包括创业的种类、资金规划及基金来源、资金总额的分配比例、阶段目标、财务预估、行销策略、可能风险评估、创业的动机、股东名册、预定员工人数等，文本格式及主要内容包括以下 4 个部分。

1. 封面

封面的设计要有审美观和艺术性，一个好的封面会使阅读者产生最初的好感，形成良好的第一印象。封面应包括公司名称、地址；创业者姓名、联系方式。

2. 目录

目录是正文的索引，需要列出创业计划的主要章节、附录和对应的页码，目的是便于读者查找相应内容。

3. 正文

创业计划的正文是主要内容，包括执行摘要、主体和结论 3 部分。

（1）执行摘要。

执行摘要浓缩了整个创业计划书的精华，是整个计划的概括，涵盖了计划的要点，要求一目了然，以便读者能在最短的时间内对计划作出基本判断。

执行摘要内容一般包括公司介绍、企业类型、组织及管理者、介绍主要产品和业务范围、企业远景目标、财务计划、资金需求状况、项目的投资前景等。摘要要尽量简明、生动。

（2）主体。

主体是对摘要的具体展开。为了使阅读更方便，一般采用章节式、标题式的方式逐一描述。主体部分要翔实，要尽可能充分展示创业者要说明的全部内容，一般按照如下顺序。

1）企业（项目）介绍。

这部分的目的不是描述整个计划，也不是提供另外一个概要。如果项目处于萌芽阶段，重点介绍创意如何产生。如果项目处于成长期，应简明扼要地对公司做出介绍，重点是融资企业的发展历程或项目的基本情况。

2）产品 / 服务介绍。

投资人最关心的问题就是风险企业的产品、技术或服务能否以及在多大程度上解决现实问题。或者，风险企业的产品或服务能够为顾客节约开支或增加收入。因此，产品 / 服务介绍是创业计划书不可或缺的部分。这部分一般包含产品的概念、性能及特性、主要产品介绍、产品的竞争力，发展新产品的计划和成本分析，产品的前景预测，产品的品牌和专利。

3）行业、市场分析。

在行业与市场分析中，应该正确评价所选行业的基本情况、竞争状况以及未来的发展趋势等内容。

4）人员及组织结构。

投资者非常看重团队管理，有了产品之后，创业者要做的就是组建一支有战斗力的队伍。在创业计划书中，必须对主要管理人员加以阐明，介绍他们所具有的能力，他们在本企业中的职务和责任，他们过去的详细经历及背景。此外，在这部分创业计划书中，还应对公司结构做一个简要介绍，包括：公司的组织机构图；各部门的功能与责任；各部门的负责人及主要成员；公司的报酬体系；公司的股东名单，包括认股权、比例和特权；公司的董事会成员；各位董事的背景资料。

5）市场营销策略。

营销是企业经营中最富有挑战性的环节，营销成败直接决定企业的命运。在创业计划书中，营销策略应包括以下内容：市场机构和营销渠道的选择；营销队伍和管理；促销计划和广告策略；价格决策。

6）生产计划、运作分析（结合具体情况，不是所有创业计划都写此部分）。

创业计划书中的生产制造计划应包括以下内容：产品制造和技术设备现状；新产品投产计划；技术提升和设备更新的要求；质量控制和质量改进计划。

7）财务分析与预测。

财务规划一般要包括以下内容：现金流量表、资产负债表以及损益表的制备。流动资金是企业的生命线，因此企业在初创或扩张时，对流动资金需要预先有周详的计划和进行过程中的严格控制。损益表反映的是企业的盈利状况，它是企业运作一段时间后的经营结果；资产负债表则反映在某一时刻的企业状况，投资者可以用资产负债表中的数据得到的比率指标来衡量企业的经营状况以及可能的投资回报率。

8）融资计划。

融资计划主要是根据企业的经营计划提出资金需求数量，融资方式、工具，投资者的权益、财务收益以及资金的安全保证、资金退出方式。

9）风险分析。

向投资者分析企业可能面临的各种风险隐患，风险大小以及融资者如何降低风险。

（3）结论。

结论是对整个创业计划书内容的总结性概括。它和摘要首尾呼应，体现完整性。

4. 附件

附件是对主体部分的补充，应包括企业的营业执照，公司的图片及说明，相关数据统计，财务报表，以及主体部分需要提供的参考资料。

以上是创业计划的全部内容。准备创业方案是一个展望项目的未来前景、细致探索其中的合理思路、确认实施项目所需的各种必要资源、再寻求所需支持的过程。需要注意的是，并非任何创业方案都要完全包括上述大纲中的全部内容。创业内容不同，创业计划书差异也就很大。

案例

创业计划书的"十要"与"三忌"

卢晓飞

十要

一要精简。执行大纲2~3页，主题内容7~10页。注重内部经营计划和预算。

二要第一时间让读者知道公司的业务类型，不能在最后一页才提及经营性质。

三要声明公司的目标。

四要阐述未达到目标所制定的策略与战术。

五要陈述公司需要多少资金？用多久？怎么用？

六要有一个清晰和符合逻辑的让投资者撤资的策略。

七要提交企业的经营风险。

八要有具体资料，有根据和有针对性的数据必不可少。

九要讲企业计划书附上一个吸引人但得体的封面。

十要预备额外的拷贝件以作快速阅读之用，还要准备好财政数据。

三忌

一忌用口语及技术性过强的用词形容产品或生产营运过程，尽量通俗，容易被接受。

二忌用含糊或无根据的陈述或结果表。

三忌瞒事实之真相。

（资料来源：李文胜，成波锦. 创业基础[M]. 西安：西安交通大学出版社，2015.）

二、创业计划书的撰写和展示技巧

当新企业需要融资的时候，创业计划书就能打动外部投资人，做一份引人注目的创业计划书并在有机会的时候展示出它的魅力，是创业者应做的基本准备之一。

（一）创业计划书编写原则

1. 封面

一个好的封面会使阅读者产生最初的好感，形成良好的第一印象，因此封面的设计要有一定的审美艺术性，最好具有与众不同的独特性。色彩应醒目，封面纸应坚挺，在封面上可以印有公司的名称、地址、联系电话和计划书撰写的日期。

2. 打印稿

创业计划书必须打印成正规的计划书文本，打印稿应文本工整、字迹清晰、有时为了醒目也可选用彩纸，但不宜给对方留下刺激性的视觉印象，也可以在每项内容的首页用彩纸或每项内容的标题用醒目的颜色打印。

3. 图标和图形

在计划书中，如果有必要，可增加一些图标或表格来直接说明。一般来说，应该采用高品质的图标和图形，但需要注意的是，条形图没有表格的内容显示清晰，此外，也可以采用内部产品图片和说明书，但只能作为计划书的附件，且要保证质量。

4. 剪报

剪报不是计划书必不可少的内容，但如果有高质量的关于公司及产品的报纸文章，可能会更吸引人，剪报要少而精。

（二）创业计划书的最佳篇幅

创业计划书的最佳篇幅是多少，并没有一个明确的页数，但有一些规律可以遵循。

（1）一般计划书的篇幅在 15~30 页之间，对大部分企业来说，20 页已经足够了但如果这份计划书是为了公司内部使用，则可以到 40 页或者更长。

（2）如果创业者开设的是一家小型、简单的企业、计划书最好不要超过 15 页，但不到 10 页会显得有些单薄。

（三）创业计划书中应注意的问题

创业计划书是吸引投资者的第一张名片，在初次撰写的时候，一定要写得真实，完美、动人。但其中也会遇到一些问题需要注意：

（1）创业计划书应层次清晰、主次分明，让投资者能一下子抓住文章的重点，有一个清楚的头绪。

（2）创业计划书不要过于强调技术。投资者不是技术专家，技术知识创业是一方面，更重要的是创业者怎样将技术卖出去，也就是企业的商业模式。

（3）创业计划书要体现团队和人的价值，创业团队往往是创业能否成功的关键。

（4）创业计划书中的数据一定要准确，前后一致。

（5）对创业公司自身和投资人应有不同的创业计划书。

（6）轻视现金流。大多数创业者的焦点都在利润方面，而不是现金。创业者要明确一点，我们平时支出的并不是经营利润，而都是现金，所以了解现金流是至关重要的。

（7）高估商业创意。很少有成功的企业是完全基于全新的商业思路，一个新的商业创意往往比现有的产品更难实现好的销量，所以，不要对自己的商业创意估价过高。

（四）创业计划的展示技巧

当创业者有机会向投资者介绍自己的创业计划书时，演讲人的动作、表情、语言及幻灯片的制作水平都直接影响投资者对创业者的评价。

（1）演讲的准备。演讲的时候要严格控制时间。一般来说，一次演讲往往只有10分钟。在演讲的时候，演讲人要抓住演讲的重点，因为时间有限，演讲者还要尽可能地全面诠释计划书，必须有的放矢，尽量展现重点。最重要一点，就是使演讲生动有趣、充满激情。

（2）演讲幻灯片的制作。一些专家建议在制作幻灯片时循序6-6-6法则，即每行不要超过6个词语，每页不超过6行，连续6张纯文字幻灯片之后需要一个视觉停顿（采用带有图表、插图的幻灯片）。一般20~30 min的演讲时间内最多制作不超过12张幻灯片。

教育部关于印发《国家级大学生创新创业训练计划管理办法》

【拓展学习】

周鸿祎的十页完美计划书

对于早期融资的项目，一份好的计划书就是一个不超过十页的幻灯片，最重要的是要有干货。

第一页，目前市场上存在的问题。用几句话清楚说明你发现目前市场中存在一个什么空白点，或者存在一个什么问题，以及这个问题有多严重，几句话就够了。应该相信风险投资人很聪明。比如现在网游市场里盗号严重，你有一个产品能解决这个问题。只需要一句话说清楚就可以。很多人写了三百张纸，抄上一些报告，对于网游和互联网的报告内容比他自己的计划内容还多。投资人天天阅读行业报告，天天看这个，还需要你教育他吗？不要给他论证市场有多大，上来就开门见山。

第二页，问题的解决方案。你有什么样的解决方案，或者什么样的产品，能够解决这个问题。你的方案或者产品是什么，提供了怎样的功能，你是怎样解决这个问题。越正规越职业的投资人就会把自己假想成一个用户，如果我是一个用户会不会用你的东西，我会感同身受你说的东西，你解决的问题越具体、越实在，他觉得你的这个事越有价值。否则的话，上来宏论了半天，集 web 2.0、社区、搜索于一体的网站，三年内超越新浪、搜狐，这是个空话。一定要说实话，用朴实的话来解释我发现了一个什么机会，要去解决这个问题，我会怎么做。

第三页，产品的目标用户。你的产品面对什么样的用户群，是给全国老百姓都用，还是只是外企白领用，还是只给学生用。对早期创业公司，即使你说的这个想法十年以后可能会统治世界，但这仍然只是一个想法，你说出来没有人会信。最开始找一个哪怕很小众的用户群精准定位，让人感觉你比较聚焦，明确你面对什么样的用户，这样对你的商业合作和融资更有利。

第四页，未来的市场有多大。你认为未来你所做的这件事市场有多大，可以做一个预测和估计。日本有人发明在手纸上印数图游戏和广告，这个事情在中国做市场有多大，你通过中国有多少个厕所就能计算出一个大概的量，告诉风投我准备进入一个多大的市场。

第五页，竞争对手。有其他人在做同样的事不可怕。重要的是你能不能对这个行业有一个基本的了解和客观的认识。要说实话、干实事，可以进行一些简单的优劣分析。这个市场里面千万不要说只有你一个人最聪明，这种话一说风投就很鄙视你，觉得你消息太不灵通了，也不事先上网搜搜。把握目前的竞争对手在做什么，他们做得怎么样，不要怕说别人比你强，没关系，至少要说实话，说明你做这个事之前会看周边，而不是井中之蛙。

第六页，核心竞争力。为什么这件事你能做，而别人不能做？否则如果这件事谁都能干，为什么要投资给你？在这里投资者看重的关键不在于所干事情的大小，而在于你能在哪些点上比别人干得好，与别人干的不一样。你独门的东西或许是你的营销手段、生意模式、推广模式等。

第七页，你的计划。可以做一个简单的财务分析。不要预算未来三年挣多少钱，没人会信。说说未来一年或者六个月需要多少钱，你大概准备多少钱，用这些钱干什么，在未来 12 个月里准备做哪几件事，诸如很多买电脑、招聘、定盒饭，这种事情就别说了，就给自己定出几个关键点，投资者听你说，有时候通过这些事可以看到你的思维能力，是不是眉毛胡子一把抓，还是定出几个关键点。

第八页，盈利模式。你知道自己是怎么挣钱的，我未来的收入模式是什么样的。如果不知道就老老实实说不知道怎么挣钱，这里面最大的陷阱就是您确实不知道怎样挣钱，说实话刚开始很多公司都不知道怎么挣钱。很多人有一个偏见，以为商业模式就等于挣钱模式，其实不是。挣钱模式只是商业模式最后一个环节，完整的商业模式首先包括你的产品模式，你是什么样的产品，你的市场定位，针对什么样的用户群，怎么推广，最后才是怎么挣钱，这才是一个完整的商业模式。讲到营收挣钱，知道就写一个，不知道就不要写，就老老实实地告诉投资者：我是早期阶段不知道怎么挣钱，相信你们会帮我，但是我现在会把产品做好，把用户做上去，这样还是比较实事求是的做法。

第九页，团队介绍。团队的几个人简单做一个介绍，不要像写简历或者写三好学生评语似的把美誉之词写在自己头上，不要说自己才貌双全，胸有大志，立志成为比尔·盖茨第二，这种话没有信息量。

第十页，投资人。最后把你的投资人给列一下，对你的融资或许很有帮助。

（资料来源：刘飒，邢红彬. 创新创业教程 [M]. 北京：清华大学出版社，2022.）

对于创业者，学会写创业计划书，学会以一个良好的心态建立一个合作的团队。有了好的创业计划书，就有了好的行动方案，便有了成功希望。结合周鸿祎的完美十页计划书，设计制作团队的创业计划，并进行展示。

子项目4　创办新企业

【智者警句】

一个企业都是从小长到大的，别着急，创业大概有一年半到两年瓶颈期，特别难，然后突破瓶颈组织成长，组织膨胀、业务膨胀，然后陷入经济危机，这时迅速调整，调整过来就好了，调整不过来就死掉。所以我清楚，头两年要克服瓶颈，之后要控制组织，有了这样一套东西以后，我们心平气和了，知道一个企业要做大要有很多年时间。

——万通控股董事长 冯仑

一个真正的企业家，不能只靠胆大妄为东奔西闯，也不可能是在学院的课堂里说教出来的。他必须在市场经济的大潮中摸爬滚打，在风雨的锤炼中长大。

——王均瑶

【内容提要】

- 企业组织形式如何选择？
- 公司注册如何选址？
- 新企业创立的流程？
- 注册企业面临的法律问题有哪些？

【案例分享】

苹果公司的设立

苹果公司所创造的“硅谷奇迹”是创业成功的典范。苹果公司的设立先后经历了以下过程：

一人技术

沃兹尼亚克（简称沃兹）在1976年设计出了一款新型的个人用计算机，样品苹果1号展出后大受欢迎，销售情况非常好。

两人起步

受此鼓舞，沃兹决定与中学生时期的同学乔布斯一起创业，先进行小批量生产。他们卖掉旧汽车甚至个人计算机一共凑集1400美元，但小小的资本根本不足以应对创业对资金的迫切需求。乔布斯理解苹果计算机要成为一个成功的公司，就需要有资本、专业管理、公共关系和分销渠道。

三人合伙

从英特尔公司营销经理职位上提前退休的百万富翁马库拉经别人介绍找到了这两个年轻人，沃兹的成就激起了他的热情，马库拉有足够的工程学知识，这使他一眼看出，沃兹为Apple设计的一些特性非常独到。他以多年驾驭市场的丰富经验和企业家特有的战略眼光，敏锐地意识到了未来个人计算机市场的巨大潜力，决定与两位年轻人进行合作，创办苹果公司。根据仅在美国10个零售商店的Apple Ⅰ电路板的销售情况，马库拉大胆地将销售目标设定为10年内达到5亿美元。意识到苹果公司将会快速成长，马库拉用自己的钱入股9.1万美元，后来又游说其他人投60多万元风险资金，以其信用帮助苹果公司从银行借25万美元的贷款。这样，沃兹、马库拉和乔布斯各自获得公司30%的所有权。

三人于1977年1月7日签订了这一股份协定，正式成立苹果公司。

四人公司

三人共同带着苹果公司的创业计划，随后走访了马库拉认识的创业投资家，结果又筹集了60万美元的风险资金。为了加强公司的经营管理，一个月后马库拉又推荐了全美半导体制造商协会主任斯科特担任公司的总经理。马库拉和乔布斯说服了沃兹脱离惠普，全身心投入苹果公司。于是斯科特成立了苹果公司的首位CEO四人组成了公司的领导班子，马库拉任董事长，乔布斯任副董事长，斯科特任总经理，沃兹是负责研究与发展的副经理（管理团队）。技术、资金、管理的结合产生了神奇的效果。

斯科特帮助苹果公司建立了早期的基础架构。

综上所述，沃兹设计、制造了苹果计算机，马库拉有商业上的敏感性，斯科特有丰富的生产管理经验，但最终是乔布斯以传教士式的执着精神推动了所有这一切。

苹果公司的创业成功是创业团队有效合作的结果。

【认知归纳】

一、企业组织形式的选择

创业者组建了创业团队，通过市场调研和分析找到了创业机会，制订了创业计划，获得了创业启动资金，就可以开始成立新企业了。从某种意义上说，成立新企业是创业过程中最关键的环节。作为一个创业者来说，你需要首先考虑“注册一个怎样的公司？”或者“办一个什么样的组织形式的公司合适？”一般分为独资、合伙、公司三种形式。当然在我国的实际中，还存在个体工商户，外资等形式。

（一）独资

独资，顾名思义即个人出钱投资的企业。设立个人独资企业应当同时具备以下条件。

（1）投资人为一个自然人；

（2）有合法的企业名称；

（3）有合法的注册资金；

（4）有固定的生产经营场所和必要的生产经营条件；

（5）有必要的从业人员；

（6）个人独资企业的名称应当与其责任形式及从事的营业相符合：根据个人独资企业登记管理办法，个人独资企业的名称中不得使用“有限”“有限责任”或者“公司”字样。

（7）个人独资企业不得从事法律、行政法规禁止经营的业务。

（二）合伙

合伙就是签订了合伙协议，共同承担风险，共同收益、共同经营方式的一种公司，合伙企业是非法人型企业，不具备法人资格，合伙的企业没有公司那样有完善的组织结构，所以近几年也不怎么办理这种企业了。设立条件如下。

（1）合伙人应当为两个或两个以上的具有完全民事行为能力的人。合伙企业设立时，无民事行为能力的人与限制民事行为能力的人不得作为合伙人；法律、行政法规禁止从事营利性活动的人，不得成为合伙企业的合伙人，例如国家公务员。合伙人都应当依法承担无限责任，不存在承担有限责任的合伙人。

（2）合伙企业必须有书面合伙协议。合伙协议是由各合伙人协商一致，明确各合伙人权利义务的法律文件。合伙协议应采取书面方式订立，经全体合伙人签名、盖章后生效。合伙人依照合伙协议享有权利，承担义务。合伙协议生效后，全体合伙人经协商一致，可以修改或者进行补充。合伙协议应当载明下列事项。

1）合伙企业的名称主要经营场所地点；

2）合伙目的和合伙企业的经营范围；

3）合伙人的姓名及其住所；

4）合伙人出资的方式、数额和缴付出资的期限；

5）利润分配和亏损分担办法；

6）合伙企业事务的执行；

7）入伙与退伙；

8）合伙企业的解散与清算；

9）违约责任。

（三）公司

公司组织形式分为“有限公司”与“股份有限公司”两种形式。“有限公司”又分为“有限公司”与“有限责任公司”两种，虽然是两种叫法，但形式一样，“有限责任公司”是“有限公司”的扩称。

两者的差别为有限公司是由一定人数（也就是股东）组成的，股东以其出资额为限对公司承担责任 。而股份有限公司是指全部资本分为等额股份，股东以其所持股份为限对公司承担责任，公司以其全部资产对公司的债务承担责任的公司。（一般股份公司都是为了上市）

二、公司注册如何选址

大家都知道成立一家公司选址是很关键的第一步，那么公司注册地址对公司生产经营活动究竟意味着什么呢？

对投资者而言，注册成立一家公司地址的重要性毋庸置疑。选址的决策过程复杂，成本高，一旦选定不易变动，同时地址对大多数公司的经营影响较大。一般来说，如果公司位置好，周边拥有适合自身的商圈，可以在一定程度上弱化对经营者的经营水平考验，也相对容易获得成功；如果选址不佳，即使经营者再有能力，也往往难以弥补这一缺陷。那么，到底运用哪些方法进行选址的呢？

在企业选址原则这个问题上，既要有定性的分析，也要有定量的分析，以下为公司选址的 4 个原则。

（一）费用原则

企业是独立自主、自负盈亏的市场竞争主体，经济利益对于企业来说当然是最重要的考虑因素。建设初期的固定费用、投入运行后的变动费用、产品出售以后的年收入，都与选址有关。因此，想办法使企业选址所带来的费用最小化就成为企业选址的首要原则。

（二）集聚人才原则

人才是企业当中最有价值的资源，人力资本的作用在现代市场经济条件下已经变得越来越突出，企业选址恰当有利于吸引人才。四川长虹是国内彩电业的老大，但就因为其厂址在偏远的四川，使得很多高级人才不愿意去那里扎根，而地处深圳的康佳在这方面就显出了优势，每年都有许多名牌院校和科研院所的中高级人才加盟进来。而原来在陕西的大唐电信也将其总部由西安迁到了北京，吸引人才是其中的一项重要考虑因素。当然，企业的竞争力是多种因素作用的结果，但不可否认地理位置非常重要。

（三）接近用户原则

对于一些制造业企业来说，接近用户很重要，比如说啤酒厂，其产品大多在产地销售，所以就要离人口密集的城市近一些。这样可以接近市场，节省运费，减少损失。对服务业来说，则无一例外地都需要遵循这条原则，银行、邮局、医院、学校、商场等都是如此。

（四）长远发展原则

企业的地址一旦确定下来，将长期在那里从事生产经营活动。因此，对于企业选址则是一项战略性的决策，必须有战略意识。选址工作要考虑到企业生产力的合理布局，要考虑市场的开拓，要有利于获得新技术、新思想。在当前全球经济日益走向一体化的背景下，还要考虑如何有利于参与国际竞争的开展。

三、企业注册流程

（一）工商局核名

公司注册申请人到工商局办理企业注册，办理流程的第一步是企业名称核准。核名一般需要 3 个工作日左右，公司注册申请人事先最好想好 5~8 个公司名称，避免因审核时重名而浪费时间。办理企业名称核准需以下步骤。

1. 名称预查

咨询后领取并填写名称（变更）预先核准申请书、投资人授权委托意见，同时准备相关材料，股东、法人提供身份。

2. 名称审核

递交名称（变更）预先核准申请书、投资人身份证、备用名称若干及相关材料，等待名称核准结果，区工商局预查通过后，报市工商局审核，一般需要 5 个工作日左右。

3. 领取企业名称预先核准通知书

市工商局名称审核通过后，由区工商局打印名称预先核准通知书，凭受理通知书领取企业《名称预先核准通知书》，该通知书有效期为半年，若半年内还未办理工商登记，可以延期。注册公司核名需要以下材料。

（1）全体股东的身份证原件、复印件；

（2）各股东的出资金额及比例；

（3）拟申请公司名称 1~10 个；

（4）公司主要经营范围。

（二）特殊经营范围到有关部门审批

公司注册经营项目若涉及前置许可，必须首先前往相关许可部门申请并获取许可文件。例如，对于医疗器械的销售和生产（一类医疗器械除外），须向药监局申请；而涉及药品的经营，则需要向药监局和卫生局分别取得相应的许可文件。对于图书、报刊、报刊出版物的零售和印刷业务，需要向区文化管理所和市新闻出版局分别提交申请并获得相关许可。在进行公司注册时，确保及时办理这些前置许可，以确保业务的合法经营。

（三）办理工商登记

办理营业执照阶段一般需要三步，首先需要先提交网审材料；其次，网上审查通过后再打印纸质材料提交到工商局，工商局受理后审核通过；最后，工商局通知企业领取营业执照。在申请营业执照时，企业需要提交以下材料。

（1）法定代表人签署的《公司设立登记申请书》；

（2）董事会签署的指定代表或者共同委托代理人的证明；

（3）由发起人签署或由会议主持人和出席会议的董事签字的股东大会或者创立大会会议记录；

（4）全体发起人签署或者全体董事签字的公司章程；

（5）自然人身份证件复印件；

（6）董事、监事和经理的任职文件及身份证件复印件；

（7）法定代表人任职文件及身份证件复印件；

（8）住所使用证明；

（9）企业名称预先核准通知书。

（四）篆刻公司印章

1. 篆刻公司印章准备的材料

篆刻公司印章需要准备以下材料。

（1）营业执照副本原件及复印件；

（2）法人身份证原件及复印件；

（3）委托人身份证原件及复印件。

2. 注册公司需要篆刻的印章

（1）企业公章；

（2）企业财务章；

（3）企业法定代表人个人印鉴；

（4）企业合同章；

（5）企业发票专用章。

（五）银行开户

完成公司注册流程后，接下来是银行开户的步骤，对于小企业而言，银行开户可能是最耗时的一项任务。银行开户一般经过以下流程。

首先，公司提交开户所需的材料，随后这些材料被送至相应银行所属分行。分行接收后将文件报送至人民银行账户管理部，由该部门对提交的材料进行仔细审核。一旦审核通过，分行将派遣专人领取开户许可证。接下来，开户银行会派遣代表前往分行领取开户许可证。最后，公司会得到通知，以便前去领取正式的开户许可证。

这一流程涉及多个环节，包括材料的提交和审核、开户许可证的领取等。尽管这一过程可能相对烦琐，但银行开户是确保公司正常运作所必不可少的一环。在这个过程中，及时沟通和配合银行相关工作人员是缩短开户时间的关键。

（六）税务报到

（1）前往开户行携带相关文件签订扣税协议。

（2）到当地的国家税务总局报到，填写公司基本信息。

（3）报到后，持有扣税协议前往税务专管员处办理网上扣税。完成办理后，将核定应缴纳的税种（通常为营业税和附加税）后，公司将获得一个用于网上扣税的用户名和密码。需要注意的是，如果只存在国税，必须与国家税务总局签订（绑定）网上扣税。若存在国税和地税，均需进行相应办理；如只存在地税，则只需办理地税相关手续。

（4）前往地方税务局报到，填写《财务制度及软件备案报告》。在报表种类中包括资产负债表和损益表，而在折旧和摊销方面采用直线折旧法和五五摊销法。此外，记得及时购买并保存相关发票。

案例

谁是幸运创业者——模拟创立房地产公司

老师组织班级内的学生开展模拟创立房地产公司的活动，活动流程如下所示。

（1）根据班级内学生数量的多少，随机选出若干名学生，作为创业团队负责人。

（2）班级内的学生随机加入创业团队。

（3）创业团队负责人牵头，根据团队成员的特点，确定团队内各成员的职能分工。

（4）创业团队构建企业文化并以此为基础创立房地产公司，在规定时间内完成如下内容的设计。

1）公司名称及 logo；

2）公司负责人；

3）公司各部门负责人；

4）公司主营业务、定位；

（5）创业团队要素与文化展示。各团队负责人汇报，时间 5 分钟。

（6）评委及老师打分。

（7）活动总结。

四、注册企业面临的法律问题

在创建和经营企业的过程中，创业者必须了解并遵守相关法规，以确保自身和他人的权益不受到非法侵害。创业涉及的法律范围主要包括专利法、商标法、著作权法、反不正当竞争法、合同法、产品质量法、劳动法等。

（一）创建阶段的法律问题

（1）确定企业的法律形式。在初始阶段，创业者需要考虑并确定企业的法律形式，以确保合法合规经营。

（2）设立税收记录。在企业创建过程中，建立正确的税收记录是必不可少的，以确保纳税合规。

（3）进行租赁和融资谈判。在租赁和融资谈判中，创业者需要关注相关法规，包括安全法规、质量法规、环保法规等。

（4）起草合同。在业务合作中，制定和起草合同是重要的法律程序，需要合理规遵法律规定。

（二）经营现行业务中的法律问题

（1）人力资源管理（劳动）法规。在经营过程中，创业者需要遵循人力资源管理法规，确保员工权益得到保障。

（2）安全法规。为保障员工和企业的安全，需要遵循相关安全法规。

（3）质量法规、环保法规。经营产品或服务时，需要遵守质量法规和环保法规，确保企业合规经营。

（4）财务和会计法规。在财务和会计方面，创业者需遵循相关法规，确保财务数据的准确性和合规性。

（5）市场竞争法规。在市场竞争中，创业者需了解和遵守相关法规，确保公平竞争。

（三）知识产权保护

在知识经济时代，知识产权，包括专利、商标、著作权等，成为企业最重要的资产之一。了解知识产权及相关法规，有效保护自身创意成果，避免侵犯他人知识产权，对创业者至关重要。中型创业企业各部门中典型的知识产权如表 4-4-1 所示。

表 4-4-1　中型创业企业各部门中典型的知识产权

部门	典型的知识产权形式	常用的保护方式
营销部门	名称、标语、标识、广告语、广告、手册等	商标、著作权、商业秘密
管理部门	招聘手册、员工手册、培训材料、实时通信等	著作权、商业秘密
财务部门	合同、幻灯片、财务报告等	著作权、商业秘密
管理信息系统部门	网站设计、域名、计算机设备手册、源代码、邮件名单等	著作权、商业秘密、域名注册
研究开发部门	发明、商业流程、实验室备忘录等	专利、商业秘密

《中华人民共和国商标法》

【拓展学习】

股份有限公司、个体工商户的申请材料

1）股份有限公司

（1）《公司登记（备案）申请书》。

（2）《指定代表或者共同委托代理人授权委托书》及指定代表或委托代理人的身份证件复印件。

（3）由会议主持人和出席会议的董事签署的股东大会会议记录（募集设立的提交创立大会的会议记录）。

（4）全体发起人签署或者出席股东大会或创立大会的董事签字的公司章程。

（5）发起人的主体资格证明或者自然人身份证件复印件。

①发起人为企业的，提交营业执照复印件；

②发起人为事业法人的，提交事业法人登记证书复印件；

③发起人股东为社团法人的，提交社团法人登记证复印件；

场背业流程

④发起人为民办非企业单位的，提交民办非企业单位证书复印件；

⑤其他发起人提交有关法律法规规定的资格证明。

（6）募集设立的股份有限公司提交依法设立的验资机构出具的验资证明，涉及发起人首次出资是非货币财产的，提交已办理财产奴转移手续的证明文件。

（7）董事、监事和经理的任职文件及身份证件复印件。

依据《公司法》和公司章程的规定，提交由会议主持人和出席会议的董事签署的股东大会会议记录（募集设立的提交创立大会的会议记录）、董事会决议或其他相关材料。其中股东大会会议记录（创立大会会议记录）可以与第3项合并提交；董会决议由公司董事签字。

（8）法定代表人任职文件（公司董事签字的董事会决议）及身份证件复印件。

（9）《企业名称预先核准通知书》。

（10）募集设立的股份有限公司公开发行股票的应提交国务院证券监督管理机构的核准文件。

（11）法律、行政法规和国务院决定规定设立股份有限公司必须报经批准的，提交有关的批准文件或者许可证件复印件。

（12）公司申请登记的经营范围中有法律、行政法规和国务院决定规定必须在登记前报经批准的项目，提交有关批准文件或者许可证件的复印件。

（13）《承诺书》。

（14）住所使用证明。

注：住所使用证明材料的准备，分为以下三种情况：

①若是自己房产，需要房产证复印件，自己的身份还复印件；

②若是租房，需要房东签字的房产证复印件，房东的身份证复印件，双方签字章的租赁合同和租金发票；

③若是租的某个公司名下的写字楼，需要该公司加盖公章的房产证复印件，该司营业执照复印件，双方签字盖章的租赁合同，还有租金发票。

2）个体工商户

（1）经营者签署的《个体工商户开业登记申请书》。

（2）经营者的身份证复印件；申请登记为家庭经营的，以主持经营者作为经营者登记，由全体参加经营家庭成员在《个体工商户开业登记申请书》经营者签名栏中签字予以确认。提交居民户口簿或者结婚证复印件作为家庭成员亲属关系证明；同时提交其他参加经营家庭成员的身份证复印件，对其姓名及身份证号码予以备案。

（3）申请登记的经营范围中有法律、行政法规和国务院决定规定必须在登记前报经批准的项目，应当提交有关许可证书或者批准文件复印件。

（4）经营场所使用证明。个体工商户以自有场所为经营场所的，应当提交自有场所的产权证明复印件；租用他人场所的，应当提交想租赁协议和场所的产权证明复印件，无法提交经营场所产权证明的，可以接交市场主办方、政府批准设立的各类开发区管委会、村居委会出具的同意在该场所从事经营活动的相关证明。

（5）委托代理人办理的，还应当提交经营者签署的《委托代理人证明》及委托代理人身份证复印件。

以上各项未注明提交复印件的，应当提交原件；提交复印件的，应当注明“与原件一致”并由个体工商户经营者或者由其委托的代理人签字。

项目 4　测试题

本测验共有 31 道涉及我们的工作，生活，价值观等方面的测试题。对于这些问题，每个人的看法都会不尽相同，任何基于真实情况的回答都是你的个性、特点的反映，没有“对”或“不对”之分。请在每道题的 A 和 B 中选择一个答案，不要漏掉任何一道题。有些题你可能从未碰到过或难以选择，不需要过多思考，凭第一感觉回答即可。

（1）当要做别人也做的事时，我更愿意（　　）。

A. 用大家所接受的方法做　　B. 自己想出的方法做

（2）我对自己的物品的摆放通常是（　　）。

A. 在意地　　B. 随便

（3）我更难以接受的是（　　）。

A. 生活的节奏单一不变　　B. 稳定有序的生活被打乱

（4）我认为更重要的是（　　）。

A. 能够遇见一件事情　　B. 能够适应现实条件

（5）我喜欢（　　）。

A. 抽象的概括性的观点　　B. 具体的真实的叙述

（6）当被事先规定好你要在某个时刻做某件事情，我（　　）。

A. 很高兴，可以按计划行事　　B. 有些不高兴，因为被束缚了

（7）我更看重（　　）。

A. 潜在的可能性　　B. 真实的情况

（8）选择你较喜欢的词（　　）。

A. 实干家　　B. 创业者

（9）现在你较喜欢的词（　　）。

A. 制作　　B. 发明

（10）现在你较喜欢的词（　　）。

A. 富于想象　　B. 讲求实效

（11）现在你较喜欢的词（　　）。

A. 有条不紊　　B. 机动灵活

（12）现在你较喜欢的词（　　）。

A. 提前安排　　B. 不断体验

（13）现在你较喜欢的词（　　）。

A. 理论　　B. 经验

（14）对周末或假日，我喜欢（　　）。

A. 提前安排好约会、社交聚会的　　B. 随心所欲，临时决定做什么

（15）在日常工作中，我（　　）。

A. 从最后关头的压力中得到动力　　B. 避免出现燃眉之急的压力

（16）在工作中，我（　　）。

A. 尽量避免定一个最后期限　　B. 安排好了的事情，就不再轻易改动

（17）通常情况下，我（　　）。

A. 崇尚现实主义与常识　　B. 崇尚想象力和新事物

（18）我更愿意交的朋友是（　　）。

A. 总有新主意的人　　B. 脚踏实地的人

（19）我通常（　　）。

A. 在做完决定后感到快乐　　B. 因保留有选择的余地而快乐

（20）和我相处得好的人通常是（　　）。

A. 富于想象的人　　B. 注重现实的人

（21）相对之下，我更相信（ ）。

A. 确定而有形的事物 B. 灵感和推理

（22）现在你较喜欢的词（ ）。

A. 一丝不苟 B. 不拘小节

（23）现在你较喜欢的词（ ）。

A. 想象 B. 实际

（24）现在你较喜欢的词（ ）。

A. 调理的 B. 随意地

（25）现在你较喜欢的词（ ）。

A. 已知 B. 未知

（26）现在你较喜欢的词（ ）。

A. 过程 B. 结果

（27）现在你较喜欢的词（ ）。

A. 可能性 B. 现实性

（28）现在你较喜欢的词（ ）。

A. 具体 B. 抽象

（29）我喜欢（ ）。

A. 完成有重大意义的探索性工作 B. 完成常规性地实际地工作

（30）更符合我的情况是（ ）。

A. 我总有一种开创新局面、创造新事物的冲动

B. 我认为多数时候应坚持经受过检验的常规方法，以免冒得太大的风险

（31）更符合我的情况是（ ）。

A. 目标一旦确定，我就会坚持不懈地为之奋斗

B. 我根据现实情况，灵活调整我的目标

项目 5　做有魅力的创业领导者

子项目 1　创业有道

【智者警句】

没有战略的企业就像一艘没有舵的船一样只会在原地转圈。

——乔尔·罗斯

这个世界并不在乎你的自尊，只在乎你做出来的成绩，然后再去强调你的感受。

——比尔·盖茨

【内容提要】

- 企业战略的概念。
- 新企业战略管理体系。
- 新创企业的总体战略选择。

【案例分享】

大学生创业开服装店 一年营业额近 50 万

几个大学生合伙创业服装品牌，一年的时间里已经开了两个店并注册了自己的品牌，营业额近 50 万，这还是在服装业遭遇寒冬的背景下完成的。他们是如何突破的？

同时令服装业头痛的压货问题，又是如何解决的？记者就这些问题对他们进行了采访。

传统模式：平均月营业额3万元

马信，四川美术学院建筑学专业的毕业生。2011年11月，她与3个好友一起创业成立了几弋服装设计工作室，现任执行总监一职。

“我们4个人都是好朋友，虽然各自所学的专业不一样，但是都有创业的意向。我本人喜欢服装设计，所以选择服装业为创业方向，他们3个对此也没有异议。”马信告诉重庆晚报记者，“最初我们也是采用传统模式，一方面自己设计衣服，然后找别的服装工作室代工生产；另一方面也淘一些衣服来卖。”

传统模式下运营了3个月，平均每月营业额有3万元左右，这没有让马信感到满足，反而让她感到了一丝危机。“因为我们的目标是打造自己的品牌，所以我感到如果继续这样下去这个目标是不可能实现的，毕竟我们的规模小，水平也有限。所以，必须考虑转型了。”

外包借力：营业额大幅飙至5万元

怎么转型？直到一天她在网上了解到，部分外国服装品牌设计环节是由独立设计师成的。这种模式在中国数量不多，但在北京、上海等发达城市已出现。于是马信与团队商量后分头前往北京、上海、深圳、广州这4座城市考察学习。随后作出重要决定采用独立设计师集群的模式，把设计外包出去。

马信介绍称，“我们先和北京的2个独立设计师合作，约定对方至少每2个月给我们设计一个系列，我们从中选择认为比较合适的，然后再由设计师把选好的衣服每样寄1—2件过来。如销售好，就再让设计师继续寄。衣服卖出后设计师和我们按六四比例分账。”

采用该模式后，虽分成只拿四成，但衣服的款式大受大学生欢迎。营业额反而大幅度提升增加了66%，平均每个月5万元左右。马信表示，“2012年7月，我们在U城天街又开了一家店并注册了自己的品牌，过去一年里全年营业额为49.8万元。现在一共有8个设计师，其中5个是北京独立设计师，北京的设计理念和风格比重庆前卫得多。”

（资料来源：全国大学生创业服务网，http://cy.ncss.org.cn/cydx/cydx/272415.shtml）

企业管理使企业运作效率大大增加；让企业有明确的发展方给顾客提供满意的产品及服务。管理就是效益，企业管理的作用为企业获得最大的效益。

结合案例请思考，该案例在企业管理上有哪些值得学习和借鉴的，你认为大学生应如何经营好一家服装店？

【认知归纳】

企业战略管理要从全局和长远的观点研究企业在竞争环境下，生存与发展的重大问题，是现代企业高层领导人最主要的职能，在现代企业管理中处于核心地位，新企业的战略管理更是决定企业经营成败的关键。

一、企业战略的概念

企业战略是指对企业发展进行的重大的、全局性的谋划，是对企业各种战略的统称，其中既包括竞争战略，也包括营销战略、发展战略、品牌战略、融资战略、技术开发战略、人才开发战略、资源开发战略等等。企业战略是层出不穷的，例如信息化就是一个全新的战略。企业战略虽然有多种，但基本属性是相同的，都是对企业的谋略，都是对企业整体性、长期性、基本性问题的计谋。例如，企业竞争战略是对企业竞争的谋略，是对企业竞争整体性、长期性、基本性问题的计谋；企业营销战略是对企业营销的谋略，是对企业营销整体性、长期性、基本性问题的计谋；企业技术开发战略是对企业技术开发的谋略，是对企业技术开发整体性、长期性、基本性问题的计谋；企业人才战略是对企业人才开发的谋略，是对企业人才开发整体性、长期性、基本性问题的计谋。以此类推，都是一样的。各种企业战略有同也有异，相同的是基本属性，不同的是谋划问题的层次与角度。总之，无论哪个方面的计谋，只要涉及的是企业整体性、长期性、基本性问题，就属于企业战略的范畴。市场营销学对企业战略的定义是企业在市场经济竞争激烈的环境中，在总结历史经验、调查现状、预测未来的基础上，为谋求生存和发展而做出的长远性、全局性的谋划或方案。

当一个公司成功地制定和执行价值创造的战略时，能够获得战略竞争力（strategic competitiveness）。一个战略（strategy）就是设计用来开发核心竞争力、获取竞争优势的一系列综合的、协调的约定和行动。如果选择了一种战略，公司即在不同的竞争方式中作出了选择。从这个意义上来说，战略选择表明了这家公司打算做什么，以及不做什么。

当一家公司实施的战略，竞争对手不能复制或因成本太高而无法模仿时，它就获得了竞争优势（competitive advantage）。只有当竞争对手模仿其战略的努力停止或失败后，一个组织才能确信其战略产生了一个或多个有用的竞争优势。此外，公司也必须了解，没有任何竞争优势是永恒的。竞争对手获得用于复制该公司价值创造战略的技能的速度，决定了该公司竞争优势能够持续多久。

二、新企业战略管理体系

新创企业战略就是充分利用企业机会和面临的危险去评价企业的现在和未来的外部环境，用优势和劣势去评价分析企业的内部条件，进而选择确定企业总体目标，制定和选择实现目标的总体性谋划。新创企业的战略体系包括 4 个部分，分别是战略分析、战略选择、战略实施与控制和战略评价。

1. 战略分析

战略分析在于总结影响企业发展的关键因素，并确定在战略选择步骤中的具体影响因素，它包括以下 3 个主要方面。

（1）确定企业的使命和目标。把企业的使命和目标作为制定和评估企业战略的依据。

（2）对外部环境进行分析。外部环境包括宏观环境和微观环境，战略分析要了解企业所处的环境正在发生哪些变化，这些变化将给企业带来更多的机会，还是更多的威胁。

（3）对内部条件进行分析。战略分析要了解企业自身所处的相对地位，具有哪些资源以及战略能力；了解企业有关的利益以及相关者的利益期望，在战略制定、评价和实施过程中，这些利益相关者会有哪些反应。

2. 战略选择

战略选择阶段所要解决的问题是“企业向何处发展”，其步骤分为以下 3 步。

（1）制定战略选择方案。

根据不同层次管理人员介入战略分析和战略选择工作的程度，将战略形成的方法分为以下 3 种形式。

1）自上而下。先由企业最高管理层制定企业的总体战略，然后由下属各部门根据自身的实际情况将企业的总体战略具体化，形成系统的战略方案。

2）自下而上。企业最高管理层对下属部门不作具体规定，但要求各部门积极提交战略方案。

3）上下结合。企业最高管理层和下属各部门的管理人员共同参与，通过上下级管理人员的沟通和磋商，制定出适宜的战略。

3 种形式的主要区别在战略制定中对集权与分权程度的把握上。

（2）评估战略备选方案。

评估战略备选方案通常使用两个标准，一是考虑选择的战略是否发挥了企业的优势，克服了劣势，是否利用了机会，将威胁削弱到最低程度；二是考虑选择的战略能否被企业利益相关者所接受。

（3）选择战略。

选择战略指最终的战略决策，即确定准备实施的战略。如果用多个指标对多个战略方案的评价不一致时，确定最终的战略可以考虑以下 4 种方法。

1）把企业目标作为选择战略的依据，企业目标是企业使命的具体体现，因而，选择对实现企业目标最有利的战略方案。

2）提交上级管理层审批。对于中下层机构的战略方案提交上级管理部门，能够使最终选择方案更加符合企业整体战略目标。

3）聘请外部机构。聘请外部咨询专家进行战略选择工作，利用专家们广博和丰富的经验，能够提供较为客观的看法。

4）战略政策和计划。制定有关研究与开发资本需求和人力资源方面的政策和计划。

3. 战略实施与控制

战略实施与控制是战略选择后的必然要求，是实现战略而采取的各种手段，是对组织结构、组织目标更精确的描述。围绕新创企业的总体发展战略和职能战略的目标任务，在实施战略的过程中可供采取的具体战略措施主要有调整组织结构、业务流程、权责关系，确定投资方式、融资渠道、产品发展方向、生产规模、质量控制、科研计划、原辅材料采购计划、财务计划、营销体系、职工培训计划等，不断获得各种知识信息，以及适时推动组织变革。

4. 战略评价

战略评价就是通过评价企业的经营业绩，审视战略的科学性和有效性。战略调整就是根据企业情况的发展变化，即参照实际的经营事实、变化的经营环境、新的思维和新的机会，及时对所制定的战略进行调整，以保证战略对企业经营管理进行指导的有效性。包括调整公司的战略展望、公司的长期发展方向、公司的目标体系、公司的战略以及公司战略的执行等内容。

企业战略管理的实践表明，战略制定固然重要，战略实施同样重要。一个良好的战略仅是战略成功的前提，有效的企业战略实施才是企业战略目标顺利实现的保证。另一方面，如果企业没有完善的制定出合适的战略，但在战略实施中，能够克服原有战略的不足之处，那有可能最终导致战略的完善和成功。当然，如果对于一个不完善的战略选择，在实施中又不能将其扭转到正确的轨道上，就只有失败的结果。

三、新创企业的总体战略选择

新创企业在制定战略时要从企业的使命和目标出发，分析和评价各种战略的优势和劣势，以及成本和收益，选择最符合企业的实际情况并能实现企业目标的战略，企业在制定目标时需要关注的问题有四个方面，一是企业是否计划扩充规模；二是企业计划生产什么样的产品和服务；三是企业的目标服务对象和目标市场是什么；四是企业赢得市场地位的一般战略是什么。企业计划在未来行业中如何定位，需要进行总体战略的选择，包括成长型战略、维持型战略和撤退型战略。

1. 成长型战略

新创企业一般处于成长阶段，基于“小而专、小而精、小而新，小而特”的发展原则，在技术、质量、服务特色上下功夫，努力避开与大企业竞争的不利环境，填补市场需求的空白。成长型战略是以发展壮大新创企业为基本导向，致力于使企业在产销规模，资产利润或新产品开发等某一方面或几方面获得增长的战略。成长型战略是新创企业最普遍采用的企业战略，包括一体化战略和加强成长型战略 2 种基本类型。

（1）一体化战略。一体化战略是指新创企业对具有优势和增长潜力的产品或业务，沿其经营链条的纵向或横向扩大业务的深度和广度，以扩大经营规模，实现企业增长。该战略是大量新创企业发展到一定阶段适宜采用的战略。

1）纵向一体化战略。纵向一体化战略是指新创企业沿着产品或业务链向前或向后延伸和扩展企业现有业务的战略，如原材料到加工到销售。该战略的好处是有利于节约与上下游企业在市场上进行购买或销售的交易成本，控制稀缺资源，保证关键投入的质量，并可以获得新的客户资源。企业采用纵向一体化战略的主要风险包括 2 个方面。

①不熟悉新业务领域所带来的风险。

②纵向一体化尤其是后向一体化，一般涉及的投资数额较大且资产专用性较强，加大了企业在该产品的该产业的退出成本。

2）横向一体化战略。横向一体化战略是指新创企业收购、兼并或联合竞争企业的战略。该战略的实现途径有 3 种。

①购买。购买是指一家实力占据优势的企业购买与之竞争的另一家企业。

②合并。合并是指两家相互竞争而实力和规模较为接近的企业合并为一个新的企业。

③联合。联合是指两个或两个以上相互竞争的企业，在某一业务领域进行联合投资、开发和经营。其主要目的是减少竞争压力，实现规模经济，增强自身实力以获取竞争优势。

适宜采用横向一体化战略的情况包括以下 4 种。

①企业所在产业竞争较为激烈。

②企业所在地产业规模经济效益显著。

③企业的横向一体化符合反垄断法律法规能够在局部地区获得一定的垄断地位。

④企业所在产业的增长潜力较大。⑤企业具备横向一体化所需的资金和人力资源等。

（2）加强型成长战略。

加强型成长战略也称为密集型战略，是指新创企业充分利用现有产品或服务的潜力，强化现有产品或服务竞争地位的战略。加强型成长战略，主要包括 4 种类型，分别是市场渗透战略、市场开发战略、产品开发战略和多元化开发战略。

1）市场渗透战略。

市场渗透战略是指新创企业增加现有产品或服务的市场份额，或增长正在现有市场中已经有业务战略，其实现途径有以下 3 个。

①扩大市场份额。这方法特别适用于整体正在成长的市场，如提供折扣、增加广告、改进销售和分销方式、改进产品或包装。

②开发小众市场。是指行业中一系列小众市场目标中获得增长，从而扩大的市场份额。如果与对手相比企业规模较小，那么这个方法较为适宜。

③保持市场份额。特别是当市场发生衰退时，保持市场份额具有重要的意义。

市场渗透战略的成功，取决于市场性质与竞争对手的地位。

2）市场开发战略。

市场开发战略是指新创企业将现有产品或服务打入新市场的战略。市场开发的战略成本和风险也相对较低。实现该战略的主要途径是开拓其他区域市场和细分市场。市场开发战略主要适用于以下 6 种情况。

①存在未开发或未饱和的市场。

②可以得到新的、可靠的、经济的和高质量的销售渠道。

③企业在现有经营领域十分成功。

④企业拥有扩大经营所需资金和人力资源。

⑤企业存在过剩地生产能力。

⑥企业的主业属于正在迅速全球化的产业。

3）产品开发战略。

产品开发战略是指新创企业通过改进或改变产品或服务以增加产品销售量的战略。开发新产品可能会极具风险，特别是当新产品投放到新市场中时。该战略适用于以下 5 种情况。

①企业产品具有较高的市场信誉度和顾客满意度。

②企业所在产业属于适宜创新的高速发展的高新技术产业。

③企业所在产业正处于高速增长阶段。

④企业具有较强的研究和开发能力。

⑤主要竞争对手以类似价格提供更高质量的产品。

4）多元化开发战略。

多元化开发战略是指新创企业进入与现有产品和市场不同的领域。该战略适用于以下 3 种情况。

①在现有产品或市场中持续经营，并不能达到目标。

②企业以前由于在现有产品和市场成功经营而保留下来的资金超过了其在现有产品市场中财务扩张所需要的资金。

③与现有产品或市场的扩张相比，多元化战略意味着更高的利润。

企业多元化开发战略的优点有以下 9 个方面。

①分散风险。现有产品及市场失败时，新产品或新市场能为企业提供保护。

②获得高利润机会，如机械制造公司进入房地产行业。

③从现有的业务中撤离。

④能更容易地从资本市场融资。

⑤在企业利润无法增长的情况下找到新的增长点。

⑥运用盈余资金。

⑦充分利用未被利用的资源。

⑧获得资金或其他财务利益，如累计税项亏损。

⑨运用企业在某个市场中的形象和声誉来进入另一个市场，而在另一个市场中要取得成功，企业形象和声誉是至关重要的。

多元化开发战略也同样存在许多缺点。若企业投身市盈率较低的成长型企业，其股东收益可能会受到稀释。集团式收购可能不会给股东带来额外的利益，因为缺乏协同效应，相较于投资控股企业，个人投资者对其子公司进行投资可能获得更高的投资回报。

为了使集团式企业成功，各个负责联合经营的总部必须具备卓越的管理和财务能力。某项业务的失败可能会对其他业务造成负面影响，因为它可能耗尽企业的资源，这对股东并非明智之举。相比之下，股东通过购买多样化的股票组合可以轻松分散投资风险，而无需依赖管理层的专业决策。

2. 维持型战略

维持型战略是指新创企业在战略方向上没有重大改变，在业务领域、市场地位和产销规模等方面，基本保持现有状况，以安全经营为宗旨的战略。采用该战略的目的是为企业创造一个加强内部管理和调整生产经营秩序的修整器，并有助于防止企业过快发展。该战略较适宜在短期内运用，长期实施则存在较大的风险。

应用较为广泛的维持型战略，主要有如下 3 种类型，分别是暂停战略、无变战略和维持利润战略。

（1）暂停战略。暂停战略是指一定时期内降低生产速度，巩固现有资源的临时战略。适用于在未来不确定性产业中迅速成长的企业，目的是避免出现继续实施原有战略，导致企业管理失控和资源紧张的局面。

（2）无变战略。无变战略是指不实行任何新举动的战略。适用于外部环境没有任何重大变化、本身具有合理盈利和稳定市场地位的企业。

（3）维持利润战略。维持利润战略是指为了维持目前的利润水平而牺牲企业未来成长的战略。适用于当企业面临不利的外部环境时，管理人员会采用减少投资，削减一些可控费用等方式维持现有利润水平。这只是一种度过困难的临时战略，对企业持久竞争优势会产生不利影响。

3. 撤退型战略

撤退型战略是指新创企业因经营状况恶化而采用的缩小生产规模，或取消某些业务的战略。该战略适用于企业的部分产品或所有产品处于竞争劣势，以至于销售额下降，出现亏损等，从而采取收缩或撤退的措施，用以抵御与外部环境压力，保存企业实力，等待合适时机。

撤退型战略本质上是一种带有过渡性质的临时战略，分为 3 种类型，分别是扭转战略、剥离战略和清算战略。

（1）扭转战略。扭转战略是指新创企业采用缩小产销规模，削减成本费用、重组等方式，为扭转销售和盈利下降趋势的战略。

（2）剥离战略。剥离战略是指新创企业出售或停止经营下属经营单位（部分企业或子企业）的战略。剥离战略适用于以下 5 种情况。

①企业已经采取了扭转战略而不见成效。

②某下属经营单位维持现有竞争地位所需投入的资源超出了企业的现有能力。

③某下属经营单位经营失败，从而影响了整个企业的业绩。

④企业急需资金。

⑤该业务在管理、市场、客户、价值观等方面，与企业其他业务难以融合。

在实施剥离战略时，新创企业往往面临一些困难，主要包括以下 4 个方面。

①成本方面。包括高额的遣散费、租约及其他合同的解约罚金，以及资产难以出售。

②市场方面。企业可能通过亏本销售某种产品，以吸引顾客购买其他产品，这样的做法可能提高企业的市场覆盖率，但也可能导致企业推迟退出市场的考虑。

③沉没成本。由于企业已在某项目上花费了资金，管理者可能未能适当地运用沉没成本理念。

④心理方面。管理者可能不愿意承认失败，同时想要避免因退出市场而产生的尴尬。

（3）清算战略。清算战略是指新创企业的全部资产出售，从而停止经营的战略。该战略也面临资不抵债、债权人逼迫、没有买主或出价太低的问题。

总之成长型战略、维持型战略和撤退型战略是最基本的企业总体战略。这些战略不仅可以单独使用，也可以组合使用。在此基础上，新创企业需要进一步对资源与能力是否满足战略实施、收益与风险是否被主要管理人员及利益相关者接受认可、是否充分利用了机会与内部优势等三个方面进行评价，而最后选择适合自己的最佳的战略。

【拓展学习】

三个成功企业的战略管理

每个企业的成功之路都千差万别，但是正确的企业战略无疑是成功的保证，有时候企业发展到一定的阶段，企业战略也需要及时地调整，这就涉及企业战略管理。如何制定适合自己的企业战略，如何在恰当的时机整合企业战略，是每一个企业必须面对的难题。也许从下面三个成功企业的案例中，可以有所启示。

海尔的“自杀重生”

一、每个员工都是销售

在互联网时代，海尔改变了过去传统的设计—研发—生产—销售的模式，变为并联式的，每一个人或者一个小团队都是销售人员，过去单纯负责研发生产设计的人员，必须以客户为导向，以销售为目标，不是单纯的生产出来然后有销售推销出去，而是在整个流程里都要考虑到，这是不是客户需求的，怎样带给客户更好的体验以提高销售额。

二、“官兵互选”的企业文化

在海尔内部一直采取“官兵互选”的企业文化和制度，即一个领导在组建一个团队的时候，可以自己选择团队成员，不仅如此，员工也可以选择领导，是一个双向选择，如果没有人选择你，无论你是员工还是领导，都会被淘汰。

华为“需要一批思想家和战略家”

一、现代化作战要训战结合，干部要有基层实践经验为任职资格，“宰相必起于州郡，猛将必发于卒伍”。

华为要求各级干部必须接受培训，如果没有成功的项目实践经验，就没有资格担任管理者，真正的英雄，都是从本职工作成长起来的，在本职工作中展现出自己的才华，不刻意塑造将军。经过培训，掌握了工具，但要通过创造价值，不断提高自己的能力和贡献，才会被企业逐渐承认。

二、实行项目全预算制，项目大小是按对公司的贡献来定，而非仅以规模。

三、善待奋斗者。

华为86%的员工拥有公司98%的股票（虚拟受限股），任正非只占到了1.42%左右。由此形成了一个全员的利益共同体，这是华为持续发展的强大的动力。

现在华为中层年收入百万以上的数以千计，收入的很大一部分来自长期的股权激励。华为有一套非常“刺激”的期权激励计划，这些长期的激励为华为留住了大量的人才。

绿茶餐厅定位准确

每天排队1~2个小时；5年间发展到30家连锁店，目前0关店；人均消费仅60元，但每家门店都盈利；单店日客流超过1500人次，这家餐厅名字叫绿茶。

绿茶餐厅定位准确抓住餐饮业“黄金十年”。政府取消了“三公消费”，大众化餐饮迎来了黄金十年。绿茶餐厅的定位是做一家时尚化、个性化的大众化中餐连锁品牌。而向用户提供更好的就餐环境、性价比高的美食以及服务成为绿茶餐厅迎接“黄金十年”的重要举措。

绿茶餐厅利用好的店面位置保证基本客流、性价比高的菜品保证用户体验、o2o营销方式辅助，并通过o2o平台进行数据采集和管理来提高日常管理服务水平。

大企业和小企业各有不同的企业战略，有的站在全局的角度，有的规划得比较具体。总之他们能够在众多的竞争者中脱颖而出，也能够在市场变化时及时地做出调整，在他们身上，总有一些企业战略管理方法值得我们学习。

（资料来源：陈永奎. 大学生创新创业基础教程[M]. 北京：经济管理出版社，2015.）

子项目2　学会用人

【智者警句】

管理者，必须卓有成效。

有效的管理者在用人所长的同时，必须容忍人之所短。

有效的管理者用人，是着眼于机会，而非着眼于问题。

——彼得·德鲁克

【内容提要】

- 人力资源管理工作包括哪些方面?
- 各部分工作如何开展?
- 注意事项有哪些?

【案例分享】

分析“两位年轻人辞职引起的薪资制度改革”

一家在同行业居领先地位、注重高素质人才培养的高技术产品制造公司，不久前有两位精明能干的年轻财务管理人员提出辞职，到提供更高薪资的竞争对手公司里任职。其实，这家大公司的财务主管早在数月前就曾要求公司给这两位年轻人增加薪资，因为他们的工作表现十分出色。但人事部门的主管认为，这两位年轻财务管理人员的薪资水平，按同行业平均水平来说，已经是相当高的了，而且这种加薪要求与公司现行建立在职位、年龄和资历基础上的薪资制度不符合，因此拒绝给予加薪。

对这一辞职事件，公司里的人议论纷纷。有人说，尽管这两位年轻人所得的报酬绝对要高于行业平均水平，但他们的表现出色，这样的报酬水准是很难令人满意的。

也有的人质疑，公司人事部门的主管明显地反对该项提薪要求，但是否应当由了解其下属表现好坏的财务部门主管对本部门员工的酬劳行使最后决定权？公司制定了明确的薪资制度，但它是否与公司雇佣和保留优秀人才的需要相适应呢？公司是否应当制定出特殊的条例来吸引优秀人才，或者还是让那些破坏现行制度的人离开算了？这些议论引起了公司总经理的注意，他责成人事部门牵头与生产、销售、财务等各部门人员组成一个专案小组，就公司酬劳计付方式广泛征求各部门职工的意见，并提出几套方案，供下月初举行的公司常务会讨论和决策之用。

（1）试分析为什么两个年轻人要离开？两位年轻人拿到了高于同行业平均水平的薪资仍没感到满意，予以解释。

（2）人事部门认为，公司按职位、年龄和资历计付薪资的制度既已明确颁布，就应该严格遵照执行，哪怕因此而流失优秀人才。你对这种行为持何种看法？公司总经理准备考虑薪资制度的改革问题，你会给出何种建议？

【认知归纳】

人力资源管理是在经济学与人本思想的指导下，通过招聘、甄选、培训、报酬等管理形式对组织内外相关人力资源进行有效运用，以满足组织当前及未来发展的需要，并保证组织目标实现与成员发展的最大化一系列活动的总称。该过程包括预测组织人力资源需求、制定人力需求计划、招聘选择人员、有效组织、考核绩效、支付报酬、进行有效激励，以及结合组织与个人需要进行有效开发，以实现最优组织绩效。人力资源管理分为六大模块，包括人力资源规划、招聘与配置、培训与开发、绩效考评、薪酬福利管理、劳动关系管理。

这六大模块相互衔接、相互作用、相互影响，形成人力资源管理的有效体系。人力资源规划是人力资源管理的起点，通过规划帮助组织预测未来的人员需求数量及基本素质构成。招聘与配置作为人力资源规划的输入之一，相当于组织的血液，为组织提供营养，解决组织人员配置和人岗匹配的问题。培训与开发的主题是“育人”，而绩效考评则是六大模块的核心，是其他各模块的主要输入，旨在帮助人、提高人，解决组织如何用人的问题。薪酬福利管理的目标是激励人，解决企业留人的问题。最终，劳动关系管理旨在管理人、裁人，帮助企业形成合理的人力资源配置的有效循环。

一、人力资源规划

人力资源规划狭义上是指企业从战略规划和发展目标出发，根据内外部环境的变化，预测企业未来发展对人力资源的需求，并制定满足这种需求所提供人力资源的活动过程。广义上，它是企业所有类别人力资源规划的总称。根据期限分为长期规划（五年以上）、短期规划（一年及以内），以及介于两者之间的中期规划。按照内容分为战略发展规划、组织人事规划、制度建设规划、员工开发规划。

1. 人力资源规划的作用

（1）规划人力发展。

人力发展包括人力预测、人力增补及人员培训，这三者紧密联系，不可分割。人力资源规划一方面对目前人力现状予以分析，以了解人事动态；另一方面，对未来人力需求做一些预测，以便对企业人力的增减进行通盘考虑，再据以制定人员增补和培训计划。所以，人力资源规划是人力发展的基础。

（2）促使人力资源的合理运用。

只有少数企业其人力的配置完全符合理想的状况。在相当多的企业中，其中一些人的工作负荷过重，而另一些人则工作过于轻松；也许有一些人的能力有限，而另一些人则感到能力有余，未能充分利用。人力资源规划可改善人力分配的不平衡状况，进而谋求合理化，以使人力资源能配合组织的发展需要。

（3）配合组织发展的需要。

任何组织的特性，都是不断地追求生存和发展，而生存和发展的主要因素是人力资源的获得与运用。也就是如何适时、适量及适质地使组织获得所需的各类人力资源。由于现代科学技术日新月异，社会环境变化多端，如何针对这些多变的因素，配合组织发展目标，对人力资源恰当规划甚为重要。

（4）降低用人成本。

影响企业结构用人数目的因素很多，如业务、技术革新、机器设备、组织工作制度、工作人员的能力等。人力资源规划可对现有的人力结构做一些分析，并找出影响人力资源有效运用的瓶颈，使人力资源效能充分发挥，降低人力资源在成本中所占的比率。

2. 人力资源规划的目标

（1）得到和保持一定数量具备特定技能、知识结构和能力的人员。

（2）充分利用现有人力资源。

（3）能够预测企业组织中潜在的人员过剩或人力不足。

（4）建设一支训练有素，运作灵活的劳动力队伍，增强企业适应未知环境的能力。

（5）减少企业在关键技术环节对外部招聘的依赖性。

3. 人力资源核查

人力资源核查是指核查人力资源的数量、质量、结构及分布状况。

4. 人力资源信息

人力资源信息包括个人自然情况、录用资料、教育资料、工资资料、工作执行评价、工作经历、服务与离职资料、工作态度、工作或职务的历史资料等。

5. 人力资源需求预测方法

人力资源需求预测方法分为直觉预测方法（定性预测）和数学预测方法（定量

预测）两种。

6. 人力资源的工作分析

人力资源的工作分析又叫职务分析、岗位分析，它是人力资源管理中一项重要的常规性技术，是整个人力资源管理工作的基础。工作分析是借助于一定的分析手段，确定工作的性质、结构、要求等基本因素的活动。

（1）工作分析的程序。工作分析的程序包括准备阶段、计划阶段、分析阶段、描述阶段、运用阶段、运行控制。

（2）工作分析的内容。工作分析的内容包括工作名称、工作数目、工作单位、工作职责、工作知识、智力要求、熟练及精确度、经验、教育与训练、身体要求、工作环境、与其他工作的关系、工作时间与轮班、工作人员特性及选任方法。

（3）工作分析所获信息的整理方式。工作分析所获信息的整理方式包括文字说明、工作列表及问卷、活动分析及决定因素法。

（4）工作分析的作用。工作分析的作用包括以下 8 个方面。

①选拔和任用合格人员；

②制定有效的人事预测方案和人事计划；

③设计积极的人员培训和开发方案；

④提供考核、升职和作业标准；

⑤提高工作和生产效率；

⑥建立先进、合理的工作定额和薪酬制度；

⑦改善工作设计和环境；

⑧加强职业咨询和职业指导。

案例

某创业企业的岗位职责

张华、王剑和孙梅一同创业，他们经过研究讨论，制定了企业的岗位分工和岗位职责，如下表所示。

某创业企业岗位职责及人员分工

岗位	工作说明	所需素质和技能	任务负责人	
			第一阶段	第二阶段
经理	做计划、定目标、监督实施、协调内部关系、与工商税务等打交道	有主见、认真、果断、善于沟通与应酬、容易交往	张华	张华
财务	出纳、收款、记账、管理现金	认真踏实、有条理、诚实	王剑	招聘人员
销售管理	市场调研、与客户建立和保持良好的关系、接订单、销售预测、制定价格、提出销售方案	认真、思路敏捷、有激情、善于与人交往、有谈判能力、守信用	张华	招聘人员
生产管理	制定生产计划、组织设计、控制质量、管理工具设备和技术资料，	了解产品、懂技术，能动手操作、善于协调关系、处理矛盾，	王剑	王剑
设计开发	准确把握客户需求、收集客户素材、设计产品	有美术设计的素养，懂设计工具的使用，具有创造性	孙梅	孙梅
网络管理	维护和更新公司网站和网店、与网络合作商打交道、接待网络客户	熟悉网络业务、熟悉相关软件的使用、善于沟通，有谈判能力	孙梅	孙梅
生产工人	剪裁原料、操作机器、音质图案、包装	有责任心、懂机器操作、勤快、能吃苦	王剑	招聘人员
送货人	为客户配送产品	负责任、能吃苦、勤劳	张华你	招聘人员

（资料来源：湖南省教育厅毕业生就业办公室，湖南省大中专学校学生信息咨询与就业指导中心. 大学生职业发展与就业指导 [M]. 长沙：新世界出版社，2008.）

二、招聘与配置

1. 员工招聘

员工招聘是按照企业经营战略规划的要求，将优秀、合适的人才引入企业，并将其置于适当的岗位。工作内容包括需求分析、预算制定、招聘方案的制定；发布和管理招聘信息；筛选简历、面试通知、面试的准备和组织协调；面试过程的实施、分析和评价面试结果；确定最终人选以及通知录用；面试资料存档备案，储备档案管理并及时更新；招聘渠道的开拓与维护，招聘会的联系及相关物料的准备；不断完善招聘制度、流程和体系。常用的招聘方法有无领导小组讨论、群体决策法、招聘面试情景模拟、心理测试、劳动技能测试等。

2. 员工招聘的基本要求

（1）符合国家有关法律、政策和本国利益；

（2）公平原则；

（3）在招聘中坚持平等就业；

（4）确保录用人员的质量；

（5）根据企业人力资源规划工作需要和职务说明书中应聘人员的任职资格要求，运用科学的方法和程序开展招聘工作；

（6）努力降低招聘成本，注意提高招聘的工作效率。

3. 招聘成本

招聘成本包括新聘成本、重置费用和机会成本。

4. 人员调配措施

人员调配措施包括根据企业内外人力资源供求状况的调配措施；进行人才梯队建设；从企业内部优先调配的人事政策；实行公开竞争的人事政策。

5. 人力需求诊断

由公司统一的人力资源规划或各部门根据长期或短期实际工作需要提出人力需求。再由人力需求部门填写“人员需求表”，最后由人力资源部审核。

6. 制定人员需求表

人员需求表内容包括所需人员的部门、职位；工作内容、责任、权限；所需人数以及何种录用方式；人员基本情况（年龄性别）；要求的学历、经验；希望的技能、专长；其他需要说明的内容。

7. 制定招聘计划

招聘计划包括录用人数及达到规定录用率所需的人员；候选人应聘到雇用之间的时间间隔；录用基准；录用来源；招聘录用成本计算。

8. 招聘录用成本计算

招聘录用成本即人事费用、业务费用及企业一般管理费。

9. 招聘方法

招聘方法分为委托各种劳动就业机构招聘和自行招聘 2 种。

10. 招聘测试与面试

招聘测试与面试过程包括组织各种形式的考试和测验；确定参加面试的人选，发布面试通知和进行面试前的准备工作；面试过程的实施；分析和评价面试结果；确定人员录用的最后结果，如有必要进行体检；面试结果的反馈；面试资料存档备案。

11. 录用人员岗前培训

岗前培训内容包括熟悉工作内容、性质、责任、权限、利益、规范；了解企业文化、政策及规章制度；熟悉企业环境、岗位环境、人事环境；熟悉、掌握工作流程、技能。

三、培训与开发

培训与开发是通过学习和训导手段，提高员工的工作能力、知识水平，以及最大限度地发挥员工的潜能，使其个人素质与工作需求相匹配，从而促进工作绩效的提高。培训主要是为新员工或现有员工传授完成本职工作所需基本技能的过程。开发则主要侧重于管理层的培养，通过传授知识、转变观念或提高技能来改善当前或未来的管理工作绩效。

培训与开发的主要目标包括提高工作绩效水平和员工的工作能力，增强组织或个人的应变和适应能力，以及提高员工对组织的认同和归属感。其特点在于培训的经常性、培训的超前性以及培训效果的后延性。培训需求分析涉及长期目标与短期目标，包括组织的人力资源需求分析、效率分析以及组织文化的分析。人员培训需求分析包括对能力、素质和技能的分析，以及对工作绩效的评价。培训方法涵盖讲授法、操作示范法以及案例研讨法等。

四、绩效考评

1. 绩效考评的内涵与外延

绩效考评从内涵上讲是对人及其工作状况进行评价，强调通过观察、记录、分析和评价来体现人在组织中的相对价值或贡献程度。从外延上来说，它是有目的、有组织地对日常工作中的人进行评价，运用一套系统的制度性规范、程序和方法进行评价。

2. 绩效考评意义与目的

绩效考评的意义在于从企业经营目标出发进行评价，使评价和人事待遇管理有助于企业经营目标的实现。作为人事管理系统的一部分，它采用一套系统的规范、程序和方法进行评价，对组织成员的工作能力、工作态度和工作成绩进行以事实为依据的评价。

绩效考评的目的包括考核员工工作绩效、建立公司有效的绩效考核制度、达成公司职工对绩效考评的认同、绩效考评制度的促进，以及公司整体工作绩效的改进和提升。

3. 绩效考评的作用

（1）对公司的作用。

绩效考评对公司的作用包括绩效改进、员工培训、激励、人事调整、薪酬调整、将工作成果与目标比较、考察员工工作绩效如何以及员工之间的绩效比较。

（2）对管理者的作用。

对管理者而言，绩效考评帮助建立职业工作关系、阐述期望、了解下属对职责与目标任务的看法、获取下属对公司的看法和建议、提供解释薪酬处理等人事决策的机会、共同探讨员工培训和开发的需求及行动计划。

（3）对员工的作用。

员工通过绩效考评加深了解自己的职责和目标、成就和能力获得上司的赏识、获得说明困难和解释误会的机会、了解与自己有关的各项政策的推行情况、了解自己的发展前程及在对自己有影响的工作评估过程中获得参与感。

4. 绩效考评的种类、工作程序与效果评估

（1）绩效考评种类。

绩效考评的种类包括年度考核、平时考核和专项考核。

（2）绩效考评工作程序。

绩效考评的工作程序分为封闭式考评和开放式考评。

（3）绩效考评效果评估。

绩效考评的效果评估分为短期效果和长期效果两类。短期效果评估主要指标包括考核完成率、考核面谈所确定的行动方案、考核结果的书面报告质量、上级和员工对考核的态度以及对所起作用的认识及公平性。长期效果评估的主要指标有组织的绩效、员工的素质、员工的离职率及员工对企业认同率的增加。

5. 员工考核反馈的注意事项

给予员工考核反馈时需要注意试探性、乐于倾听、具体化、尊重下级、全面地反馈、建设性以及不要过多地强调员工的缺点。

五、薪酬福利管理

1. 薪酬福利管理概念

薪酬福利管理是指员工为企业提供劳动而得到的各种货币与实物报酬的总和。

2. 制定薪酬福利制度的步骤

（1）制定薪酬策略。

制定薪酬策略是整个薪酬福利管理的起点，需要明确企业对员工薪酬的总体定位和理念。

（2）工作分析。

通过工作分析，了解不同岗位的工作内容、职责和要求，为后续的薪酬制度设计提供基础数据。

（3）薪酬调查。

进行薪酬调查，了解市场上相似岗位的薪酬水平，确保企业薪酬具有竞争力。

（4）薪酬结构设计。

根据工作分析和薪酬调查结果，设计合理的薪酬结构，建立各岗位之间的相对价值关系。

（5）薪酬分级和定薪。

对各个岗位进行分级，并为每个级别确定具体的薪酬水平，保持内部公平和一致性。

（6）薪酬制度的控制和管理。

建立薪酬制度的控制和管理机制，确保其灵活性和适应性，随着企业和市场的变化进行调整。

3. 影响薪酬设定的因素

（1）内部因素。

内部因素包括企业的经营性质与内容；企业的组织文化；企业的支付能力；员工岗位等。

（2）外部因素。

外部因素包括社会意识；当地生活水平；国家政策法规；人力资源市场状况等。

4. 岗位评价体系

（1）岗位评价体系定义。岗位评价是一种系统地评议每一岗位在单位内部工资结构中所占地位的方法手段。

（2）岗位评价体系原则。岗位评价体系原则包括系统原则、实用性原则、标准化原则、能级对应原则、优化原则。

（3）岗位评价体系五要素。劳动责任、劳动技能、劳动心理、劳动强度、劳动环境。

六、劳动关系管理

劳动关系的处理基于国家相关法规政策及公司规章制度。在建立劳动关系初期，关键在于明确劳动者和用人单位的权利和义务。在整个合同期限内，按照合同约定处理劳动者与用人单位之间的权利和义务关系。劳动者需通过劳动合同确保个人权益的实现，同时履行相应的企业义务。对用人单位而言，劳动合同法规主要用于规范用工行为，保护劳动者的基本利益。

劳动合同法规不仅规范了用工行为，还为用人单位提供了一定的保障，包括规定劳动者供职期限、在适用条款下解雇不能胜任岗位工作的劳动者，以及合法规避劳动法规政策，帮助企业节约人力资本支出等。

总体而言，员工关系管理的目标是明确双方的权利和义务，为企业业务提供一个稳定和谐的环境。通过公司战略目标的达成，最终实现企业和员工的共赢。

【拓展学习】

A 公司人力资源管理经验的启示

A 公司是一家拥有数十万员工的全球性企业，其成功的重要原因之一就是其优秀的人力资源管理经验。我们共同来学习 A 公司的人力资源管理经验，相信必然会受到启示。

首先 A 公司有着非常严谨的招聘流程，为保证优先雇用优秀人才，从求职者的简历到面试和背景调查，招聘的每个阶段都需要严格的筛选和评估。

其次 A 公司始终坚持员工培训。这不仅为了提升员工的技能水平，也为了增加员工的忠诚度，更能提升整个公司的发展水平。此外，A 公司还会定期开展员工满意度调查和人才资本评估，以便及时发现问题并采取相应的措施解决。

再次 A 公司有着非常全面的激励计划。包括实现业绩目标的奖励机制、业绩股份计划、灵活的工作时间安排和强大的晋升机会等。试问这样的激励机制，员工可以发挥最大潜力，怎会不喜欢这家公司呢。

最后 A 公司非常重视多元化。A 公司是跨国公司，为了保证公司的发展，非常注重吸引和培养不同国籍、不同文化、不同性别的人才。

总之，A 公司的成功离不开其卓越的人力资源管理经验。它们的成功体现在员工职业生涯的培训和发展、优秀人才的招聘、激励计划的实施、监测和提高员工投入度以及重视多元化等多个方面。这些管理经验对于其他企业也是非常有参考意义的，可借鉴之处很多。

结合本子项目知识归纳与拓展学习部分，假设你们的团队是初创的一家房地产公司，你负责人力资源管理工作，请为公司设计一份岗位职责及人员分工表。拟招聘一名公司经理助理，请设计一份招聘计划书。

子项目 3　懂得掌财

【智者警句】

股东投资求回报，银行注入图利息，员工参与为收入，合作伙伴需赚钱，父老乡亲盼税收。只有消费者、股东、银行、员工、社会、合作伙伴六者的均衡收益，才是真正意义的可持续收益；只有与人民大众命运关联的事业，才是可持续的事业。

——蒙牛乳业集团创始人 牛根生

【内容提要】

- 财务管理的观念。
- 财务管理需注意的事项。
- 财务控制的关键及控制方式。
- 实行财务控制需注意的问题。
- 财务控制的措施。

【案例分享】

拿破仑的玫瑰花誓言

尹代群

1797年3月，拿破仑在卢森堡第一国立小学演讲时，潇洒地把一束价值3路易的玫瑰花送给该校的校长，并且说了这样一番话："为了答谢贵校对我，尤其是对我夫人约瑟夫的盛情款待，我不仅今天呈献上一束玫瑰花，并且在未来的日子里，只要我们法兰西存在一天，每年的今天我都将派人送给贵校一束价值相等的玫瑰花，作为法兰西与卢森堡友谊的象征。"

后来，拿破仑穷于应付连绵的战争和此起彼伏的政治事件，并最终因失败而被流放到圣赫勒那岛，自然也把对卢森堡的承诺忘得一干二净。

谁都不曾料到，1984年底，卢森堡人竟旧事重提，向法国政府提出这"赠送玫瑰花"的诺言，并且要求赔偿。他们要求法国政府：一、要么从1798年起，用3个路易作为一束玫瑰花的本金，以5厘复利计算全部清偿；二、要么在法国各大报刊上公开承认拿破仑是个言而无信的小人。

法国政府当然不想有损拿破仑的声誉，但算出来的数字让他们惊呆了；原本3路易的许诺，至今本息已高达1375596法郎。

最后，法国政府通过冥思苦想，才找到一个使卢森堡比较满意的答复，以后无论在精神上还是物质上，法国始终不渝地对卢森堡大公国的中小学教育事业予以支持与赞助，来兑现我们的拿破仑将军那一诺千金的玫瑰花誓言。

（资料来源：尹代群.拿破仑的玫瑰誓言[J].我们爱科学，2019（24），8-11.）

此案例充分阐述了货币的时间价值的意义，它表现为同一数量的货币在不同的时间上具有不同的价值。

（1）为何本案例中每年赠送价值3路易的玫瑰花相当于在187年后一次性支付1375596法郎？

（2）今天的100元钱与一年后的100元钱等价吗？

【认知归纳】

一、财务管理的观念

创业者应树立以下 4 种财务管理观念。

1. 货币时间价值观念

货币的时间价值就是指当前所持有的一定量货币比未来获得的等量货币具有更高的价值。从经济学的角度而言，现在的一单位货币与未来的一单位货币的购买力之所以不同，是因为要节省现在的一单位货币不消费而改在未来消费，则在未来消费时必须有大于一单位的货币可供消费，作为弥补延迟消费的贴水。

比如，若银行存款年利率为 10%，将今天的 1 元钱存入银行，一年以后就会是 1.10 元。可见，经过一年时间，这 1 元钱发生了 0.1 元的增值，今天的 1 元钱和一年后的 1.10 元钱等值。资金时间价值的实质是资金周转使用后的增值额，是资金所有者让渡资金使用权而参与社会财富分配的一种形式。创业者必须明白这一点，一个看似有利可图的项目，如果考虑货币的时间价值，很可能会变成一个得不偿失的项目，尤其在通货膨胀的时期。

2. 效益观念

效益观念是企业处理自身投入与产出之间的关系的经营思想。企业可视为一个资源转换器，以一定的资源投入，经过内部的转移技术，转换出社会和市场所需要的产品。经济效益是产出和投入之比，这个比率越大，经济效益就越高。其本质就是以较少的投入（资金、人、财、物）带来较大的产出（产量、销售收入和利润）。因此，企业的效益观念涉及处理好投入、转化和产出的综合平衡，在资本管理上，要保值增值，既要“开源”，也要“节流”。

3. 竞争观念

竞争是市场经济的一般规律。在市场经济条件下，价值规律和市场机制对现代企业经营活动的导向作用在不断强化，无情地执行着优胜劣汰的原则。市场供求关系的变化，价格的波动，时时会给公司带来冲击，创业者必须有充分的准备，要强化财务管理在资金筹集、资金投放、资金运营及收入分配中的决策作用，并在竞争中增强承受和消化冲击的应变能力，不断增强自身的竞争实力。

4. 风险观念

风险是市场经济的必然产物，风险形成的原因可归结为现代公司财务活动本身的复杂性、客观环境的复杂性和人们认识的局限性。在财务经营过程中，由于不确定因素的作用，使公司的实际财务收益与预期财务收益发生差异，而带来蒙受经济损失的可能。

二、财务管理需注意的事项

如果创立的是很小的企业，创业者可称为公司里面眉毛胡子一把抓的经理人，那么，财务决策当然就是创业者个人做主的事了。即便是创立了比较正规的公司，资金规模较大，公司设立了财务部并设有财务管理、财务总管或财务总监，创业者也必须把握公司经营运作的财务状况，必须参与有关财务管理的决策。制定财务决策时，创业者应注重以下 10 个方面。

（1）掌握资金运动规律。注重从公司经济、市场经济、产业经济的角度出发，对财务问题进行多方面的考虑。

（2）更新方法。不但要注重质的分析，更注重量的分析，通过专业的财务分析与管理工具，优化理财决策。

（3）充实内容。不能只管资金的收支，还要熟悉在资本市场上融通资金的业务，有效地进行资金预算的编制、现金计划的编制、有价证券以及应收账款和存货等营运资金的管理与控制、长期投资的可行性研究、投资收益的评估等。

（4）收益与风险的权衡。要能够评价和计量经营风险和财务风险，避免公司承担超过收益限度的风险。在追加收益的同时，要努力分散风险和规避风险。

（5）研究资金成本。要注意探讨不同筹资方式下资金成本的计量方法，以及怎样以最低的代价筹集企业生产经营所必需的资金。

（6）关注理财所涉及的法律问题。有必要了解资本市场的交易规则、各类金融工具的权责关系、举债经营的法律责任等问题，要掌握税法。

（7）研究目标资本结构。要根据公司内外理财环境的变化，优化公司的资本结构，合理利用经营杠杆和财务杠杆，使公司在良好的财务状态下，获得最大的收益。

（8）注意通货膨胀对企业财务的影响。在进行投资融资决策和资产管理时，要注意分析通货膨胀对公司财务的影响。合理调整财务数据，以便正确地评价财务状况。

（9）学习国际理财的理论和方法。例如外汇风险的规避，学习国际投资融资决策方法。

（10）确保财务安全。要能够准确评价企业的财务状况，预防出现财务危机。当处于财务困境时，有能力提供相应对策。

三、财务控制的关键点

财务控制的关键点包括财务控制制度、加强现金流预算与控制、仔细权衡投资的回报、充分利用社会资源、增收节支开源节流、财务风险控制和资金控制等 7 个方面。

1. 财务控制制度

（1）不相容职务分离制度。不相容职务相互分离控制要求中小企业按照不相容职务相分离的原则，合理设置财务会计及相关工作岗位，明确职责权限，形成相互制衡机制。不相容职务包括：授权批准、业务经办、会计记录、财产保管、稽核检查等职务。如：有权批准采购的人员不能直接从事采购业务，从事采购业务的人员不得从事入库业务。

（2）授权批准控制制度。授权批准控制要求中小企业明确规定涉及财务会计及相关工作的授权批准的范围、权限、程序、责任等内容，单位内部的各级管理层必须在授权范围内行使职权和承担责任，经办人员也必须在授权范围内办理业务。如：采购人员必须在授权批准的金额内办理采购业务，超出此金额必须得到主管的审批。

（3）会计系统控制制度。会计系统控制要求中小企业依据《中华人民共和国民事会计法》和国家统一的会计制度，制定适合本单位的会计制度，明确会计工作流程，建立岗位责任制，充分发挥会计的监督职能。会计系统控制制度包括企业的核算规程，会计工作规程、会计人员岗位责任制、财务会计部门职责、会计档案管理制度等。良好的会计系统控制制度是企业财务控制得以顺利进行的有力保障。

2. 加强现金流预算与控制

企业财务管理首先应该关注现金流量，而不是会计利润。中小企业应该通过现金流量预算管理来做好现金流量控制。现金流量预算的编制采用“以收定支，与成本费用匹配”的原则，采用零基预算的编制方法，按收付实现制来反映现金流入流出。经过企业上下反复汇总、平衡、最终形成年度现金流量预算。同时，根据年度现金流量预算制定出分时段的动态现金流量预算，对日常现金流量进行动态控制。创业公司要努力保障公司的账上有不少于 6 个月的现金储备（完成一轮融资通常需要 6 个月时间），以避免断流。

无论为了权益融资或债务融资准备商业计划，还是做年度或季度预测或预算，都应该分析现金流；并以现金流量表为依据，将每月实际的现金流与预测或预算相比较，注意各种变化，并研究数字背后的隐含信息，分析现金流出现波动的原因，及时采取相应的控制措施。预测创业企业的现金流需求，可以进行 3 个步骤的分析预测。

（1）收入的预测。预测收入的逻辑很简单，需要根据产品（或服务）的定价，对销售进行预测。因为创业型企业大多规模小，初期资金紧张，必须精打细算，对销售要按照月度来做预测。最好做两份预测，一份“保守的”，一份“乐观的”。

（2）计算成本。成本一般包括：固定成本，具体有人员工资、房租、保险、职工福利费、办公费等；可变成本，具体有原材料、包装、运输、直接人工成本等；销售成本，具体有广告、销售、客户服务的成本；设备投入，具体有装修、办公家具、电脑、服务器、生产设备等。

（3）分析和调整。当把每月的收入预测和成本预测对应放入同一时间框中，就出现了一幅创业公司命脉图；现金流。留心找到“收支平衡点”，把收支平衡点之前的所有费用加在一起，就得出了你需要为企业准备的资金数量。

创业公司的财务预测也是一成不变的，每个月都应该仔细地对照和监控，要根据运营情况相应地进行调整，使之更符合现实、更加优化；如果实际情况和预算总是相差甚远，要及时找出原因和调整，否则应该当机立断停下来，重新考虑企业未来的策略。

3. 仔细权衡投资的回报

即使在产品销售情况良好、短期现金充裕的情况下，新创企业仍然需要全面考虑新增投资的回报率、回收期，以及同于新增投资所带来的对企业现有能力的挑战和管理合作等连带问题；更需要客观评价新增投资的发展前景以及对现有业务发展的价值。在新创企业的快速成长阶段，组织的“肌体”还不够结实，市场竞争地位才刚刚确立，经济带的过于分散化会削弱企业原有核心业务能力。尤其是当两项业务毫无协同效益时，这样的多元扩张战略会给原业脆弱的新创企业埋下经济危机的种子。新创企业必须明确战略边界，树立“有所为，有所不为”的投资理念，谨慎投资。

4. 充分利用社会资源

对于高科技的新创企业，应该充分利用所在地区的园区、孵化器等产业平台，争取下政府基金及相关政策支持，这是一种成本相对较低的缓解现金流短缺的方法。

孵化器通常是大量政府政策资源的聚焦地，孵化器内的新创企业在政策资源上有着得天独厚的优势，通过关注、利用政府机构制定的相关法律条例，创业都有可能争取到政策性低息贷款或无偿扶持基金（如创新基金等），以及写字楼或者孵化器提供的廉价房租等。

5. 增收节支开源节流

开源节流是企业经营中最朴实、最实用的手段和策略。节流不是简单地减少支出，而是通过费用支出结构分析、支出的必要性和经济性分析，采取措施来改善费用支出的使用效果。对于新创企业，研发费用和销售费用是加强管理和控制的主要对象。在研发投入上，技术偏好的创业团队容易考虑技术本身的追求而忽略成果的市场需求，新创企业在研发投入决策上需要重点关注研发方向的商品化前景。在营销投入上，除了规范内部制度，防止“跑冒滴漏”外，新创企业要注意克服两个倾向，一是要避免因为短期的成功而将运营模式简单复制到未来的营销策略上；二是要避免病急乱投医，在企业遇到困难时自乱阵脚。新创企业往往对市场导入期估计不足，实施几次营销策略不见明显成效时就乱了方寸，导致胡乱投入，寄希望于地毯式、轰炸式广告宣传，浪费资金，陷入更大的危机。

6. 财务风险控制

对于处于早期或成长期的公司来说，需要大量的运营本来应付快速增长的应收账款和存货，举债经营成为企业发展的途径之一。有效利用债务可以提高企业的收益，但企业举债经营会对企业自有资金的盈利能力造成影响，由于负债要支付利息，债务人对企业的资产有优先权利，万一公司经营不善，或有其他不利因素，则公司资不抵债、破产倒闭的危险就会加大。

案例

某公司在其内部股东矛盾被媒体报道后，银行马上停止了其 4000 万元的贷款，供货商也纷纷上门讨债，其陷入了资金短缺的漩涡，最终走向了衰败。

新创企业必须正确客观地评估财务风险，采取稳步发展的财务策略。

7. 资金控制

新创企业资金控制的主要内容有货币资金控制、销售与收款控制、采购付款控制、成本费用控制等。

在市场竞争非常激烈的今天，新创企业往往不得不以信用形式进行业务交易，经营中应收账款比率难以降低。应收账款是一个重要的财务控制点。应收账款是指尚未收回的贷款或者所提供服务应得的款项，许多大公司认为可以延迟支付小公司或新公司的欠款，因为小公司或者新公司几乎没有讨价还价的能力。

另外，许多新创企业或者处于发展早期的公司经常通过给那些风险更大、在别处贷不到款的客户更大的个人信誉度（以个人信誉来担保的应收账款）来获得业务，但这样做的隐患很大，许多初创期企业由于未能收回欠款导致破产。

控制好应收账款应注意处理好三方面的问题，一是评价客户的资信程度；二是建立合理的信用标准；三是对所发生的应收账款和客户要强化管理，制定催款计划，定期向赊销客户寄送对账单和催缴欠款通知书，或者拨打催款电话，同时要对经常性业务往来的赊销客户进行单独管理。

四、财务控制的方式

1. 组织规划控制

根据财务控制的要求，单位在确定和完善组织结构的过程中，应当遵循不相容职务相分离的原则，是指一个人不能兼任同一部门财务活动中的不同职务。单位的经济活动通常划分为五个步骤：授权、签发、核准、执行和记录。如果上述每一步骤由相对独立的人员或部门，实施，就能够保证不相容职务的分离，便于财务控制作用的发挥。

2. 授权批准控制

授权批准控制指对单位内部部门或职员处理经济业务的权限控制。单位内部某个部门或某个职员在处理经济业务时，必须经过授权批准才能进行，否则就无权审批。授权批准控制可以保证单位既定方针的执行和限制滥用职权。授权批准的基本要求是：首先，要明确一般授权与特定授权的界限和责任；其次，要明确每类经济业务的授权批准程序；再次，要建立必要的检查制度，以保证经授权后所处理的经济业务的工作质量。

3. 预算控制

预算控制是财务控制的一个重要方面。包括筹资、融资、采购、生产、销售、投资、管理等经营活动的全过程。其基本要求是：第一，所编制预算必须体现单位的经营管理目标，并明确责任。第二，预算在执行中，应当允许经过授权批准对预算进行调整，以便预算更加切合实际。第三，应当及时或定期反馈预算的执行情况。

4. 实物资产控制

实物资产控制主要包括限制接近控制和定期清查控制两种。限制接近控制是控制对实物资产及与实物资产有关的文件的接触，如现金、银行存款、有价证券和存货等，除出纳人员和仓库保管人员外，其他人员则限制接触，以保证资产的安全；定期清查控制是指定期进行实物资产清查，保证实物资产实有数量与账面记载相符，如账实不符，应查明原因，及时处理。

5. 成本控制

成本控制分粗放型成本控制和集约型成本控制。粗放型成本控制是从原材料采购到产品的最终售出进行控制的方法。具体包括原材料采购成本控制、材料使用成本控制和产品销售成本控制三个方面；集约型成本控制一是通过改善生产技术来降低成本，二是通过产品工艺的改善来降低成本。

6. 风险控制

风险控制就是尽可能地防止和避免出现不利于企业经营目标实现的各种风险。在这些风险中经营风险和财务风险显得极为重要。经营风险是指因生产经营方面的原因给企业盈利带来的不确定，而财务风险又称筹资风险，是指由于举债而给企业财务带来的不确定性。由于经营风险和财务风险对企业的发展具有很大的影响，所以企业在进行各种决策时，必须尽力规避这两种风险。如企业举债经营，尽管可以缓解企业运转资金短缺的困难，但由于借入的资金需还本付息，到期一旦企业无力偿还债务，必然使企业陷入财务困境。

7. 审计控制

审计控制主要是指内部审计，它是对会计的控制和再监督。内部审计是在一个组织内部对各种经营活动与控制系统的独立评价，以确定既定政策的程序是否贯彻，建立的标准是否有利于资源的合理利用，以及单位的目标是否达到。内部审计的内容十分广泛，一般包括内部财务审计和内部经营管理审计。内部审计对会计资料的监督、审查，不仅是财务控制的有效手段，也是保证会计资料真实、完整的重要措施

五、实行财务控制需注意的问题

1. 要做到“集权有道，分权有序”

集权和分权都是相对而言的，没有绝对的分权，也没有绝对的集权。对企业集团进行财务集中控制，加强集权管理，是指在分权与集权之间更趋向于集权，而不是绝对集权，要在一定范围内和一定程度上进行有原则、有导向的分权。

2. 建立统一的会计核算制度

只有建立起一套完整、统一的会计制度。才能在集团内部上下之间进行有效的信息沟通，以进一步实现集团总部对分支机构及子公司的财务集中控制。

3. 要注意人的因素

企业集团进行财务集中控制，人员管理是其中的关键因素，所有的业务流程、财务活动都是由人实施的。企业集团最终采取什么样的财务集中控制方式，与面对的人有很大关系，面对不同的人会有不同的财务集中控制方式，而且在决定财务集中控制方式后，也须注意对人的管理。

4. 注意发挥分支机构及子公司负责人的积极性

企业集团进行集权管理、实行财务集中控制，在很大程度上剥夺了分支机构及子公司的权力，这对他们的积极性会有一定影响，不利于整个企业集团的发展。因此，在进行财务集中控制时，必须注意保护和发挥分支机构及子公司负责人的积极性，采取将薪酬计划与执行财务集中控制结果挂钩等各种措施，调动其积极性。

六、财务控制措施

1. 应收账款控制

在市场竞争日趋激烈的今天，中小企业不得不部分甚至全部以信用形式进行业务交易。应收账款控制主要从以下 3 个方面来进行。

（1）财务核算准确翔实，债权债务关系明确。中小企业必须有完整的应收账款核算体系，并且原始单据必须真实完整。

（2）评价客户资信程度，制定相应信用政策。中小企业必须根据客户的资信程

度来制定给予客户的信用标准；通常从信用品质、偿还能力、资本、抵押品、经济状况五个方面来评价客户的资信程度。中小企业可以根据对客户资信程度的分析数据对客户进行排队分析，选择资信程度好的客户，而拒绝那些资信程度差的客户。

（3）加强应收账款的账龄分析，确定收款率和应收账款余额百分比。中小企业可以依据账龄分析，结合销售合同，确立收款率和应收账款余额百分比，保证应收账款的安全性。例如，上海某公司 1997 年在应收账款的管理上，规定建筑施工业务的应收账款额度不得超过其产值的 5%，房地产业务的应收账款额度不得超过其产值的 1%。同时，每月定期对已发生的应收账款进行账龄分析，组织力量加强催讨，并对业务部门进行考核。当年该公司应收账款占产值的比例大幅降低，其平均周转天数下降了 13 天，加速了资金周转，减少了坏账损失。

2. 实物资产控制

实物资产控制是为保证企业实物资产安全完整而采取的财务控制措施，主要有以下 4 点。

（1）限制接近。严格控制对实物资产及实物资产相关的文件的接触，如现金、银行存款、有价证券和存货等，除出纳人员和仓库保管员外，其他人员限制接触，以保证资产的安全。

（2）及时入账。经济业务发生以后，必须立即入账，特别是现金，银行存款，要做到日清月结，防止挪用，保证资金的安全和得到合理使用。

（3）永续盘存制。对于财产物资都必须采用永续盘存的方法，随时反映其收、发、存情况。

（4）建立会计档案保管制度，便于业务复查。

3. 成本控制

中小企业从原材料的采购到产品的最终售出，都要采取有效的成本控制方法。同时通过改善生产产品的工艺来降低成本。更进一步，中小企业应对比“产出”和“投入”，研究成本增减与收益增减的关系，以确定最有利于提高效益的成本控制方案。

【拓展学习】

德国大众公司的动态薪酬体系

徐振斌

德国大众是当今世界排名第五的跨国大型汽车工业公司，在美国评选的世界500强中排名前30位，总部设在德国沃尔夫斯堡，在我国的一汽大众和上海大众分别占有49%股份。

大众的人力资源管理的核心即两个成功。第一个成功是指每个员工获得成功，人尽其才，个人才能充分发挥；让员工提合理化建议，增强主人翁意识，参与企业管理。第二个成功是指企业的成功，使企业创造出一流的业绩，使企业像雪球一样越滚越大。

两个成功互为前提，相辅相成，在员工实现自身价值的同时，最大限度地保证企业成功。他们认识到员工应当自由支配一生中的工作时间，对每个员工都应有灵活的安排，通过使员工与其所能适应的工作位置相匹配，实现员工的自身价值，最大限度地激发员工的积极性和创造力；防止辞退现象，保证位置的存在，要做到公司不景气时不发生辞退现象，不能遇到困难就辞退职工了事。大众公司强调要建立社会市场经济，企业要承担应有的社会责任。企业要建立动态的薪酬制度，以适应经济状况的变动，使企业成为在市场经济海洋中“有呼吸的企业”。

动态薪酬体系，一是根据公司生产经营和发展情况，以及其他有关因素变动情况，对薪酬制度及时更新、调整和完善；二是根据调动各方面员工积极性的需要，如调动管理人员、科研开发人员和关键岗位员工积极性的需要，随时调整各种报酬在报酬总额中的比重，适时调整激励对象和激励重点，以增强激励的针对性和效果。这其中包括基本报酬、参与性退休金、奖金、时间有价证券、员工持股计划、企业补充养老保险六项。

（资料来源：徐振斌. 德国大众公司的动态薪酬体系 [J]. 职业杂志，2003（2），40-43.）

子项目 4　依法创业

【智者警句】

法律是人类为了共同利益，由人类智慧遵循人类经验所做出的最后成果。

——强森

法律是无私的，对谁都一视同仁。在每件事上，她都不徇私情。

——托马斯

【内容提要】

- 守法对企业经营的重要性。
- 国家对新创企业各种法律关系的保护。
- 经营企业一定要知道的法律法规。

【案例分享】

大学生创业成时尚　创业前先做“法律储备”

在严峻的就业形势面前，大学生创业被逼成了“时尚”。沈阳某高校学生小杨经营“城际包车”实施创业行动，却遭遇尴尬和麻烦：

包车晚点甚至有的车压根没来，让 400 名乘客苦等了 4 个小时，场面一度失控……

小杨很纠结，他要不回预付的包车费，而乘客又让他赔偿票款与损失。原来，这位大学生经理竟然将最重要的租车环节交由中间人做，导致维权难。

这样的结果告诉我们：大学生创业，先做“法律储备”。

学生经理办起“城际包车”

小杨是沈阳某高校大四学生，读的是物流专业。2011 年，他了解到针对大学生群体的城际包车业务前景不错，便决定与几个想创业的同学启动“假期大学生客运包车”行动，并选择了沈阳到大连这条线。2012 年清明节刚过，小杨和同伴就在沈阳十几所高校做宣传，有500多名大学生乘客表示愿意乘坐他们组织的包车去大连。

为此，他到大连委托一位张姓朋友办理租车事务，还请当地高校的法律老师帮助审查包车协议。2012年4月20日，小杨与在大连从事客运的于某签协议租下7辆客车，按照约定，7辆车要在4月30日12时从大连发车，而400名预付部分车费（35元）的大学生乘客于当日16时30在苏家屯高速入口和三台子高速人口处分别集合候车。

包车误时乘客索赔

4月30日16时许，大学生乘客们陆续到齐了。然而，半小时后，到约定时间了，大家并没看到车的影子。这一等就是4个小时。据了解，大连发车晚了，有的车还被扣。等待期间，一些着急的学生要求退还预付票款；一些情绪激动的学生与小杨他们发生撕扯；还有学生觉得受骗了，拨打了110报警。

一些准备到大连玩的学生已订下特价酒店并网上支付了房费。他们向小杨提出索赔200元至数百元不等。而五一过后，还有学生专门到小杨所在的学校讨说法，这让正处在写毕业论文关键时期的小杨难以招架。小杨说，他们确实给很多乘客制造了麻烦，但他和同学们也是受害者，为这事赔进去近两万块钱。

组织者竟没签“包车协议”

小杨认为，大连方面的于某应负主要责任，因其违背了协议中“按时接送学生”的规定。小杨曾到大连协调解决此事，希望拿回部分款项，但于某不但不给，还说“压根没跟小杨签过协议”。原来那份协议书上面并没有小杨的名字；在甲方包车方一栏里写的是“张某”。也就是说，这份协议是小杨在大连那位张姓朋友跟人家签的。

虽然小杨事先找人请教法律方面的问题，但却选择了一种“最不法律”的做法：大连包车公司的车辆有没有保险？有没有从事客运的资质……这些事情，小杨均未事先了解。小杨表示，已经没有钱和时间来通过法律途径解决这件事了。而且，由于协议并不是自己签的，张某能否配合自己把大连车主于某告上法庭还是未知数。

小杨的创业经历暴露出的问题令人深思。客运行业有严格的准入制度和行业管理制度，大学生缺乏专业知识和行业经验。另外大学生缺乏应对突发状况和规避风险的能力。更为重要的是小杨竟让朋友代替其签协议，依法创业是必要的。

【认知归纳】

一、守法对企业经营的重要性

市场经济是法治经济，只有在法制的框架下市场才能有序运行。在法制的有效保障下，企业才能安全、高效地发展。因此，守法经营是对企业自身的最有效的保护。将企业的经营管理以及处理对内对外的各种关系完全纳入法制轨道，是企业安全、有序发展的可靠保证。

（1）从企业主体的设立开始，就应该考虑合法、有效，防止无序和各种风险。

我国现阶段企业的形式有多种，比如，公司企业、合伙企业、私营企业等等，但最基本的企业形式还是公司制。公司制是现代企业制度，是比较符合市场规律的企业形式。我国的《中华人民共和国公司法》最近又作了较大程度的修订，新修订的《中华人民共和国公司法》内容更加符合现代企业特点，有利于企业的有效运作，更具有可操作性。

（2）企业的内部管理、运作必须严格依法进行。

企业内部的关系是股东之间的关系。如果不是一人公司——即一名股东的有限责任公司，就需要处理股东之间的关系。处理股东之间的关系主要是根据《中华人民共和国公司法》的规定，来协调公司各股东之间的利益关系、管理关系等等。根据《中华人民共和国公司法》的规定，公司的内部事务管理一般由公司章程来规定，公司章程是企业内部管理的基本规章，是企业的小宪法。在不违反法律强制性规定、不损害公共利益的前提下，法律一般不干涉公司的内部事务，放手让公司自己去决定自己的事务。因此，公司的内部管理、利益分配等事项，完全可以自己研究决定，并把它写进公司章程。

（3）企业与外部的关系，需要法律保驾护航。

企业经营必须与外界交往接触，企业与外部的关系大致分为以下 3 种。

1）企业与客户、合作伙伴的关系。这种关系主要是合同关系，根据企业的性质形成不同的合同关系。比如，生产企业要将产品销售出去，要购买原材料，就和购买方、材料提供方形成买卖合同关系；开发产品与科研单位合作就形成了技术合同关系，等等；如果是房地产开发企业，就要涉及土地开发合同、建筑施工合同以及商品房买卖合同等等。要处理好企业与客户的关系主要是要签订好合同，认真履行合同，做好履约管理。遵守法律，严格履约是对自己最好的保护。

2）行政法律关系。企业经营必须依法纳税，接受行政机关的管理。这就要和税务机关、工商管理机关、环保部门以及行业管理机关等行政机关接触，接受管理。这样就形成了行政管理法律关系。如果企业违反了有关行政法规就可能要受到行政处罚。所以，企业的法务人员和法律顾问应该认真研究行政法规，使企业严格遵守法律，依法纳税，治理污染，保护环境。经常和自己的法律顾问律师沟通，以避免造成不必要的法律风险等被动局面。

3）刑事法律关系。自然人会犯罪，单位也会犯罪。我国刑法就规定了单位犯罪的情况。比如单位贿赂罪，就是一款单位犯罪的罪名。单位犯罪，一般对单位主要负责人和主要参与人员处以刑罚，对单位处以罚款。刑罚是条高压线，必须谨慎防范避免触及。个人和单位都应该十分谨慎地，严格依法办事，尤其不能触犯刑法。要不犯法，前提条件是应该懂法，否则，你不知道什么是违法，难免不违反法律。

总之，公司的经营管理需要依法进行，才能更加规范，更有效益，也更有利于对自身权益的保护。争议产生诉讼，在诉讼中当然应该是违约、违法者承担责任，守约、守法者受到法律的保护。所以，企业在日常的运作当中，必须重合同、守信用，必须严格遵守国家法律，使企业事务始终在法制的轨道上高效运行，才能做到既有效率又确保财产安全，法律为企业运行的优质高效提供了一个有力的保障。

二、国家对新创企业各种法律关系的保护

随着我国新创企业法律体系的日益完善，国家有关权力机关可以根据法律规定，对新创企业在创业和生产经营活动中遵守或违反法律规定的当事人，给予相应的鼓励或处罚，确保法律规定的有关主体之间的权利和义务关系切实得以实现。其中，对企业在创业和生产经营活动中不能自觉遵守法律法规、不能正确行使权利和履行义务以及侵犯他人合法权益的当事人，国家有关权力机关可以依法追究其法律责任，直接体现了国家强制力对新创企业中各种法律关系的保护。

因此，国家对新创企业法律关系的保护，是指国家授权的有关权力机关，依法对在经营与创业活动中不能正确行使权利和不履行法定义务，以及侵犯他人合法权利的违法行为给予处罚和制裁，以确保创业经营的法律关系实现的活动。为了确保经济法律关系的实现，我国已经建立了一套由经济行政执法、经济仲裁、民生审

判、行政审判等保护途径构成的比较完备的保护体系，国家对经营活动中产生的法律关系的保护也是通过这一保护体系来进行的。新创企业从事经营活动的当事人在遭受各种违法行为侵害而影响其生产经营活动的正常开展时，可以向国家有关机关寻求法律保护，维护自身的合法权益，确保其经营活动顺利进行。为此，新创企业需要及时掌握国家对经营创业方面的法律关系保护的具体规定。

1. 经济行政执法保护

企业经济行政执法保护，是国家授权的行政机关依法通过其行政执法活动，确保相关的经济和行政法律法规确立的法律关系当事人权利和义务的实现。其中，与新创企业经营活动关系最密切的行政执法，主要包括工商、税务、物价、质检、知识产权、银行、证券、环保等综合管理部门的执法。新创企业合法经营主体资格和权利的确认和保护，其参与市场竞争中合法权利的行使，以及相应的义务的履行，主要由工商部门的行政执法活动提供保护；其生产经营活动中涉及产品质量和价格等方面的合法权利的行使和义务的履行，主要由物价、质检等部门的行政执法活动提供保护；其拥有的商标、专利、商业秘密等知识产权，则主要由工商、知识产权等部门的行政执法活动提供保护；其取得所需资金的融资活动方面的合法权利的行使和义务的履行，则主要由人民银行、证券管理机关和环保机关的行政执法活动提供保护。

行政执法保护的具体实现，则主要是通过行政执法机关依法追究违法行为人的行政法律责任完成的，具体包括对违法行为人给予警告、罚款、没收违法所得或没收非法所得财物、责令停产停业、暂扣或者吊销许可证及暂扣或者吊销执照，以及法律或行政法规规定的其他行政处罚。

2. 经济仲裁保护

新创企业经济仲裁保护，是民间仲裁机构和国家法律规定的仲裁机关，依据仲裁法和有关法律规定，以第三者的身份、按照公正的原则，对企业在创业和生产经营活动中发生的经济纠纷或劳动争议等进行调解、裁决。确保创业法律关系当事人权利和义务的实现。在创业法律关系的仲裁保护方面，涉及最多的主要是各种经济合同纠纷、其他财产权益纠纷和劳动争议的仲裁。其中，根据仲裁法的规定在省级政府所在地设立的仲裁委员会，主要负责劳动争议的仲裁。

经济仲裁对新创企业法律关系的保护作用，主要是由仲裁裁决的法律效力来体现的。由经济合同或财产权益纠纷双方当事人共同选定、同意的仲裁委员会依照法定程序对双方纠纷和争议作出的裁决为最终裁决，有关当事人必须履行；如果一方当事人不主动履行裁决，另一方当事人有权要求法院予以强制执行。由劳动争议仲裁委员会对劳动争议作出的裁决，当事人无异议的必须履行裁决，对裁决不服的当事人在法定期限内不起诉又不履行仲裁裁决的，另一方当事人可以申请人民法院强制执行。

3. 民事审判保护

民事审判保护，是人民法院依据《中华人民共和国民事诉讼法》，通过审理公民之间、法人之间、其他组织之间以及它们相互之间因财产关系和人身关系发生的各种权益纠纷而提起诉讼的案件，确保法律关系当事人权利、义务的实现。在新创企业法律关系的民事审判保护方面，涉及最多的主要是各种经济合同纠纷、知识产权纠纷、其他财产权益纠纷和劳动争议。

民事审判对新创企业经营活动的法律关系的保护作用，主要体现在人民法院在依法查明事实、分清是非的基础上，通过调解或判决公正地确认有关当事人的民事权利义务关系，以及判定当事人的合法权益。对经人民法院调解达成的协议，或者由人民法院通过审判作出的发生法律效力的判决、裁定，当事人必须履行；一方当事人拒绝履行，对方当事人可以向人民法院申请强制执行。

4. 行政审判保护

行政审判保护，是人民法院依据《中华人民共和国民事行政法》，审理和解决公民、法人或其他经济组织对行政管理机关实施的具体行政行为不服而提起诉讼的案件，确保法律关系当事人权利、义务的实现。在新创企业法律关系的行政审判保护方面，主要涉及创业活动当事人对有关行政管理机关实施的具体行政行为不服而起诉的案件，如当事人不服有关行政机关作出的行政处罚决定、拒绝颁发许可证或执照等处理决定而起诉的案件以及认为行政机关侵犯法律规定的企业经营自主权而起诉的案件等。

行政审判对新创企业法律关系的保护作用，主要通过人民法院依法作出判决或裁定，并以国家强制力确保其得到执行来实现。人民法院经过依法审理，在查明事实的基础上，根据不同情况，对行政案件分别作出以下判决：维持原具体行政行为；撤销或部分撤销原行政行为，并可以要求被告重新作出具体行政行为；被告吧履行或拖延履行法定职责的，判决其在一定期限内履行；行政处罚显失公正的，可以判决变更。对人民法院发生法律效力的判决或裁定，作为行政诉讼双方当事人都必须履行；对当事人拒不履行生效的判决或者裁定的，由人民法院根据不同情况依法执行。

总之，当创新企业有关主体在依法进行正常经营活动过程中，遭遇到各种违法、侵权行为，妨碍自身合法权利行使和经营创业活动正常开展时，可以根据其所遭遇的违法、侵权行为的性质，分别通过上述相应的保护途径，寻求国家法律的救济。

三、经营企业一定要知道的法律法规

1. “有限责任”变成“无限责任”

民营企业大多是从小到大，规模不断扩大，注册的公司越来越多，而当家的只有一个。在他眼里，手心手背都是肉，每个子（分）公司的钱与人都是他的。出现这种意识后，会造成旗下各个公司管理有大量的往来借款，以及人员身份的混杂等。根据新的《中华人民共和国公司法》，这样做可能会造成连带责任。

案例

企业家名下的A公司欠债没法还，可能会殃及你手下的B公司，因为债权人可能会因为A公司与B公司之间的人员、资金混同，追诉到B公司。“有限责任”变成“无限责任”，甚至连企业家的个人资产都会受到牵连。

2. 公司高管职业风险加大

以前，如果是民企内部的高管犯了法，往往选择私了的方式，但随着民企越来越公众化，特别是成为上市公司，那种你情我愿的私了也有可能违法。

因为相比过去的《中华人民共和国公司法》对公司高管的责任追究不够明晰，新的《中华人民共和国公司法》不仅为公司高级管理人员规定了更为详细的义务、责任，而且规定了具体可操作的责任追究方式，使公司高级管理人员承担责任真正落到了实处。

根据新《中华人民共和国公司法》的规定，公司高级管理人员违法执行职务后，轻则被罢免，重则有可能被法院判决向公司或股东承担巨额赔偿责任或者身陷囹圄。如果出现这种情况，公司高管职位的光环和丰厚的工薪报酬就显得轻于鸿毛了。

3. 诉讼不得不防的额外风险

“三军可夺帅，匹夫不可夺志”，这往往成了现实生活中当事人发起诉讼的最原始动力。然而，诉讼中的胜与败和实际中的得与失之间往往不是一个简单的对等关系。

打官司并没有明显的输家和赢家，有时胜诉所赢回的，也许就真的只是一口气，而输掉的则是一个企业。因此，不到万不得已，企业之间的对簿公堂并不是什么明智之举。诉讼只是最后的手段，当出现争议的时候，企业家首先想到的应该是谈判协商，协商不成还有仲裁，最后才是诉讼。

有专家曾拿跨国的知识产权诉讼为倒算过这样一笔账，如果一个案件在一年内完成，跨国公司需要的费用大致为 10 万美元。诉讼费用基本上由三部分构成：一是法院的诉讼费用，它只占很小的费用比例，一般依标的额度不同而不同；其次是调查取证的费用；最后是律师费。目前国内涉外律师费用基本上是每小时 150~300 美元，其中还不包括人力和时间上的浪费。

但并不是每一个企业或企业家都能算清楚这笔账，栽在诉讼陷阱里的企业或企业家也屡见不鲜。拥有近半个世纪历史的英国道康宁公司一直以来都在市场上占据着独特的地位，但就在 20 世纪 90 年代初期却卷入了一场长达 7 年的诉讼。诉讼的导火线是由道康宁公司一个还不到公司整个销售产值 1% 的产品所点燃的，而就是这个不起眼的诉讼，却使得道康宁公司几乎陷于了破产的边缘，最终以花费 32 亿美元的代价解决了这个诉讼。

4. 你的婚姻值多少钱

一次离婚或许可能毁掉一个企业。世界首富比尔·盖茨和他夫人梅琳达就签了财产协议，提出协议的人不是比尔夫妇中的某一方，而是微软董事会，理由是“为了企业安全”。

财富在企业家的婚姻里绝不只是个金钱问题，民营企业家在承担家庭责任的同时也承担着社会责任。一旦婚姻家庭出现了危机，就必然会影响到企业的经营和企业社会责任的承担，造成社会资源的浪费。

婚前财产公证可以确保婚前个人财产的归属，避免可能出现的财产纠纷，从一定程度上遏制以金钱、财产为筹码的功利性婚姻。另一个是实施婚后所得约定。这可以确保夫妻经济独立和人格独立，对公司经营发展和社会公共利益也至关重要。

5. 公司的钱就是我的钱

对于民企，特别是具有浓厚家族意味的企业来说，老板们往往认为，公司的钱就是我的钱，买车买房、出国旅游、担保借贷等个人开销悉数从公司支取，个人行为与公司行为混同。

这种行为在上市之前也许风险不大，最多只是股东之间会产生纠纷，但一旦公司上市，公司的钱就不是老板一家人的钱，而是公众的钱了。如果老板们再从公司支取资金不走程序，不按规定披露信息，则有可能涉嫌挪用上市公司资金、信息披露不实，误导公众，而遭遇调查和诉讼。

6. 合同风险损失难以弥补

现代社会，几乎每一项交易背后都有合同法律关系的影子。而中国企业不太重视合同签订前的风险防范，往往在一单重要业务快要成交签订合同之时，才想起找律师“随便看看”合同文本，而且也不愿意就法律服务支付足额的律师费。以小时计费在中国法律服务收费方式中不占主导地位就说明了这一点。

由于这时的法律文件往往皆以外方律师起草的合同为蓝本，要讨论修改合同文本，要么时间上不容许，要么客观上也不可能。遭遇合同诈骗之后再诉诸法律或请求律师帮助的案例并不少见。

案例

一个很有代表性的案例是，2001 年，叙利亚外商马乐旺未经浙江省外经贸厅审批，也未到省工商局登记注册，在义乌设立办事处并开展跨国贸易。在头几次采购商品过程中，马乐旺很讲“信用”，货款结清很守时，大部分经营户在以后交易中对他丧失了警惕。接着他就以“钱未汇到”为由拖欠货款，最后当欠款积累到一定程度并引起经营户注意时，马乐旺已经出境逃之夭夭。

7. 以“私法”取代“公法”

出于某种原因，有些企业认为《中华人民共和国公司法》缚手缚脚，不利于企业运作。而企业内部的管理、股东之间的关系，只要大家相互协商一致，就可以制定独立于《中华人民共和国公司法》之外的内部章程和规则。这种妥协和规定，也许内部和谐的时候谁也不会去计较，可以相安无事，但一旦出现纷争，闹上法庭，则不可能获得法律的支持，最终判定无效，并且只能按法律规定的执行。所以民企最好事先理清这些关系，不要因为一时的权宜之计埋下企业发展的定时炸弹。

案例

北京某公司的章程就有这样一条规定:“股东了解公司的经营状况和财务状况，必须事先向公司提出申请，由董事会判断是否同意其查阅财务会计报告。”正是这条规定引发一起涉嫌侵犯股东知情权的纠纷。法院经过审理判定，股东的知情权是股东的法定权利，该权利不能以公司章程加以限制或剥夺。公司用公司章程对向股东提交财务会计报告的义务条款进行限制性规定，没有法律依据。而依据《中华人民共和国公司法》的相关规定，公司负有向股东提供财务会计报告的义务。

8. 意外侵权

很多法律风险在国外比较普遍，而目前在我国却较少，惩罚性的判例就更少。但这些风险并非可以大意对待，特别是那些在海外上市或有分（子）公司的企业。

案例

百度就曾收到至少 8 家音乐公司的律师函或者诉状，其中包括环球、百代、华纳等国际唱片巨头，指控百度侵犯了他们数百首歌曲的版权，并且要求百度停止 MP3 搜索业务。

国外的公司许多是知识产权诉讼的老手，它即使知道有人在侵权，当你的公司规模小时，它会不理不睬，等你发展壮大以后，再诉讼。诉讼的成本是一样的，获得的赔付却较高。

但公司侵权的这种风险并不是被诉讼时才发生的，可能从公司一成立，确定经营方向、产品时就已经存在了，只是暂时没有爆发而已。如今环境逐渐发生变化，对知识产权等方面的保护正在逐步加强，所以一些公司需要注意这些隐藏的风险。

9. 账外资产过多

中国的许多民营企业在发展中，都不同程度地出现账外资产闲置的问题。许多资产不入账，家庭财产与企业的资产界限不清晰。账外资产事实上会让你的账面资产缩水，企业涉及被收购、融资的话，就降低了手中的筹码。一旦到了那个时候再来清理，就会非常地繁杂与艰难。

案例

国内著名的“严义明斗长征电器”案的发生，就是因为严义明发现长征电器存在巨额账外资产，但在上市公司长征电器的所有财务报告中，无论是短期投资还是长期投资都没有这笔投资的存在。

10. 违背宪法

宪法听起来很抽象，其实距离企业非常近。企业经营不知不觉也会面临宪法难题，甚至会意想不到地做出违背宪法的事情。

案例

四川大学的一个大学生，毕业后向某公司求职。这家公司却拿出一个自己的规定，身高 1.65 米以下的不予录用，以此为由将这个大学生拒之门外。遭遇“闭门羹”的大学生认为这家公司侵犯了他平等就业的权利，遂起诉这家公司身高歧视有违平等权，而且胜诉。

这种先例在国外也不少。微软公司的一个黑人职员工作多年总得不到提升，在被迫辞职后起诉微软种族歧视，最后微软不得不以赔偿该职员损失将案子了结。

了解宪法及其变迁对于企业家防范法律风险至关重要，因此被拖下水实在是不划算。

11.“两权不分”和“两权分离”

有统计显示，中国目前经济犯罪案件中，民营企业的管理层犯罪率很高，其中大部分是实行了所有权与管理权分离的民营企业。

未来 10 年，中国民营企业正处于从享受初创时期“两权合一”的益处，到必须完成代际交接与产权转型的关键时刻。很多人以为只要简单照搬所谓现代企业管理模式，实现两权分离，原始股东放权聘任职业经理人管理企业，就可万事大吉。

但实际上，科学的两权分离绝非简单的“一分为二”，两权的架构是一个系统过程。因此，中国民营企业既不能不进行两权分离，也不能一分了之，问题的真正难度在于取得两权分离与统一的均衡。

案例

广东阳江举行的家族企业高峰论坛上，有位张女士表示，自己参与家族企业的管理，觉得家族企业管理起来非常困难，经常会跟总经理老公，以及董事长公公发生矛盾。据张女士介绍，目前他们的企业并没有完全走上正轨。董事长与总经理由于所受教育以及社会阅历方面的不同，在很多方面的看法不完全一样，经常发生冲究。在决策和管理方面，通常都是由当董事长的父亲做主，而不是当总经理的儿子，总经理的角色形同虚设。由于种种原因，张女士决定抽身退出，剩下父子打理企业，而且表示“坚决不在家族企业待下去”。尽管如此，她还是对这个家族企业的未来充满忧虑。

12. 合理避税有暗礁

企业如何实现自身强大的创新能力和经济活力？“合理避税”或许可行。但是要“合理避税”也应认真咨询法律专家。其实，从法律的角度审视，现在市面上流行的“合理避税”或“税务筹划”的做法并不一定经得起时间和法律考验。

北京、上海、广州查处的几起涉税大要案，几乎每一个案件背后都有一些著名的跨国财务公司对其进行“税务筹划”的影子。并不是所有的从财务角度所做的“税务筹划”在法律上都站得住脚。在“税务筹划”的合法性认定上，咨询律师的专业意见十分必要。

13. 劳动争议引发纠纷

随着法律对劳动者的保护逐渐加强，劳工问题可能在5~10年内成为热点问题，比如珠三角对拖欠农民工工资的企业进行惩罚，沃尔玛被迫设立工会都是这种表现。这点对于准备开拓海外市场的企业尤其重要，明基在西门子遇到的纠纷，中国一钢铁公司在秘鲁遇到的罢工都是如此。

该风险主要表现为三个方面，一是因企业开除、除名、辞退职工和职工辞职发生的争议；二是因执行国家有关工资、保险、福利、培训、劳动保护的规定发生的争议；三是履行劳动合同发生的争议。有时劳动争议还和商业秘密保护、反不正当竞争纠缠在一起。

企业家一定要重视劳工权利的保护。对走出国门的企业来说，特别应注意避免劳工纠纷和民族情感纠缠在一起。

【拓展学习】

新企业的十大管理陷阱

有关新企业的大量研究揭示出很多可以避免的管理陷阱。一项有关失败企业的研究指出了新企业失败的具体原因。

（1）缺乏经验。很多企业破产的原因只是因为缺乏经验。

（2）超越资源的扩张。很多公司的成长速度很快，而其簿记系统却不能应对这种急速成长。在很多情况下，新企业所有者试图通过走捷径来节省簿记系统的成本，而这种做法最终会产生灾难性的后果。

（3）缺少客户信息。失败的企业一般都缺少客户信息，如一家公司向未进行信用调查的客户运送商品，结果货款回笼时间达 90~120 天，甚至更长。

（4）没有将市场多元化。流失一位客户会对企业的整体效益产生极大影响，如一些公司的全部产品都出售给一个买家，一旦买家取消购买合同，公司就会面临破产。

（5）缺乏市场调研。大部分新企业在创办时都并未进行充分的市场调研，一旦市场条件发生变化就会使企业深陷困境。铁乏对市场的分析评估会导致企业没有应对危机的心理准备和能力。

（6）法律问题。节约法律费用是一种目光短浅的做法。一旦遭遇“马拉松式”的诉讼，企业则无力应对。若企业所有者从一开始就拥有寻求法律建议的远见，则会避免很多纠纷。

（7）裙带关系。偏袒家庭成员会导致企业失败。最要命的是企业向对整体运营贡献很少的家庭成员提供高薪待遇。

（8）个人管理。个人管理会导致企业失败，一个人的技术才华可以成为企业成功的原因，但没有了那个人，企业可能就会遭遇灭顶之灾。

（9）缺乏技术能力。当所有者对基本的技术知识一无所知，或者其管理团队中无一人掌握基本技术知识时，企业会蒙受损失。

（10）缺勤管理。当所有者长期不在企业时，企业运营就会逐渐恶化，企业内会出现忽视财务记录、纳税额下降、忽视顾客等情况，若长此以往，企业必将遭遇失败。

（资料来源：李雪萍. 大学生创新创业基础 [M]. 成都：电子科技大学出版社，2020.）

项目 5　测试题

危机管理能力测试

生活中难免会碰上一些让人意料不到的事情，而对于一些突如其来的变化，有的人能够冷静、积极地采取应变措施来缓和、克服困难，有的人则犹豫不决，手足无措。

下面列出的是 10 种不同的意外情景，请你如实地说出你习惯上或可能会做出的应急反应。本组试题是测试你的应急能力。

（1）你在一条僻静的街道上散步，忽然听到一声震耳欲聋的巨响，这时你（　　）。

A. 被震惊了一下，但是很快转向巨响的位置，判断出发生巨响的原因

B. 被吓得尖叫一声，本能地转向巨响传来的方位，即使判断出了巨响的原因，心还在怦怦乱跳

C. 被吓得连叫带跳，不由自主地东张西望，心怦怦乱跳，两脚发软

（2）你骑自行车下班回家，途中看见马路对面发生一起车祸。这时你（　　）。

A. 放下自行车，很快穿过马路，看是否能助一臂之力

B. 有点儿害怕，但还是走过去看个究竟

C. 看到这种场面心惊肉跳，甚至连看都不敢看一眼就离开了

（3）在电影、电视屏幕上看到德国侵略军砍杀战俘人头的情景时（　　）。

A. 有点儿震惊，但并不害怕

B. 感到害怕，赶快把目光转开

C. 很注意，想仔细看个究竟

（4）你到朋友家去串门，发现朋友家发生了一件不幸的事情。他们全家都沉浸在悲痛之中，这时你（　　）。

A. 尽快向邻居或朋友本人简单了解一下事情发生的大概情况，安慰并帮助朋友

B. 说几句安慰的话，不知怎么办才好

C. 什么都说不出来，也不知怎么办，或和朋友一起悲痛

（5）你骑车急驶到拐弯的地方，突然看到前面一个小伙子也急驶而来。这时你会（　　）。

A. 急着提醒对方，并尽快刹车

B. 还没搞清怎么回事就撞上去了

C. 迅速调整自行车方向，避开对方

（6）你正在聚精会神地考虑处理一件意外事情的对策，突然有人来告诉你一件与你手头无关的事情，这时你会（　　）。

A. 只记住其中的一部分

B. 顾不上听，没印象

C. 记得清清楚楚

（7）平时你身体很好，但是在体检时医生告诉你身上某个部位需要动手术，听到这个消息后，你会（　　）。

A. 终日提心吊胆，惶恐不安，担心手术会出问题

B. 相信医生，相信手术不会出错

C. 听天由命

（8）你在车间忙着干活，突然发现一位工友触电了，这时你会（　　）。

A. 两眼发呆，两脚发软

B. 立即切断电源

C. 慌了手脚，不知如何是好

（9）乘公共汽车时，车上人很拥挤，这时一个小偷掏你的口袋行窃，这时你（　　）。

A. 不大可能察觉到，等到用钱时才发现被窃，至于时间、地点已没有印象

B. 立即察觉，并将小偷抓住

C. 当时没察觉，事后才回忆起被盗窃时的部分情景

（10）飘雪的夜晚，你听到森林里传来几声狼叫，这时你会（　　）。

A. 若无其事继续走路

B. 心里有点七上八下

C. 吓得躲起来

附录

附件 1

教育部关于大力推进高等学校创新创业教育和大学生自主创业工作的意见

教办 [2010]3 号

各省、自治区、直辖市教育厅（教委），部属各高等学校，各国家大学科技园：

党的十七大提出“提高自主创新能力，建设创新型国家”和“促进以创业带动就业”的发展战略。大学生是最具创新、创业潜力的群体之一。

在高等学校开展创新创业教育，积极鼓励高校学生自主创业，是教育系统深入学习实践科学发展观，服务于创新型国家建设的重大战略举措；是深化高等教育教学改革，培养学生创新精神和实践能力的重要途径；是落实以创业带动就业，促进高校毕业生充分就业的重要措施。为统筹做好高校创新创业教育、创业基地建设和促进大学生自主创业工作，现提出以下意见：

一、大力推进高等学校创新创业教育工作

1. 创新创业教育是适应经济社会和国家发展战略需要而产生的一种教学理念与模式。在高等学校中大力推进创新创业教育，对于促进高等教育科学发展，深化教育教学改革，提高人才培养质量具有重大的现实意义和长远的战略意义。创新创业教育要面向全体学生，融入人才培养全过程。要在专业教育基础上，以转变教育思想、更新教育观念为先导，以提升学生的社会责任感、创新精神、创业意识和创业能力为核心，以改革人才培养模式和课程体系为重点，大力推进高等学校创新创业教育工作，不断提高人才培养质量。

2. 加强创新创业教育课程体系建设。把创新创业教育有效纳入专业教育和文化素质教育教学计划和学分体系，建立多层次、立体化的创新创业教育课程体系。突出专业特色，创新创业类课程的设置要与专业课程体系有机融合，创新创业实践活动要与专业实践教学有效衔接，积极推进人才培养模式、教学内容和课程体系改革。加强创新创业教育教材建设，借鉴国外成功经验，编写适用和有特色的高质量教材。

3. 加强创新创业师资队伍建设。引导各专业教师、就业指导教师积极开展创新创业教育方面的理论和案例研究，不断提高在专业教育、就业指导课中进行创新创业教育的意识和能力。支持教师到企业挂职锻炼，鼓励教师参与社会行业的创新创业实践。积极从社会各界聘请企业家、创业成功人士、专家学者等作为兼职教师，建立一支专兼结合的高素质创新创业教育教师队伍。高校要从教学考核、职称评定、培训培养、经费支持等方面给予倾斜支持。定期组织教师培训、实训和交流，不断提高教师教学研究与指导学生创新创业实践的水平。鼓励有条件的高校建立创新创业教育教研室或相应的研究机构。

4. 广泛开展创新创业实践活动。高等学校要把创新创业实践作为创新创业教育的重要延伸，通过举办创新创业大赛、讲座、论坛、模拟实践等方式，丰富学生的创新创业知识和体验，提升学生的创新精神和创业能力。省级教育行政部门和高校要将创新创业教育和实践活动成果有机结合，积极创造条件对创新创业活动中涌现的优秀创业项目进行孵化，切实扶持一批大学生实现自主创业。

5. 建立质量检测跟踪体系。省级教育行政部门和高等学校要建立创新创业教育教学质量监控系统。要建立在校和离校学生创业信息跟踪系统，收集反馈信息，建立数据库，把未来创业成功率和创业质量作为评价创新创业教育的重要指标，反馈指导高等学校的创新创业教育教学，建立有利于创新创业人才脱颖而出的教育体系。

6. 加强理论研究和经验交流。教育部成立高校创业教育指导委员会，开展高校创新创业教育的研究、咨询、指导和服务。省级教育行政部门和高等学校要加强对国内外创新创业教育理论研究，组织编写高校创新创业教育先进经验材料汇编和大学生创业成功案例集。省级教育行政部门应定期组织创新创业教育经验交流会、座谈会、调研活动，总结交流创新创业教育经验，推广创新创业教育优秀成果。逐步探索建立中国特色的创新创业教育理论体系，形成符合实际、切实可行的创新创业教育发展思路，指导创新创业教育教学改革发展。

二、加强创业基地建设，打造全方位创业支撑平台

7. 全面建设创业基地。教育部会同科技部，以国家大学科技园为主要依托，重点建设一批“高校学生科技创业实习基地”，并制定出台相关认定办法。省级教育行政部门要结合本地实际，通过多种形式建立省级大学生创业实习和孵化基地；同时要积极争取有关部门支持，推动本地区有关地市、高等学校、大学科技园建立大学生创业实习或孵化基地，并按其类别、规模和孵化效果，给予大力支持，充分发挥基地的辐射示范作用。

8. 明确创业基地功能定位。大学生创业实习或孵化基地是高等学校开展创新创业教育、促进学生自主创业的重要实践平台，主要任务是整合各方优势资源，开展创业指导和培训，接纳大学生实习实训，提供创业项目孵化的软硬件支持，为大学生创业提供支撑和服务，促进大学生创业就业。

9. 规范创业基地管理。大学科技园作为“高校学生科技创业实习基地”的建设主体，要把基地建设作为园区建设的重要内容，确定专门的管理部门负责基地的建设和管理；加强与依托学校和有关部门的联动，共同开展大学生实习实训和创业实践。有关高等学校要高度重视大学科技园在创新创业人才培养中的作用，出台有利于大学科技园开展学生创业工作的政策措施和激励机制。

10. 提供多种形式的创业扶持。大学生创业实习或孵化基地要结合实际，为大学生创业提供场地、资金、实训等多方面的支持。要开辟较为集中的大学生创业专用场地，配备必要的公共设备和设施，为大学生创业企业提供至少 12 个月的房租减免。要提供法律、工商、税务、财务、人事代理、管理咨询、项目推荐、项目融资等方面的创业咨询和服务，以及多种形式的资金支持；要为大学生开展创业培训、实训；建立公共信息服务平台，发布相关政策、创业项目和创业实训等信息。

三、进一步落实和完善大学生自主创业扶持政策，加强创业指导和服务工作

11. 切实落实创业扶持政策。省级教育行政部门要按人力资源和社会保障部、教育部等《关于实施“2010 高校毕业生就业推进行动”大力促进高校毕业生就业的通知》（人社部发〔2010〕25 号）要求，与有关部门密切配合，共同组织实施“创

业引领计划”，并切实落实以下政策：对高校毕业生初创企业，可按照行业特点，合理设置资金、人员等准入条件，并允许注册资金分期到位。允许高校毕业生按照法律法规规定的条件、程序和合同约定将家庭住所、租借房、临时商业用房等作为创业经营场所。对应届及毕业 2 年以内的高校毕业生从事个体经营的，自其在工商部门首次注册登记之日起 3 年内，免收登记类和证照类等有关行政事业性收费；登记求职的高校毕业生从事个体经营，自筹资金不足的，可按规定申请小额担保贷款，从事微利项目的，可按规定享受贴息扶持；对合伙经营和组织起来就业的，贷款规模可适当扩大。完善整合就业税收优惠政策，鼓励高校毕业生自主创业。

12. 积极争取资金投入。省级教育行政部门要与有关部门协调配合，积极争取当地政府和社会支持，通过财政和社会两条渠道设立“高校毕业生创业资金”、“天使基金”等资助项目，重点扶持大学生创业。要建立健全创业投资机制，鼓励吸引外资和国内社会资本投资大学生创业企业。

13. 积极开展创业培训。省级教育行政部门要积极配合有关部门，对有创业愿望并具备一定创业条件的高校学生，普遍开展创业培训。要积极整合各方面资源，把成熟的创业培训项目引入高校，并探索、开发适合我国大学生创业的培训项目。同时，高等学校要加强对在校生的创业风险意识教育，帮助学生了解创业过程中可能遇到的困难和问题，不断提高防范和规避风险的意识和能力。

14. 全面加强创业信息服务。省级教育行政部门和高等学校要加大服务力度，拓展服务内涵，充分利用现有就业指导服务平台，特别是就业信息服务平台，广泛收集创业项目和创业信息，开展创业测评、创业模拟、咨询帮扶，有条件的要抓紧设立创业咨询室，开展“一对一”的创业指导和咨询，增强创业服务的针对性和有效性。

15. 高等学校要出台促进在校学生自主创业的政策和措施。高校可通过多种渠道筹集资金，普遍设立大学生创业扶持资金；依托大学科技园、创业基地、各种科研平台以及其他科技园区等为学生提供创业场地。同时，有条件的高校要结合学科专业和科研项目的特点，积极促进教师和学生的科研成果、科技发明、专利等转化为创业项目。

四、加强领导，形成推进高校创业教育和大学生自主创业的工作合力

16. 省级教育行政部门要把促进高校创新创业教育和大学生自主创业工作摆在

突出重要位置。要积极争取有关部门支持，创造性地开展工作，因地制宜地出台并切实落实鼓励大学生创业的政策措施。要加大对高校创新创业教育、创业基地建设的投入力度，在经费、项目和基金等方面给予倾斜。有条件的地区可设立针对大学生的创业实践项目，为大学生创业实践活动提供小额经费支持。根据工作需要，可评选创新创业教育示范校、创业示范基地。

17. 高等学校要把创新创业教育和大学生自主创业工作纳入学校重要议事日程。要理顺领导体制，建立健全教学、就业、科研、团委、大学科技园等部门参加的创新创业教育和自主创业工作协调机制。统筹创新创业教育、创业基地建设、创业政策扶持和创业指导服务等工作，明确分工，切实加大人员、场地、经费投入，形成长效机制。

18. 营造鼓励创新创业的良好舆论氛围。省级教育行政部门和高等学校要广泛开展创新创业教育和大学生自主创业的宣传，通过报刊、广播、电视、网络等媒体，积极宣传国家和地方促进创业的政策、措施，宣传各地和高校推动创新创业教育和促进大学生创业工作的新举措、新成效，宣传毕业生自主创业的先进典型。通过组织大学生创业事迹报告团等形式多样的活动，激发学生的创业热情，引导学生树立科学的创业观、就业观、成才观。

中华人民共和国教育部

二〇一〇年五月四日

附件 2

国务院办公厅关于深化高等学校创新创业教育改革的实施意见

国办发〔2015〕36 号

各省、自治区、直辖市人民政府，国务院各部委、各直属机构：

深化高等学校创新创业教育改革，是国家实施创新驱动发展战略、促进经济提质增效升级的迫切需要，是推进高等教育综合改革、促进高校毕业生更高质量创业就业的重要举措。党的十八大对创新创业人才培养作出重要部署，国务院对加强创新创业教育提出明确要求。近年来，高校创新创业教育不断加强，取得了积极进展，对提高高等教育质量、促进学生全面发展、推动毕业生创业就业、服务国家现代化建设发挥了重要作用。但也存在一些不容忽视的突出问题，主要是一些地方和高校重视不够，创新创业教育理念滞后，与专业教育结合不紧，与实践脱节；教师开展创新创业教育的意识和能力欠缺，教学方式方法单一，针对性实效性不强；实践平台短缺，指导帮扶不到位，创新创业教育体系亟待健全。为了进一步推动大众创业、万众创新，经国务院同意，现就深化高校创新创业教育改革提出如下实施意见。

一、总体要求

（一）指导思想。

全面贯彻党的教育方针，落实立德树人根本任务，坚持创新引领创业、创业带动就业，主动适应经济发展新常态，以推进素质教育为主题，以提高人才培养质量为核心，以创新人才培养机制为重点，以完善条件和政策保障为支撑，促进高等教育与科技、经济、社会紧密结合，加快培养规模宏大、富有创新精神、勇于投身实践的创新创业人才队伍，不断提高高等教育对稳增长促改革调结构惠民生的贡献度，为建设创新型国家、实现“两个一百年”奋斗目标和中华民族伟大复兴的中国梦提供强大的人才智力支撑。

（二）基本原则。

坚持育人为本，提高培养质量。把深化高校创新创业教育改革作为推进高等教育综合改革的突破口，树立先进的创新创业教育理念，面向全体、分类施教、结合专业、强化实践，促进学生全面发展，提升人力资本素质，努力造就大众创业、万众创新的生力军。

坚持问题导向，补齐培养短板。把解决高校创新创业教育存在的突出问题作为深化高校创新创业教育改革的着力点，融入人才培养体系，丰富课程、创新教法、强化师资、改进帮扶，推进教学、科研、实践紧密结合，突破人才培养薄弱环节，增强学生的创新精神、创业意识和创新创业能力。

坚持协同推进，汇聚培养合力。把完善高校创新创业教育体制机制作为深化高校创新创业教育改革的支撑点，集聚创新创业教育要素与资源，统一领导、齐抓共管、开放合作、全员参与，形成全社会关心支持创新创业教育和学生创新创业的良好生态环境。

（三）**总体目标**。

2015 年起全面深化高校创新创业教育改革。2017 年取得重要进展，形成科学先进、广泛认同、具有中国特色的创新创业教育理念，形成一批可复制可推广的制度成果，普及创新创业教育，实现新一轮大学生创业引领计划预期目标。到 2020 年建立健全课堂教学、自主学习、结合实践、指导帮扶、文化引领融为一体的高校创新创业教育体系，人才培养质量显著提升，学生的创新精神、创业意识和创新创业能力明显增强，投身创业实践的学生显著增加。

二、主要任务和措施

（一）**完善人才培养质量标准**。

制订实施本科专业类教学质量国家标准，修订实施高职高专专业教学标准和博士、硕士学位基本要求，明确本科、高职高专、研究生创新创业教育目标要求，使创新精神、创业意识和创新创业能力成为评价人才培养质量的重要指标。相关部门、科研院所、行业企业要制修订专业人才评价标准，细化创新创业素质能力要求。不同层次、类型、区域高校要结合办学定位、服务面向和创新创业教育目标要求，制订专业教学质量标准，修订人才培养方案。

（二）**创新人才培养机制**。

实施高校毕业生就业和重点产业人才供需年度报告制度，完善学科专业预警、退出管理办法，探索建立需求导向的学科专业结构和创业就业导向的人才培养类型结构调整新机制，促进人才培养与经济社会发展、创业就业需求紧密对接。深入实施系列“卓越计划”、科教结合协同育人行动计划等，多形式举办创新创业教育实验班，探索建立校校、校企、校地、校所以及国际合作的协同育人新机制，积极吸引社会资源和国外优质教育资源投入创新创业人才培养。高校要打通一级学科或专业类下相近学科专业的基础课程，开设跨学科专业的交叉课程，探索建立跨院系、跨学科、跨专业交叉培养创新创业人才的新机制，促进人才培养由学科专业单一型向多学科融合型转变。

（三）健全创新创业教育课程体系。

各高校要根据人才培养定位和创新创业教育目标要求，促进专业教育与创新创业教育有机融合，调整专业课程设置，挖掘和充实各类专业课程的创新创业教育资源，在传授专业知识过程中加强创新创业教育。面向全体学生开发开设研究方法、学科前沿、创业基础、就业创业指导等方面的必修课和选修课，纳入学分管理，建设依次递进、有机衔接、科学合理的创新创业教育专门课程群。各地区、各高校要加快创新创业教育优质课程信息化建设，推出一批资源共享的慕课、视频公开课等在线开放课程。建立在线开放课程学习认证和学分认定制度。组织学科带头人、行业企业优秀人才，联合编写具有科学性、先进性、适用性的创新创业教育重点教材。

（四）改革教学方法和考核方式。

各高校要广泛开展启发式、讨论式、参与式教学，扩大小班化教学覆盖面，推动教师把国际前沿学术发展、最新研究成果和实践经验融入课堂教学，注重培养学生的批判性和创造性思维，激发创新创业灵感。运用大数据技术，掌握不同学生学习需求和规律，为学生自主学习提供更加丰富多样的教育资源。改革考试考核内容和方式，注重考查学生运用知识分析、解决问题的能力，探索非标准答案考试，破除“高分低能”积弊。

（五）强化创新创业实践。

各高校要加强专业实验室、虚拟仿真实验室、创业实验室和训练中心建设，促进实验教学平台共享。各地区、各高校科技创新资源原则上向全体在校学生开放，开放情况纳入各类研究基地、重点实验室、科技园评估标准。鼓励各地区、各高校充分利用各种资源建设大学科技园、大学生创业园、创业孵化基地和小微企业创业基地，作为创业教育实践平台，建好一批大学生校外实践教育基地、创业示范基地、科技创业实习基地和职业院校实训基地。完善国家、地方、高校三级创新创业实训教学体系，深入实施大学生创新创业训练计划，扩大覆盖面，促进项目落地转化。举办全国大学生创新创业大赛，办好全国职业院校技能大赛，支持举办各类科技创新、创意设计、创业计划等专题竞赛。支持高校学生成立创新创业协会、创业俱乐部等社团，举办创新创业讲座论坛，开展创新创业实践。

（六）改革教学和学籍管理制度。

各高校要设置合理的创新创业学分，建立创新创业学分积累与转换制度，探索将学生开展创新实验、发表论文、获得专利和自主创业等情况折算为学分，将学生参与课题研究、项目实验等活动认定为课堂学习。为有意愿有潜质的学生制定创新创业能力培养计划，建立创新创业档案和成绩单，客观记录并量化评价学生开展创新创业活动情况。优先支持参与创新创业的学生转入相关专业学习。实施弹性学制，放宽学生修业年限，允许调整学业进程、保留学籍休学创新创业。设立创新创业奖学金，并在现有相关评优评先项目中拿出一定比例用于表彰优秀创新创业的学生。

（七）加强教师创新创业教育教学能力建设。

各地区、各高校要明确全体教师创新创业教育责任，完善专业技术职务评聘和绩效考核标准，加强创新创业教育的考核评价。配齐配强创新创业教育与创业就业指导专职教师队伍，并建立定期考核、淘汰制度。聘请知名科学家、创业成功者、企业家、风险投资人等各行各业优秀人才，担任专业课、创新创业课授课或指导教师，并制定兼职教师管理规范，形成全国万名优秀创新创业导师人才库。将提高高校教师创新创业教育的意识和能力作为岗前培训、课程轮训、骨干研修的重要内容，建立相关专业教师、创新创业教育专职教师到行业企业挂职锻炼制度。加快完善高校科技成果处置和收益分配机制，支持教师以对外转让、合作转化、作价入股、自主创业等形式将科技成果产业化，并鼓励带领学生创新创业。

（八）改进学生创业指导服务。

各地区、各高校要建立健全学生创业指导服务专门机构，做到“机构、人员、场地、经费”四到位，对自主创业学生实行持续帮扶、全程指导、一站式服务。健全持续化信息服务制度，完善全国大学生创业服务网功能，建立地方、高校两级信息服务平台，为学生实时提供国家政策、市场动向等信息，并做好创业项目对接、知识产权交易等服务。各地区、各有关部门要积极落实高校学生创业培训政策，研发适合学生特点的创业培训课程，建设网络培训平台。鼓励高校自主编制专项培训计划，或与有条件的教育培训机构、行业协会、群团组织、企业联合开发创业培训项目。各地区和具备条件的行业协会要针对区域需求、行业发展，发布创业项目指南，引导高校学生识别创业机会、捕捉创业商机。

（九）完善创新创业资金支持和政策保障体系。

各地区、各有关部门要整合发展财政和社会资金，支持高校学生创新创业活动。各高校要优化经费支出结构，多渠道统筹安排资金，支持创新创业教育教学，资助学生创新创业项目。部委属高校应按规定使用中央高校基本科研业务费，积极支持品学兼优且具有较强科研潜质的在校学生开展创新科研工作。中国教育发展基金会设立大学生创新创业教育奖励基金，用于奖励对创新创业教育作出贡献的单位。鼓励社会组织、公益团体、企事业单位和个人设立大学生创业风险基金，以多种形式向自主创业大学生提供资金支持，提高扶持资金使用效益。深入实施新一轮大学生创业引领计划，落实各项扶持政策和服务措施，重点支持大学生到新兴产业创业。有关部门要加快制定有利于互联网创业的扶持政策。

三、加强组织领导

（一）健全体制机制。

各地区、各高校要把深化高校创新创业教育改革作为“培养什么人，怎样培养人”的重要任务摆在突出位置，加强指导管理与监督评价，统筹推进本地本校创新创业教育工作。各地区要成立创新创业教育专家指导委员会，开展高校创新创业教育的研究、咨询、指导和服务。各高校要落实创新创业教育主体责任，把创新创业教育纳入改革发展重要议事日程，成立由校长任组长、分管校领导任副组长、有关部门负责人参加的创新创业教育工作领导小组，建立教务部门牵头，学生工作、团委等部门齐抓共管的创新创业教育工作机制。

（二）细化实施方案。

各地区、各高校要结合实际制定深化本地本校创新创业教育改革的实施方案，明确责任分工。教育部属高校需将实施方案报教育部备案，其他高校需报学校所在地省级教育部门和主管部门备案，备案后向社会公布。

（三）强化督导落实。

教育部门要把创新创业教育质量作为衡量办学水平、考核领导班子的重要指标，纳入高校教育教学评估指标体系和学科评估指标体系，引入第三方评估。把创新创业教育相关情况列入本科、高职高专、研究生教学质量年度报告和毕业生就业质量年度报告重点内容，接受社会监督。

（四）加强宣传引导。

各地区、各有关部门以及各高校要大力宣传加强高校创新创业教育的必要性、紧迫性、重要性，使创新创业成为管理者办学、教师教学、学生求学的理性认知与行动自觉。及时总结推广各地各高校的好经验好做法，选树学生创新创业成功典型，丰富宣传形式，培育创客文化，努力营造敢为人先、敢冒风险、宽容失败的氛围环境。

国务院办公厅

2015 年 5 月 4 日

附件 3

国务院关于做好当前和今后一段时期就业创业工作的意见

国发〔2017〕28 号

各省、自治区、直辖市人民政府，国务院各部委、各直属机构：

就业是 13 亿多人口最大的民生，也是经济发展最基本的支撑。党中央、国务院坚持把就业放在经济社会发展的优先位置，强力推进简政放权、放管结合、优化服务改革，营造鼓励大众创业、万众创新的良好环境，加快培育发展新动能，就业局势保持总体稳定。但也要看到，当前经济社会发展中还存在不少困难和问题，部分地区、行业、群体失业风险有所上升，招工难与就业难并存的结构性矛盾加剧，新就业形态迅速发展对完善就业政策提出了新要求。面对就业形势的新变化和新挑战，必须把就业作为重中之重，坚持实施就业优先战略和更加积极的就业政策，坚决打好稳定和扩大就业的硬仗，稳住就业基本盘，在经济转型中实现就业转型，以就业转型支撑经济转型。现就进一步做好就业创业工作提出以下意见。

一、坚持实施就业优先战略

（一）促进经济增长与扩大就业联动。稳增长的主要目的是保就业，要创新宏观调控方式，把稳定和扩大就业作为区间调控的下限，保持宏观政策连续性稳定性，促进经济中高速增长，增强对就业拉动能力。若城镇新增就业大幅下滑、失业率大幅攀升，要加大财政政策和货币政策调整实施力度，促进经济企稳向好，确保就业稳定。加强经济政策与就业政策衔接，在制定财税、金融、产业、贸易、投资等重大政策时，要综合评价对就业岗位、就业环境、失业风险等带来的影响，促进经济增长与扩大就业联动、结构优化与就业转型协同。（国家发展改革委、财政部、工业和信息化部、商务部、人民银行、税务总局等负责。列第一位者为牵头单位，下同）

（二）促进产业结构、区域发展与就业协同。优化发展环境，推进实施政府和社会资本合作，大力发展研究设计、电子商务、文化创意、全域旅游、养老服务、健康服务、人力资源服务、服务外包等现代服务业。完善多元化产业体系，既注重发展资本、技术和知识密集的先进制造业、战略性新兴产业，又要支持劳动密集型产业发展，降低实体经济成本，推进传统产业绿色改造，创造更多就业机会。结合区域发展战略实施，引导东部地区产业向中西部和东北地区有序转移，落实完善中西部地区外商投资优势产业目录，支持中西部地区利用外资，引导劳动者到重点地区、重大工程、重大项目、重要领域就业。（国家发展改革委、科技部、工业和信息化部、民政部、财政部、人力资源社会保障部、商务部、文化部、国家卫生计生委、国家旅游局等负责）

（三）发挥小微企业就业主渠道作用。落实小微企业降税减负等一系列扶持政策和清理规范涉企收费有关政策。着力推进小微企业创新发展，推动小微企业创业创新示范基地建设，搭建公共服务示范平台。加大科研基础设施、大型科研仪器向小微企业开放力度，为小微企业产品研发、试制提供支持。鼓励高校、科研院所及企业向小微企业转移科技成果，有条件的地区可推动开放共享一批基础性专利或购买一批技术资源，支持小微企业协同创新。（工业和信息化部、国家发展改革委、教育部、科技部、财政部、税务总局、国家知识产权局等负责）

（四）缓解重点困难地区就业压力。促进资源型城市转型发展，实施替代产业培育行动计划，扶持劳动密集型产业、服务业和小微企业发展。补齐基础设施短板，加大对商贸流通、交通物流、信息网络等建设和改造项目的倾斜力度，完善公共服务设施，实施西部和东北地区人力资源市场建设援助计划。强化人才支撑，加大招才引智力度，引导科研院所、博士后工作站、高校在具备条件的资源型城市布局，对急需紧缺人才可提供研究场地、科研经费、安家补助等政策支持。对地处偏远、资源枯竭、不适宜居住的独立工矿区，有组织地开展跨地区劳务对接。对去产能任务重、待岗职工多、失业风险大的困难地区，实施就业援助行动。（国家发展改革委、教育部、科技部、工业和信息化部、财政部、人力资源社会保障部、交通运输部、商务部、全国总工会、共青团中央、全国妇联等负责）

二、支持新就业形态发展

（五）支持新兴业态发展。以新一代信息和网络技术为支撑，加强技术集成和商业模式创新，推动平台经济、众包经济、分享经济等创新发展。改进新兴业态准入管理，加强事中事后监管。将鼓励创业创新发展的优惠政策面向新兴业态企业开放，符合条件的新兴业态企业均可享受相关财政、信贷等优惠政策。推动政府部门带头购买新兴业态企业产品和服务。（国家发展改革委、工业和信息化部、财政部、商务部、人民银行、工商总局等负责）

（六）完善适应新就业形态特点的用工和社保等制度。支持劳动者通过新兴业态实现多元化就业，从业者与新兴业态企业签订劳动合同的，企业要依法为其参加职工社会保险，符合条件的企业可按规定享受企业吸纳就业扶持政策。其他从业者可按灵活就业人员身份参加养老、医疗保险和缴纳住房公积金，探索适应灵活就业人员的失业、工伤保险保障方式，符合条件的可享受灵活就业、自主创业扶持政策。加快建设“网上社保”，为新就业形态从业者参保及转移接续提供便利。建立全国住房公积金异地转移接续平台，为跨地区就业的缴存职工提供异地转移接续服务。（人力资源社会保障部、财政部、住房城乡建设部等负责）

三、促进以创业带动就业

（七）优化创业环境。持续推进“双创”，全面落实创业扶持政策，深入推进简政放权、放管结合、优化服务改革。深化商事制度改革，全面实施企业“五证合一、一照一码”、个体工商户“两证整合”，部署推动“多证合一”。进一步减少审批事项，规范改进审批行为。指导地方结合实际整合市场监管职能和执法力量，推进市场监管领域综合行政执法改革，着力解决重复检查、多头执法等问题。（国家发展改革委、中央编办、工商总局等按职责分工负责）

（八）发展创业载体。加快创业孵化基地、众创空间等建设，试点推动老旧商业设施、仓储设施、闲置楼宇、过剩商业地产转为创业孵化基地。整合部门资源，发挥孵化基地资源集聚和辐射引领作用，为创业者提供指导服务和政策扶持，对确有需要的创业企业，可适当延长孵化周期。各地可根据创业孵化基地入驻实体数量和孵化效果，给予一定奖补。（人力资源社会保障部、国家发展改革委、科技部、财政部、住房城乡建设部等负责）

（九）加大政策支持。继续实施支持和促进重点群体创业就业的税收政策。对首次创办小微企业或从事个体经营并正常经营 1 年以上的高校毕业生、就业困难人员，鼓励地方开展一次性创业补贴试点工作。对在高附加值产业创业的劳动者，创业扶持政策要给予倾斜。（财政部、人力资源社会保障部、税务总局等负责）

（十）拓宽融资渠道。落实好创业担保贷款政策，鼓励金融机构和担保机构依托信用信息，科学评估创业者还款能力，改进风险防控，降低反担保要求，健全代偿机制，推行信贷尽职免责制度。促进天使投资、创业投资、互联网金融等规范发展，灵活高效满足创业融资需求。有条件的地区可通过财政出资引导社会资本投入，设立高校毕业生就业创业基金，为高校毕业生创业提供股权投资、融资担保等服务。（人民银行、国家发展改革委、财政部、人力资源社会保障部、银监会、证监会等负责）

四、抓好重点群体就业创业

（十一）鼓励高校毕业生多渠道就业。实施高校毕业生就业创业促进计划，健全涵盖校内外各阶段、就业创业全过程的服务体系，促进供需对接和精准帮扶。教育引导高校毕业生树立正确的就业观念，促进他们更好参与到就业创业活动中，敢于通过创业实现就业。实施高校毕业生基层成长计划，引导鼓励高校毕业生到城乡基层、中小微企业就业，落实学费补偿、助学贷款代偿、资金补贴等政策，建立高校毕业生“下得去、留得住、干得好、流得动”的长效机制。鼓励高校毕业生到社会组织就业，对于吸纳高校毕业生就业的社会组织，符合条件的可同等享受企业吸纳就业扶持政策。鼓励科研项目单位吸纳高校毕业生参与研究，按规定将社会保险补助纳入劳务费列支，劳务费不设比例限制。鼓励大学生应征入伍，落实好学费资助、助学贷款代偿、优抚安置等政策。合理安排机关事业单位招录（招聘）和高校毕业生基层服务项目招募时间，优化录用（聘用）流程，为高校毕业生求职就业提供便利。支持高校毕业生到国际组织实习任职。加大就业见习力度，允许就业见习补贴用于见习单位为见习人员办理人身意外伤害保险以及对见习人员的指导管理费用，艰苦边远地区、老工业基地、国家级贫困县可将见习对象范围扩大到离校未就业中职毕业生。加大对困难高校毕业生的帮扶力度，将求职创业补贴补助范围扩展到贫困残疾人家庭、建档立卡贫困家庭高校毕业生和特困人员中的高校毕业生。促进留学回国人员就业创业，实施留学人员回国创新创业启动支持计划，鼓励留学人员以知识产权等无形资产入股方式创办企业。简化留学人员学历认证等手续，降低服务门槛，依法为全国重点引才计划引进人才及由政府主管部门认定的海外高层次留学人才申请永久居留提供便利。实施有效的人才引进和扶持政策，吸引更多人才回流，投身创业创新。（人力资源社会保障部、教育部、工业和信息化部、公安部、财政部、民政部、人民银行、工商总局、国家知识产权局、全国总工会、共青团中央、中国残联等负责）

（十二）稳妥安置化解钢铁煤炭煤电行业过剩产能企业职工。鼓励去产能企业多渠道分流安置职工，支持企业尽最大努力挖掘内部安置潜力，对不裁员或少裁员的，降低稳岗补贴门槛，提高稳岗补贴标准。促进分流职工转岗就业创业，对单位新增岗位吸纳去产能分流人员的，按规定给予企业吸纳就业扶持政策；对自主创业的分流人员，要优先安排入驻各类创业孵化基地，落实创业扶持政策；对确实难以安置的就业困难人员，新增及腾退的公益性岗位要优先安置。要将符合条件的去产能企业下岗职工纳入现行就业创业政策扶持范围。积极稳妥、依法依规处理劳动关系，对本轮化解钢铁煤炭煤电行业过剩企业产能职工因解除劳动合同依法取得的一次性补偿收入，符合相关税收法律法规规定条件的，可享受相关个人所得税政策。稳妥做好国有企业瘦身健体、提质增效、剥离企业办社会职能过程中的职工安置工作。（人力资源社会保障部、国家发展改革委、工业和信息化部、财政部、国务院国资委、税务总局、全国总工会等负责）

（十三）健全城乡劳动者平等就业制度。农村转移劳动者在城镇常住并处于无业状态的，可在城镇常住地进行失业登记。公共就业服务机构要为其提供均等化公共就业服务和普惠性就业政策，并逐步使外来劳动者与当地户籍人口享有同等的就业扶持政策。对在农村常住并处于无地无业状态的劳动者，有条件的地区可探索为其在农村常住地进行失业登记，并提供相应的就业服务和政策扶持。加大对发展潜力大、吸纳农业转移人口多的县城和重点镇用地计划指标倾斜，大力发展特色县域经济、魅力小镇、乡村旅游和农村服务业，为农村劳动者就地就近转移就业创造空间。促进农民工返乡创业，大力发展农民合作社、种养大户、家庭农场、建筑业小微作业企业、“扶贫车间”等生产经营主体，其中依法办理工商登记注册的可按规定享受小微企业扶持政策，对吸纳贫困家庭劳动力就业并稳定就业1年以上的，地方可酌情给予一定奖补。鼓励金融机构按照商业化可持续发展原则，运用扶贫再贷款优先支持带动建档立卡贫困户就业发展的企业及家庭农场、专业大户、农民合作社等经济主体。适应新生代农民工就业创业特点，推进职业培训对新生代农民工全覆盖，创新培训内容和方式，多渠道、广领域拓宽就业创业渠道，引导新生代农民工到以“互联网＋”为代表的新产业、新业态就业创业。推动农村劳动力有序外出就业，对人力资源服务机构、劳务经纪人等市场主体开展有组织劳务输出的，给予就业创业服务补贴。加大对贫困人口特别是易地扶贫搬迁贫困人口转移就业的支持力度，确保他们搬得出、稳得住、能致富。（人力资源社会保障部、国家发展改革委、财政部、国土资源部、农业部、人民银行、国家旅游局、国务院扶贫办等按职责分工负责）

（十四）完善就业援助长效机制。全面落实各项扶持政策，促进结构调整、转型升级中的失业人员再就业。合理确定就业困难人员范围，强化分类帮扶和实名制动态管理，确保零就业家庭、有劳动能力的成员均处于失业状态的低保家庭至少有一人稳定就业。加强社会保障与就业联动，对实现就业的低保对象，在核算其家庭收入时可扣减必要的就业成本，增强其就业意愿和就业稳定性。（人力资源社会保障部、民政部、财政部、中国残联负责）

（十五）促进退役军人就业创业。认真做好军队转业干部安置工作，大力扶持自主择业军队转业干部就业创业，积极开展就业服务、职业培训、创业孵化等服务活动，按规定落实相关扶持政策。加大退役士兵安置工作力度，对符合政府安排工作条件的，要采取刚性措施，确保岗位落实、妥善安置。对自主就业的，要强化教育培训，落实优惠政策，提高就业创业成功率。（人力资源社会保障部、民政部等按职责分工负责）

五、强化教育培训和就业创业服务

（十六）提高教育培训质量。坚持面向市场、服务发展、促进就业的人力资源开发导向，着力化解就业结构性矛盾。深入推进高校创新创业教育改革，加快高校学科专业结构调整优化，健全专业预警和动态调整机制，深化课程体系、教学内容和教学方式改革。更好发挥职业教育和职业培训作用，推进职业教育和职业培训精准对接产业发展需求、精准契合受教育者需求，加快发展现代职业教育，着力提高学生的就业能力和创造能力。实施现代职业教育质量提升计划、产教融合发展工程、高技能人才振兴计划和大国工匠培训支持计划，统筹普通高中和中等职业教育协调发展，提高中等职业教育招生比例，大力发展技工教育，大规模开展职业培训，广泛开展岗位练兵、技术比武、技能竞赛、师徒帮教等活动，加快培育大批具有专业技能和工匠精神的高素质劳动者和技术技能人才，确保企业职工教育经费足额提取并合理使用。健全技能人才多元化评价机制，完善技能人才职业技能等级认定政策并做好与职业资格制度的衔接，建立职业资格、职业技能等级与相应职称比照认定制度，用人单位聘用的高级工、技师、高级技师可比照相应层级工程技术人员享受同等待遇。（教育部、国家发展改革委、财政部、人力资源社会保障部、全国总工会、共青团中央等按职责分工负责）

（十七）完善职业培训补贴方式。根据产业发展和市场需求，定期发布重点产业职业培训需求、职业资格和职业技能等级评定指导目录，对指导目录内的职业培训和技能鉴定，完善补贴标准，简化审核流程。创新培训模式，探索职业培训包模式，充分运用职业培训补贴，支持优质培训机构开发数字培训课程，支持平台开展网上创业培训，支持培训机构引进国外优质资源或开展联合办学。在现行职业培训补贴直接补贴个人方式基础上，可根据去产能企业失业人员、建档立卡贫困人口的特点，创新培训组织形式，采取整建制购买培训项目、直接补贴培训机构等方式开展集中培训。依法参加失业保险 3 年以上、当年取得职业资格证书或职业技能等级证书的企业职工，可申请参保职工技能提升补贴，所需资金按规定从失业保险基金中列支。（人力资源社会保障部、财政部等负责）

（十八）强化公共就业创业服务。着力推进公共就业创业服务专业化，合理布局服务网点，完善服务功能，细化服务标准和流程，增强主动服务、精细服务意识。创新服务理念和模式，根据不同群体、企业的特点，提供个性化、专业化的职业指导、就业服务和用工指导。加强公共就业创业服务从业人员职业化建设，建立定期培训、持证上岗制度。落实政府购买基本公共就业创业服务制度，充分运用就业创业服务补贴政策，支持公共就业创业服务机构和高校开展招聘活动和创业服务，支持购买社会服务，为劳动者提供职业指导、创业指导、信息咨询等专业化服务。加强公共就业创业服务信息化建设，在充分利用现有平台基础上，建立“互联网＋”公共就业创业服务平台，推动服务向移动端、自助终端等延伸，扩大服务对象自助服务范围，推广网上受理、网上办理、网上反馈，实现就业创业服务和管理全程信息化。（人力资源社会保障部、财政部等负责）

（十九）推进人力资源市场建设。加强人力资源市场法治化建设，逐步形成完善的市场管理法规体系。深化人力资源市场整合改革，统筹建设统一规范、竞争有序的人力资源市场体系，打破城乡、地区、行业分割和身份、性别、残疾、院校等歧视。规范招人用人制度和职业中介服务，密切关注女性平等就业情况，促进妇女、残疾人等公平就业。建立与经济社会发展需求相适应的人力资源供求预测和信息发布制度。开展人力资源市场诚信体系建设，加快出台人力资源市场各类标准，创新事中事后监管方式，营造规范有序的市场环境。推进流动人员人事档案管理服务信息化建设。大力发展人力资源服务业，实施人力资源服务业发展推进计划。简化劳动者求职手续，有条件的地区可建立入职定点体检和体检结果互认机制，尽力避免手续过于繁琐、重复体检。（人力资源社会保障部、国家发展改革委、国家卫生计生委、工商总局、全国妇联、中国残联等负责）

六、切实加强组织实施

（二十）强化政府责任。各地要切实履行政府促进就业责任，政府主要负责同志为本地区就业工作第一责任人。完善就业工作目标责任制，纳入党政领导班子工作实绩考核。按照中央与地方财政事权和支出责任划分的原则，合理安排就业资金支出，加强资金使用管理和监督，提高资金使用效益。（人力资源社会保障部、国家发展改革委、财政部等负责）

（二十一）狠抓政策落实。加强政策宣传，强化督查问责和政策落实情况评估。健全激励机制和容错纠错机制，对抓落实有力有效的，加大政策和资金倾斜力度，适时予以表彰；对大胆探索、担当尽责、不谋私利，但在依法依规履行职责过程中由于难以预见因素出现失误或错误的，可容错免责；对不履行或者不正确履行职责的，依纪依法严肃问责。（人力资源社会保障部、监察部、财政部等负责）

（二十二）加强统计监测和形势研判。完善统计监测制度，探索建立新就业形态、劳动者创业等统计监测指标。扩大就业数据信息来源，加强就业数据与宏观经济数据的比对分析，充分利用大数据技术开展就业监测，为加强形势研判、落实完善政策、实施精准服务提供有力支撑。（国家统计局、教育部、人力资源社会保障部、国家发展改革委、工业和信息化部、农业部、商务部、工商总局等负责）

（二十三）防范化解失业风险。增强风险意识和底线思维，根据就业失业重点指标、人力资源市场供求、宏观经济运行等变化，及早发现异常情况和潜在风险，按照分级预警、分层响应、分类施策的原则，制定应对规模性失业风险预案。对出现严重规模性失业风险的地区，省级人民政府可通过提高稳岗补贴标准、开展以工代赈、组织跨地区劳务对接、合理降低企业人工成本、阶段性延长领取失业保险金期限、开展生活帮扶等措施，化解失业风险。（人力资源社会保障部、国家发展改革委、财政部、民政部、商务部、人民银行、工商总局等负责）

各地区、各有关部门要结合实际，进一步细化政策措施，抓好贯彻落实，为保持就业局势稳定、加快推进经济转型升级提供有力保障。

国务院

2017 年 4 月 13 日

附件 4

教育部关于印发《国家级大学生创新创业训练计划管理办法》的通知

教高函〔2019〕13 号

各省、自治区、直辖市教育厅（教委），新疆生产建设兵团教育局，有关部门（单位）教育司（局），部属各高等学校、部省合建各高等学校：

为贯彻落实全国教育大会和新时代全国高等学校本科教育工作会议精神，根据《国务院办公厅关于深化高等学校创新创业教育改革的实施意见》（国办发〔2015〕36 号）等有关文件精神，结合国家大学生创新创业训练计划实施情况，我部制定了《国家级大学生创新创业训练计划管理办法》，现印发给你们。

请各地各高校秉承“兴趣驱动、自主实践、重在过程”的原则，深化高校创新创业教育教学改革，加强大学生创新创业能力培养，全面提高人才培养质量。

教育部

2019 年 7 月 10 日

国家级大学生创新创业训练计划管理办法

第一章　总　则

第一条 为贯彻落实全国教育大会和新时代全国高等学校本科教育工作会议精神，根据《国务院办公厅关于深化高等学校创新创业教育改革的实施意见》（国办发〔2015〕36号）要求，深入推进国家级大学生创新创业训练计划（以下简称国创计划）工作，深化高校创新创业教育改革，提高大学生创新创业能力，培养造就创新创业生力军，加强国创计划的实施管理，特制定本办法。

第二条 国创计划是大学生创新创业训练计划中的优秀项目，是培养大学生创新创业能力的重要举措，是高校创新创业教育体系的重要组成部分，是深化创新创业教育改革的重要载体。

第三条 国创计划坚持以学生为中心的理念，遵循“兴趣驱动、自主实践、重在过程”原则，旨在通过资助大学生参加项目式训练，推动高校创新创业教育教学改革，促进高校转变教育思想观念、改革人才培养模式、强化学生创新创业实践，培养大学生独立思考、善于质疑、勇于创新的探索精神和敢闯会创的意志品格，提升大学生创新创业能力，培养适应创新型国家建设需要的高水平创新创业人才。

第四条 国创计划围绕经济社会发展和国家战略需求，重点支持直接面向大学生的内容新颖、目标明确、具有一定创造性和探索性、技术或商业模式有所创新的训练和实践项目。国创计划实行项目式管理，分为创新训练项目、创业训练项目和创业实践项目三类。

（一）创新训练项目是本科生个人或团队，在导师指导下，自主完成创新性研究项目设计、研究条件准备和项目实施、研究报告撰写、成果（学术）交流等工作。

（二）创业训练项目是本科生团队，在导师指导下，团队中每个学生在项目实施过程中扮演一个或多个具体角色，完成商业计划书编制、可行性研究、企业模拟运行、撰写创业报告等工作。

（三）创业实践项目是学生团队，在学校导师和企业导师共同指导下，采用创新训练项目或创新性实验等成果，提出具有市场前景的创新性产品或服务，以此为基础开展创业实践活动。

第二章　管理职责

第五条 教育部是国创计划的宏观管理部门，主要职责是：

（一）制定国创计划实施的有关政策，编制发展规划，发布相关信息。

（二）制定国创计划管理办法，组织开展项目立项、结题验收等工作，加强项目的规范化管理。

（三）制定国创计划成效评价指标体系，定期组织开展实施情况评价。

（四）组建国创计划专家组织，加强大学生创新创业工作研究，推进高校创新创业教育经验交流。

（五）组织举办全国大学生创新创业年会，推进大学生创新创业学术交流和成果推介。

第六条 省级教育行政部门主要职责是：

（一）根据本区域经济社会发展特点，指导、规范本区域大学生创新创业训练计划运行和管理，推动本区域高校加强大学生创新创业教育工作。

（二）负责组织区域内高校国创计划立项申报、过程管理、结题验收等工作，按照工作要求向教育部报送相关材料。

（三）负责区域内参与国创计划高校交流合作、评估监管等工作。

第七条 高校是国创计划实施和管理的主体，主要职责是：

（一）制定本校大学生创新创业教育管理办法，开展创新创业教育教学研究与改革。

（二）负责国创计划项目的组织管理，开展项目遴选推荐、过程管理、结题验收等工作。

（三）制定相关激励措施，引导教师和学生参与国创计划。

（四）为参与项目的学生提供技术、场地、实验设备等条件支持和创业孵化服务。

（五）搭建项目交流平台，定期开展交流活动，支持学生参加相关学术会议，为学生创新创业提供交流经验、展示成果、共享资源的机会。

（六）做好本校国创计划年度总结和上报工作。

第三章　项目发布与立项

第八条 教育部根据国家经济社会发展和国家战略需求，结合创新创业教育发展趋势，确定重点资助领域，制定重点资助领域项目指南，引导国创计划项目申请。

第九条 国创计划项目申报基本条件：

（一）项目选题具有一定的学术价值、理论意义或现实意义。鼓励面向国家经济社会发展、具有一定理论和现实意义的选题，鼓励直接来源于产业一线、科技前沿的选题。

（二）选题具有创新性或明显创业教育效果。鼓励开展具有一定创新性的基础理论研究和有针对性的应用研究课题，鼓励新兴边缘学科研究和跨学科的交叉综合研究选题。

（三）选题方向正确，内容充实，论证充分，难度适中，拟突破的重点难点明确，研究思路清晰，研究方法科学、可行。鼓励支持学生大胆创新，包容失败，营造良好创新创业教育文化。

（四）项目团队成员原则上为全日制普通本科在读学生，成员基本稳定，专业、能力结构较为合理。每位学生同一学年原则上只能参与一个项目。鼓励跨学科、跨院系、跨专业的学生组成团队。

（五）项目申请团队应选择具有较高学术造诣、较好创新性成果、热心教书育人、关爱学生成长的教师作为导师，鼓励企业人员参与指导或共同担任导师。

（六）创新训练项目和创业训练项目获得经费支持平均不低于 2 万元 / 项，创业实践项目获得经费支持平均不低于 10 万元 / 项。高校根据学科专业特点，确定项目资助额度标准。

第十条 根据教育部发布的国创计划申报要求，符合立项申请基本条件的项目向所在高校提出申请，高校评审遴选后报省级教育行政部门和教育部审核备案。

第十一条 教育部组织专家对申报项目进行审核后发布立项通知。

第四章　项目过程管理

第十二条 高校应加强对国创计划的管理，成立由校领导牵头、相关职能部门组成的国创计划管理机构，确定主管部门。管理机构负责协调落实条件保障，主管部门负责国创计划日常管理。

第十三条 项目负责人要负责项目的整体推进，按照计划开展工作，加强团队建设和管理，加强与导师和管理人员的沟通联系，并组织好相关报告撰写工作。项目负责人和项目内容原则上不得变更，特殊情况经学校有关部门审批后执行。

第十四条 国创计划经费应专款专用。学生要在相关教师指导下，严格执行学校相关财务管理规定。

第十五条 国创计划项目所在高校应建立国创计划师生培养培训机制，加强对国创计划项目团队成员和导师的培训和管理。

第十六条 鼓励项目团队积极参加中国“互联网+”大学生创新创业大赛等创新创业赛事和“青年红色筑梦之旅”等活动。

第十七条 推动国创项目不断提高整体水平和发挥示范带动作用。高校应充分发挥国创计划引领示范作用，及时总结学生在项目中取得的成绩，协调解决存在的问题。支持高校通过举办大学生创新创业年会等方式加强国创计划成员之间的学习交流。

第五章 项目结题与公布

第十八条 国创计划项目完成后，均需进行结题验收，履行必要的结项手续。

（一）国创计划项目结题验收工作由所在学校组织。学校应组织校内外专家对国创计划项目进行结题验收，并将验收结果报省级教育行政部门审核备案。

（二）省级教育行政部门按年度向教育部报送本区域高校国创计划项目验收结果，并组织开展项目抽查。

（三）教育部对省级教育行政部门报送的验收结果进行审核，并将审核结果公布。

第十九条 国创计划项目结题验收结论的申诉。国创计划项目团队成员、导师，如对结题验收结论有异议，可向高校有关部门提出。

第二十条 国创计划项目结题信息公开对外服务。相关网站向公众提供结题信息服务，助推高校创新创业教育深入发展。

第六章项目后期管理

第二十一条 高校对通过结题验收的项目团队成员可根据实际贡献给予学分认定，对导师给予相应工作量认定。

第二十二条 建立国创计划年度进展报告制度。高校要按年度编制国创计划项目进展报告，内容应包括项目整体概况、教育教学改革探索、项目组织实施与管理、支持措施和实施成效等。年度报告报省级教育行政部门和教育部备案。

第二十三条 国创计划项目执行较好的高校可向教育部申请承办全国大学生创新创业年会。

第七章 附 则

第二十四条 在国创计划实施中，凡是属于国家涉密范围的，均按照相关保密法规执行。

第二十五条 各省级教育行政部门、各高校根据本办法制定实施细则。

第二十六条 本办法自公布之日起施行。

附件 5

国务院办公厅关于进一步支持大学生创新创业的指导意见

国办发〔2021〕35 号

各省、自治区、直辖市人民政府，国务院各部委、各直属机构：

纵深推进大众创业万众创新是深入实施创新驱动发展战略的重要支撑，大学生是大众创业万众创新的生力军，支持大学生创新创业具有重要意义。近年来，越来越多的大学生投身创新创业实践，但也面临融资难、经验少、服务不到位等问题。为提升大学生创新创业能力、增强创新活力，进一步支持大学生创新创业，经国务院同意，现提出以下意见。

一、总体要求

以习近平新时代中国特色社会主义思想为指导，深入贯彻落实党的十九大和十九届二中、三中、四中、五中全会精神，全面贯彻党的教育方针，落实立德树人根本任务，立足新发展阶段、贯彻新发展理念、构建新发展格局，坚持创新引领创业、创业带动就业，支持在校大学生提升创新创业能力，支持高校毕业生创业就业，提升人力资源素质，促进大学生全面发展，实现大学生更加充分更高质量就业。

二、提升大学生创新创业能力

（一）将创新创业教育贯穿人才培养全过程。深化高校创新创业教育改革，健全课堂教学、自主学习、结合实践、指导帮扶、文化引领融为一体的高校创新创业教育体系，增强大学生的创新精神、创业意识和创新创业能力。建立以创新创业为导向的新型人才培养模式，健全校校、校企、校地、校所协同的创新创业人才培养机制，打造一批创新创业教育特色示范课程。（教育部牵头，人力资源社会保障部等按职责分工负责）

（二）提升教师创新创业教育教学能力。强化高校教师创新创业教育教学能力和素养培训，改革教学方法和考核方式，推动教师把国际前沿学术发展、最新研究成果和实践经验融入课堂教学。完善高校双创指导教师到行业企业挂职锻炼的保障激励政策。实施高校双创校外导师专项人才计划，探索实施驻校企业家制度，吸引更多各行各业优秀人才担任双创导师。支持建设一批双创导师培训基地，定期开展培训。（教育部牵头，人力资源社会保障部等按职责分工负责）

（三）加强大学生创新创业培训。打造一批高校创新创业培训活动品牌，创新培训模式，面向大学生开展高质量、有针对性的创新创业培训，提升大学生创新创业能力。组织双创导师深入校园举办创业大讲堂，进行创业政策解读、经验分享、实践指导等。支持各类创新创业大赛对大学生创业者给予倾斜。（人力资源社会保障部、教育部等按职责分工负责）

三、优化大学生创新创业环境

（四）降低大学生创新创业门槛。持续提升企业开办服务能力，为大学生创业提供高效便捷的登记服务。推动众创空间、孵化器、加速器、产业园全链条发展，鼓励各类孵化器面向大学生创新创业团队开放一定比例的免费孵化空间，并将开放情况纳入国家级科技企业孵化器考核评价，降低大学生创新创业团队入驻条件。政府投资开发的孵化器等创业载体应安排 30% 左右的场地，免费提供给高校毕业生。有条件的地方可对高校毕业生到孵化器创业给予租金补贴。（科技部、教育部、市场监管总局等和地方各级人民政府按职责分工负责）

（五）便利化服务大学生创新创业。完善科技创新资源开放共享平台，强化对大学生的技术创新服务。各地区、各高校和科研院所的实验室以及科研仪器、设施等科技创新资源可以面向大学生开放共享，提供低价、优质的专业服务，支持大学生创新创业。支持行业企业面向大学生发布企业需求清单，引导大学生精准创新创业。鼓励国有大中型企业面向高校和大学生发布技术创新需求，开展“揭榜挂帅”。（科技部、发展改革委、教育部、国资委等按职责分工负责）

（六）落实大学生创新创业保障政策。落实大学生创业帮扶政策，加大对创业失败大学生的扶持力度，按规定提供就业服务、就业援助和社会救助。加强政府支持引导，发挥市场主渠道作用，鼓励有条件的地方探索建立大学生创业风险救助机制，可采取创业风险补贴、商业险保费补助等方式予以支持，积极研究更加精准、有效的帮扶措施，及时总结经验、适时推广。毕业后创业的大学生可按规定缴纳“五险一金”，减少大学生创业的后顾之忧。（人力资源社会保障部、教育部、财政部、民政部、医保局等和地方各级人民政府按职责分工负责）

四、加强大学生创新创业服务平台建设

（七）建强高校创新创业实践平台。充分发挥大学科技园、大学生创业园、大学生创客空间等校内创新创业实践平台作用，面向在校大学生免费开放，开展专业化孵化服务。结合学校学科专业特色优势，联合有关行业企业建设一批校外大学生双创实践教学基地，深入实施大学生创新创业训练计划。（教育部、科技部、人力资源社会保障部等按职责分工负责）

（八）提升大众创业万众创新示范基地带动作用。加强双创示范基地建设，深入实施创业就业“校企行”专项行动，推动企业示范基地和高校示范基地结对共建、建立稳定合作关系。指导高校示范基地所在城市主动规划和布局高校周边产业，积极承接大学生创新成果和人才等要素，打造“城校共生”的创新创业生态。推动中央企业、科研院所和相关公共服务机构利用自身技术、人才、场地、资本等优势，为大学生建设集研发、孵化、投资等于一体的创业创新培育中心、互联网双创平台、孵化器和科技产业园区。（发展改革委、教育部、科技部、国资委等按职责分工负责）

五、推动落实大学生创新创业财税扶持政策

（九）继续加大对高校创新创业教育的支持力度。在现有基础上，加大教育部中央彩票公益金大学生创新创业教育发展资金支持力度。加大中央高校教育教学改革专项资金支持力度，将创新创业教育和大学生创新创业情况作为资金分配重要因素。（财政部、教育部等按职责分工负责）

（十）落实落细减税降费政策。高校毕业生在毕业年度内从事个体经营，符合规定条件的，在 3 年内按一定限额依次扣减其当年实际应缴纳的增值税、城市维护建设税、教育费附加、地方教育附加和个人所得税；对月销售额 15 万元以下的小

规模纳税人免征增值税，对小微企业和个体工商户按规定减免所得税。对创业投资企业、天使投资人投资于未上市的中小高新技术企业以及种子期、初创期科技型企业的投资额，按规定抵扣所得税应纳税所得额。对国家级、省级科技企业孵化器和大学科技园以及国家备案众创空间按规定免征增值税、房产税、城镇土地使用税。做好纳税服务，建立对接机制，强化精准支持。（财政部、税务总局等按职责分工负责）

六、加强对大学生创新创业的金融政策支持

（十一）落实普惠金融政策。鼓励金融机构按照市场化、商业可持续原则对大学生创业项目提供金融服务，解决大学生创业融资难题。落实创业担保贷款政策及贴息政策，将高校毕业生个人最高贷款额度提高至 20 万元，对 10 万元以下贷款、获得设区的市级以上荣誉的高校毕业生创业者免除反担保要求；对高校毕业生设立的符合条件的小微企业，最高贷款额度提高至 300 万元；降低贷款利率，简化贷款申报审核流程，提高贷款便利性，支持符合条件的高校毕业生创业就业。鼓励和引导金融机构加快产品和服务创新，为符合条件的大学生创业项目提供金融服务。（财政部、人力资源社会保障部、人民银行、银保监会等按职责分工负责）

（十二）引导社会资本支持大学生创新创业。充分发挥社会资本作用，以市场化机制促进社会资源与大学生创新创业需求更好对接，引导创新创业平台投资基金和社会资本参与大学生创业项目早期投资与投智，助力大学生创新创业项目健康成长。加快发展天使投资，培育一批天使投资人和创业投资机构。发挥财政政策作用，落实税收政策，支持天使投资、创业投资发展，推动大学生创新创业。（发展改革委、财政部、税务总局、证监会等按职责分工负责）

七、促进大学生创新创业成果转化

（十三）完善成果转化机制。研究设立大学生创新创业成果转化服务机构，建立相关成果与行业产业对接长效机制，促进大学生创新创业成果在有关行业企业推广应用。做好大学生创新项目的知识产权确权、保护等工作，强化激励导向，加快落实以增加知识价值为导向的分配政策，落实成果转化奖励和收益分配办法。加强面向大学生的科技成果转化培训课程建设。（科技部、教育部、知识产权局等按职责分工负责）

（十四）强化成果转化服务。推动地方、企业和大学生创新创业团队加强合作对接，拓宽成果转化渠道，为创新成果转化和创业项目落地提供帮助。鼓励国有大中型企业和产教融合型企业利用孵化器、产业园等平台，支持高校科技成果转化，促进高校科技成果和大学生创新创业项目落地发展。汇集政府、企业、高校及社会资源，加强对中国国际“互联网+”大学生创新创业大赛中涌现的优秀创新创业项目的后续跟踪支持，落实科技成果转化相关税收优惠政策，推动一批大赛优秀项目落地，支持获奖项目成果转化，形成大学生创新创业示范效应。（教育部、科技部、发展改革委、财政部、国资委、税务总局等按职责分工负责）

八、办好中国国际“互联网+”大学生创新创业大赛

（十五）完善大赛可持续发展机制。鼓励省级人民政府积极承办大赛，压实主办职责，进一步加强组织领导和综合协调，落实配套支持政策和条件保障。坚持政府引导、公益支持，支持行业企业深化赛事合作，拓宽办赛资金筹措渠道，适当增加大赛冠名赞助经费额度。充分利用市场化方式，研究推动中央企业、社会资本发起成立中国国际“互联网+”大学生创新创业大赛项目专项发展基金。（教育部、国资委、证监会、建设银行等按职责分工负责）

（十六）打造创新创业大赛品牌。强化大赛创新创业教育实践平台作用，鼓励各学段学生积极参赛。坚持以赛促教、以赛促学、以赛促创，丰富竞赛形式和内容。建立健全中国国际“互联网+”大学生创新创业大赛与各级各类创新创业比赛联动机制，推进大赛国际化进程，搭建全球性创新创业竞赛平台，深化创新创业教育国际交流合作。（教育部等按职责分工负责）

九、加强大学生创新创业信息服务

（十七）建立大学生创新创业信息服务平台。汇集创新创业帮扶政策、产业激励政策和全国创新创业教育优质资源，加强信息资源整合，做好国家和地方的政策发布、解读等工作。及时收集国家、区域、行业需求，为大学生精准推送行业和市场动向等信息。加强对创新创业大学生和项目的跟踪、服务，畅通供需对接渠道，支持各地积极举办大学生创新创业项目需求与投融资对接会。（教育部、发展改革委、人力资源社会保障部等按职责分工负责）

（十八）加强宣传引导。大力宣传加强高校创新创业教育、促进大学生创新创

业的必要性、重要性。及时总结推广各地区、各高校的好经验好做法，选树大学生创新创业成功典型，丰富宣传形式，培育创客文化，营造敢为人先、宽容失败的环境，形成支持大学生创新创业的社会氛围。做好政策宣传宣讲，推动大学生用足用好税费减免、企业登记等支持政策。（教育部、中央宣传部牵头，地方各级人民政府、各有关部门按职责分工负责）

各地区、各有关部门要认真贯彻落实党中央、国务院决策部署，抓好本意见的贯彻落实。教育部要会同有关部门加强协调指导，督促支持大学生创新创业各项政策的落实，加强经验交流和推广。地方各级人民政府要加强组织领导，深入了解情况，优化创新创业环境，积极研究制定和落实支持大学生创新创业的政策措施，及时帮助大学生解决实际问题。

国务院办公厅

2021 年 9 月 22 日

参考文献

[1] 陈永奎. 大学生创新创业基础教程 [M]. 北京：经济管理出版社，2015.

[2] 李伟. 创新创业教程 [M]. 北京：清华大学出版社，2019.

[3] 马雅红. 大学生创新创业教育基础与能力训练 [M]. 北京：北京理工大学出版社，2016.

[4] 李雪萍. 大学生创新创业基础 [M]. 成都：电子科技大学出版社，2020.

[5] 刘晓红，王志臣. 大学生创新创业基础 [M]. 北京：首都师范大学出版社，2022.

[6] 谭俊华，王兴隆，李洪文. 大学生创业基础 [M]. 北京：北京出版社，2015.

[7] 赖先志，郑栋之. 大学生创新创业实践指导教程 [M]. 上海：上海交通大学出版社，2017.

[8] 李家华，刘农责，焦新伟. 新编大学生创新与创业教程 [M]. 天津：南开大学出版社，2018.

[9] 肖俭伟. 职业生涯规划 [M]. 北京：北京出版社，2020.

[10] 郃葆清. 大学生就业与创业指导 [M]. 北京：高等教育出版社，2010.

[11] 王如平. 创造性思维的开发与培养 [M]. 北京：光明日报出版社，2012.

[12] 任荣伟，梁西章，余雷. 创新创业案例教程 [M]. 北京：清华大学出版社，2014.

[13] 吴运迪. 大学生创业指导 [M]. 北京：清华大学出版社，2012.

[14] 李肖鸣，朱建新，郑捷. 大学生创业基础 [M]. 北京：清华大学出版社，2009.

[15] 魏炜，朱武祥. 重构商业模式 [M]. 北京：机械工业出版社，2010.

[16] 李家华. 创业基础 [M]. 北京：北京师范大学出版社，2013.

[17] 骆守俭. 创业精神导论 [M]. 北京：高等教育出版社，2012.

[18] 卢福才. 创业通论 [M]. 4 版. 北京：高等教育出版社，2023.

[19] 陈高生，孙国辉. 新世纪的国家竞争锐器：高校创业教育 [M]. 北京：经济日报出版社，2012.

[20] 郭晶洁. 管理者必备财会知识 [M]. 北京：企业管理出版社，2006.

[21] 倪锋. 创新创业概论 [M]. 北京：高等教育出版社，2016.

[22] 谢敏. 管理能力训练教程 [M]. 2 版. 北京：清华大学出版社，2012.

[23] 蒋德勤. 大学生创新教育 [M]. 北京：现代教育出版社，2012.

[24] 夏清华. 创业管理 [M]. 武汉：武汉大学出版社，2007.

[25] 利文斯顿. 创业者：全世界最成功的技术公司初创的故事 [M]. 夏吉敏，译. 北京：机械工业出版社，2010.

[26] 李丽芳，盘健，戎海武. 珠三角地区高校创业教育调查与思考 [J]. 鄂州大学学报，2015，22（7），61-63.

[27] 欧庭宇. 德国高等院校创业教育模式探析 [J]. 广东技术师范学院学报，2018，39（01）.

[28] 雍黎. 双创教育：重创新还是重创业 [N]. 科技日报，2018-02-27（08）.

[29] “深入推进高校创新创业教育改革座谈”发言摘编 [N]. 中国教育报，2015-10-22（07）.

[30] 刘尧飞. 高校有效实施创业教育的路径探索 [J]. 重庆交通大学学报（社会科学版），2015（04），112-114.

[31] 李文胜，成波锦. 创业基础 [M]. 西安：西安交通大学出版社，2015.

[32] 桂运安. 兴趣是创新之源：诺贝尔物理学奖获得者杨振宁谈创新 [N]. 安徽日报，2015-9-20（02）.

[33] 明贵栋. 从“跟跑”到“领跑”宝钢加速推进技术创新 [N]. 中国工业报，2008-10-22.

[34] 王延荣. 创新与创业管理 [M]. 北京：机械工业出版社，2015.